Aktuelle Dokumente

Herausgegeben von Professor Dr. Ingo von Münch

Ostverträge

I

Deutsch-sowjetische Verträge

Zusammengestellt von

Dr. Ingo von Münch

Professor an der Universität Bochum

1971

Walter de Gruyter · Berlin · New York

Satz und Druck: E. Rieder, 8898 Schrobenhausen

ISBN 3 11 003933 8

Vorwort

Der Moskauer Vertrag vom 12. August 1970 hat ein neues Kapitel in der Geschichte der deutsch-sowjetischen Beziehungen aufgeschlagen. „Von der Parteien Gunst und Haß verwirrt schwankt sein Charakterbild in der Geschichte“ — mit diesen Worten Schillers über Wallenstein könnte man die heftigen Diskussionen um den Moskauer Vertrag beschreiben. So neu dieser Vertrag ist, so wenig neu ist, daß ein deutsch-sowjetischer Vertrag ein besonderes Maß an Interesse und Emotionen weckt; das war, um nur zwei ganz verschiedene Beispiele zu nennen, beim Vertrag von Rapallo der Fall und beim Hitler-Stalin-Pakt. Offensichtlich sind deutsch-sowjetische Verträge, gleichgültig vom wem, wann und mit welchem Inhalt geschlossen, immer etwas Besonderes.

Die vorliegende Sammlung will die wichtigsten völkerrechtlichen Verträge, die zwischen dem Deutschen Reich, der Bundesrepublik und der DDR einerseits und der Sowjetunion auf der anderen Seite geschlossen wurden, und die an verschiedenen Stellen verstreut abgedruckt und daher nicht für jeden leicht zugänglich sind, in handlicher Form greifbar machen. Die meisten der in diesem Band zusammengestellten Dokumente sind zweiseitige deutsch-sowjetische Verträge; einige sind — wie z. B. der Versailler Friedensvertrag und der Warschauer Pakt — mehrseitige Verträge, an denen die deutsche Seite neben anderen beteiligt ist; schließlich sind, wenn dies zum Verständnis der Verträge notwendig war, auch Erklärungen nichtvertraglicher Art mitabgedruckt, so unter anderen das sogenannte Bahr-Papier, die Richtlinien der Bundesregierung für die Gewaltverzichtsverhandlungen und der Brief von Bundesaußenminister Scheel zur deutschen Einheit.

Bochum, im Sommer 1971

I. v. M.

Inhalt

I. VERTRÄGE ZWISCHEN DEM DEUTSCHEN REICH UND DER SOWJETUNION

Friedensvertrag zwischen Deutschland, Österreich-Ungarn, Bulgarien und der Türkei einerseits und Rußland andererseits von Brest-Litowsk vom 3. März 1918*

Da Deutschland, Österreich-Ungarn, Bulgarien und die Türkei einerseits und Rußland andererseits übereingekommen sind, den Kriegszustand zu beenden und die Friedensverhandlungen möglichst rasch zum Ziele zu führen, wurden zu Bevollmächtigten ernannt:

von der *Kaiserlich Deutschen Regierung:*

der Staatssekretär des Auswärtigen Amtes, Kaiserlicher Wirklicher Geheimer Rat, Herr Richard *von Kühlmann,*

der Kaiserliche Gesandte und bevollmächtigte Minister, Herr Dr. *von Rosenberg,*

der Königlich Preußische Generalmajor *Hoffmann,* Chef des Generalstabes des Oberbefehlshabers Ost,

der Kapitän zur See *Horn,*

von der k. u. k. gemeinsamen *österreichisch-ungarischen Regierung:*

der Minister des Kais. und Kön. Hauses und des Äußern, Seiner k. u. k. Apostolischen Majestät Geheimer Rat, Ottokar Graf *Czernin von und zu Chudenitz,*

der außerordentliche und bevollmächtigte Botschafter, Seiner k. u. k. Apostolischen Majestät Geheimer Rat, Herr Kajetan *Mérey von Kopos-Mere,*

der General der Infanterie, Seiner k. u. k. Apostolischen Majestät Geheimer Rat, Herr Maximilian Csicseries *von Bacsany,*

von der *Königlich Bulgarischen Regierung:*

der Königliche Außerordentliche Gesandte und bevollmächtigte Minister in Wien, Andrea *Toscheff,*

der Oberst im Generalstabe, Königlich Bulgarischer Mili-

* Abdruck nach Reichsgesetzblatt 1918, S. 480 ff.

tärbevollmächtigter bei Seiner Majestät dem Deutschen Kaiser und Flügeladjutant Seiner Majestät des Königs der Bulgaren, Peter *Gantschew*,

der Königlich Bulgarische Erste Legationssekretär Dr. Theodor *Anastassoff*,

von der *Kaiserlich Osmanischen Regierung:*

Seine Hoheit Ibrahim *Hakki Pascha*, ehemaliger Großwesir, Mitglied des Ottomanischen Senats, bevollmächtigter Botschafter Seiner Majestät des Sultans in Berlin,

Seine Exzellenz, General der Kavallerie, Generaladjutant Seiner Majestät des Sultans und Militärbevollmächtigter Seiner Majestät des Sultans bei Seiner Majestät dem Deutschen Kaiser, *Zeki* Pascha,

von der *Russischen Föderativen Sowjets-Republik:*

Grigorij Jakowlewitsch *Sokolnikow*, Mitglied des Zentralexekutivausschusses der Räte der Arbeiter-, Soldaten- und Bauerndeputierten,

Lew Michailowitsch *Karachan*, Mitglied des Zentralexekutivausschusses der Räte der Arbeiter-, Soldaten- und Bauerndeputierten,

Georgij Wassiliewitsch *Tschitscherin*, Gehilfe des Volkskommissars für auswärtige Angelegenheiten,

Grigorij Iwanowitsch *Petrowskij*, Volkskommissar für innere Angelegenheiten.

Die Bevollmächtigten sind in Brest-Litowsk zu den Friedensverhandlungen zusammengetreten und haben sich nach Vorlegung ihrer in guter und gehöriger Form befundenen Vollmachten über folgende Bestimmungen geeinigt.

Artikel I.

Deutschland, Österreich-Ungarn, Bulgarien und die Türkei einerseits und Rußland andererseits erklären, daß der Kriegszustand zwischen ihnen beendet ist. Sie sind entschlossen, fortan in Frieden und Freundschaft miteinander zu leben.

Artikel II.

Die vertragschließenden Teile werden jede Agitation oder Propaganda gegen die Regierung oder die Staats- und Heereseinrichtungen des anderen Teiles unterlassen. Die Verpflichtung gilt, soweit sie Rußland obliegt, auch für die von den Mächten des Vierbundes besetzten Gebiete.

Artikel III.

Die Gebiete, die westlich der zwischen den vertragschließenden Teilen vereinbarten Linie liegen und zu Rußland gehört haben, werden der russischen Staatshoheit nicht mehr unterstehen; die vereinbarte Linie ergibt sich aus der diesem Friedensvertrag als wesentlicher Bestandteil beigefügten Karte (Anlage 1). Die genaue Festlegung der Linie wird durch eine deutsch-russische Kommission erfolgen.

Den in Rede stehenden Gebieten werden aus der ehemaligen Zugehörigkeit zu Rußland keinerlei Verpflichtungen gegenüber Rußland erwachsen.

Rußland verzichtet auf jede Einmischung in die inneren Verhältnisse dieser Gebiete. Deutschland und Österreich-Ungarn beabsichtigen, das künftige Schicksal dieser Gebiete im Benehmen mit deren Bevölkerung zu bestimmen.

Artikel IV.

Deutschland ist bereit, sobald der allgemeine Friede geschlossen und die russische Demobilmachung vollkommen durchgeführt ist, das Gebiet östlich der im Artikel III Absatz 1 bezeichneten Linie zu räumen, soweit nicht Artikel VI anders bestimmt.

Rußland wird alles in seinen Kräften Stehende tun, um die alsbaldige Räumung der ostanatolischen Provinzen und ihre ordnungsmäßige Rückgabe an die Türkei sicherzustellen.

Die Bezirke Erdehan, Kars und Batum werden gleichfalls ohne Verzug von den russischen Truppen geräumt. Rußland wird sich in die Neuordnung der staatsrechtlichen und völkerrechtlichen Verhältnisse dieser Bezirke nicht einmischen, sondern überläßt es der Bevölkerung dieser Bezirke, die Neuordnung im Einvernehmen mit den Nachbarstaaten, namentlich der Türkei, durchzuführen.

Artikel V.

Rußland wird die völlige Demobilmachung seines Heeres einschließlich der von der jetzigen Regierung neugebildeten Heeresteile unverzüglich durchführen.

Ferner wird Rußland seine Kriegsschiffe entweder in russische Häfen überführen und dort bis zum allgemeinen Friedensschluß belassen oder sofort desarmieren. Kriegschiffe der mit den Mächten des Vierbundes im Kriegszustand verbleibenden Staaten werden, soweit sie sich im russischen Machtbereich befinden, wie russische Kriegsschiffe behandelt werden.

Das Sperrgebiet im Eismeer bleibt bis zum allgemeinen Friedensschluß bestehen. In der Ostsee und, soweit die russische Macht reicht, im Schwarzen Meere wird sofort mit der Wegräumung der Minen begonnen. Die Handelsschifffahrt in diesen Seegebieten ist frei und wird sofort wieder aufgenommen. Zur Festlegung der näheren Bestimmungen, namentlich zur Bekanntgabe der gefahrlosen Wege für die Handelsschiffe, werden gemischte Kommissionen eingesetzt. Die Schiffahrtswege sind dauernd von treibenden Minen freizuhalten.

Artikel VI.

Rußland verpflichtet sich, sofort Frieden mit der Ukrainischen Volksrepublik zu schließen und den Friedensvertrag zwischen diesem Staate und den Mächten des Vierbundes anzuerkennen. Das ukrainische Gebiet wird unverzüglich von den russischen Truppen und der russischen

Roten Garde geräumt. Rußland stellt jede Agitation oder Propaganda gegen die Regierung oder die öffentlichen Einrichtungen der Ukrainischen Volksrepublik ein.

Estland und Livland werden gleichfalls ohne Verzug von den russischen Truppen und der russichen Roten Garde geräumt. Die Ostgrenze von Estland läuft im allgemeinen dem Narwa-Flusse entlang. Die Ostgrenze von Livland verläuft im allgemeinen durch den Peipus-See und Pskowschen See bis zu dessen Südwestecke, dann über den Lubanschen See in Richtung Livenhof an der Düna. Estland und Livland werden von einer deutschen Polizeimacht besetzt, bis dort die Sicherheit durch eigene Landeseinrichtungen gewährleistet und die staatliche Ordnung hergestellt ist. Rußland wird alle verhafteten oder verschleppten Bewohner Estlands und Livlands sofort freilassen und gewährleistet die sichere Rücksendung aller verschleppten Estländer und Livländer.

Auch Finnland und die Aalandinseln werden alsbald von den russischen Truppen und der russichen Roten Garde, die finischen Häfen von der russischen Flotte und den russischen Seestreitkräften geräumt. Solange das Eis die Überführung der Kriegsschiffe in russische Häfen ausschließt, werden auf den Kriegsschiffen nur schwache Kommandos zurückbleiben. Rußland stellt jede Agitation oder Propaganda gegen die Regierung oder die öffentlichen Einrichtungen Finlands ein.

Die auf den Aalandinseln angelegten Befestigungen sind sobald als möglich zu entfernen. Über die dauernde Nichtbefestigung dieser Inseln sowie über ihre sonstige Behandlung in militärischer und schiffahrtstechnischer Hinsicht ist ein besonderes Abkommen zwischen Deutschland, Finland, Rußland und Schweden zu treffen; es besteht Einverständnis darüber, daß hierzu auf Wunsch Deutschlands auch andere Anliegerstaaten der Ostsee hinzuziehen sein würden.

Artikel VII.

Von der Tatsache ausgehend, daß Persien und Afghanistan freie und unabhängige Staaten sind, verpflichten sich die vertragschließenden Teile, die politische und wirtschaftliche Unabhängigkeit und die territoriale Unversehrtheit dieser Staaten zu achten.

Artikel VIII.

Die beiderseitigen Kriegsgefangenen werden in ihre Heimat entlassen. Die Regelung der hiermit zusammenhängenden Fragen erfolgt durch die im Artikel XII vorgesehenen Einzelvertäge.

Artikel IX.

Die vertragschließenden Teile verzichten gegenseitig auf den Ersatz ihrer Kriegskosten, d. h. der staatlichen Aufwendungen für die Kriegführung, sowie auf den Ersatz der Kriegsschäden, d. h. derjenigen Schäden, die ihnen und ihren Angehörigen in den Kriegsgebieten durch militärische Maßnahmen mit Einschluß aller in Feindesland vorgenommenen Requisitionen entstanden sind.

Artikel X.

Die diplomatischen und konsularischen Beziehungen zwischen den vertragschließenden Teilen werden sofort nach der Ratifikation des Friedensvertrages wieder aufgenommen. Wegen Zulassung der beiderseitigen Konsuln bleiben besondere Vereinbarungen vorbehalten.

Artikel XI.

Für die wirtschaftlichen Beziehungen zwischen den Mächten des Vierbundes und Rußland sind die in den Anlagen 2 bis 5 enthaltenen Bestimmungen maßgebend, und zwar Anlage 2 für die deutsch-russischen, Anlage 3 für die österreichisch-ungarisch-russischen, Anlage 4 für die bulgarisch-russischen, Anlage 5 für die türkisch-russischen Beziehungen.

Artikel XII.

Die Herstellung der öffentlichen und privaten Rechtsbeziehungen, der Austausch der Kriegsgefangenen und der Zivilinternierten, die Amnestiefrage sowie die Frage der Behandlung der in die Gewalt des Gegner geratenen Handelsschiffe werden in Einzelverträgen mit Rußland geregelt, welche einen wesentlichen Bestandteil des gegenwärtigen Friedensvertrages bilden und, soweit tunlich, gleichzeitig mit diesem in Kraft treten.

Artikel XIII.

Bei der Auslegung dieses Vertrages sind für die Beziehungen zwischen Deutschland und Rußland der deutsche und der russische Text, für die Beziehungen zwischen Österreich-Ungarn und Rußland der deutsche, der ungarische und der russische Text, für die Beziehungen zwischen Bulgarien und Rußland der bulgarische und der russische Text, und für die Beziehungen zwischen der Türkei und Rußland der türkische und der russische Text maßgebend.

Artikel XIV.

Der gegenwärtige Friedensvertrag wird ratifiziert werden. Die Ratifikationsurkunden sollen tunlichst bald in Berlin ausgetauscht werden. Die Russische Regierung verpflichtet sich, den Austausch der Ratifikationsurkunden auf Wunsch einer der Mächte des Vierbundes innerhalb von zwei Wochen vorzunehmen. Der Friedensvertrag tritt, soweit nicht seine Artikel, seine Anlagen oder die Zusatzverträge anders bestimmen, mit seiner Ratifikation in Kraft.

Zu Urkund dessen haben die Bevollmächtigten diesen Vertrag eigenhändig unterzeichnet.

Ausgefertigt in fünffacher Urschrift in Brest-Litowsk am 3. März 1918

R. v. Kühlmann,

Bukarest 7. März 1918.

v. Rosenberg.

Hoffmann.

Horn.

Czernin,

Bukarest 7. März 1918.

Mérey.

A. Toscheff.

Oberst P. Gantchew.

Dr. Theodor Anastassoff

I. Hakky.

Zeki.

Г. Сокольниковъ.

Л. Караханъ.

Г. Петровскій.

Г. Чичеринъ.

Deutsch-Russischer Zusatzvertrag zu dem Friedensvertrage zwischen Deutschland, Österreich-Ungarn, Bulgarien und der Türkei einerseits und Rußland andererseits von Brest-Litowsk vom 3. März 1918*

Auf Grund des Artikel XII des Friedensvertrags zwischen Deutschland, Österreich-Ungarn, Bulgarien und der Türkei einerseits und Rußland andererseits sind die Bevollmächtigten des Deutschen Reichs, nämlich

der Staatssekretär des Auswärtigen Amtes, Kaiserlicher Wirklicher Geheimer Rat, Herr Richard *von Kühlmann,*

der Kaiserliche Gesandte und bevollmächtigte Minister, Herr Dr. *von Rosenberg,*

der Königlich Preußische Generalmajor *Hoffmann,* Chef des Generalstabs des Oberbefehlshabers Ost, und

* Abdruck nach Reichsgesetzblatt 1918, S. 622 ff.

der Kaiserliche Kapitän zur See *Horn*, sowie
die Bevollmächtigten der Russischen Föderativen Sowjets-Republik, nämlich

Grigorij Jakowlewitsch *Sokolnikow*, Mitglied des Zentralexekutivausschusses der Räte der Arbeiter-, Soldaten- und Bauerndeputierten,

Lew Michailowitsch *Karachan*, Mitglied des Zentralexekutivausschusses der Räte der Arbeiter-, Soldaten- und Bauerndeputierten,

Georgij Wassiliewitsch *Tschitscherin*, Gehilfe des Volkskommissars für auswärtige Angelegenheiten, und

Grigorij Iwanowitsch *Petrowskij*, Volkskommissar für innere Angelegenheiten,

übereingekommen, die Herstellung der öffentlichen und privaten Rechtsbeziehungen zwischen Deutschland und Rußland, den Austausch der Kriegsgefangenen und Zivilinternierten, die Fürsorge für Rückwanderer, die aus Anlaß des Friedensschlusses zu erlassende Amnestie und die Behandlung der in die Gewalt des Gegners geratenen Kauffahrteischiffe unverzüglich zu regeln und zu diesem Zwecke einen Zusatzvertrag zu dem Friedensvertrag abzuschließen.

Nachdem die Bevollmächtigten festgestellt hatten, daß die von ihnen bei der Unterzeichnung des Friedenvertrags vorgelegten Vollmachten die Erledigung der vorstehend bezeichneten Gegenstände mit umfassen, haben sie sich über folgende Bestimmungen geeinigt.

Erstes Kapitel.

Wiederaufnahme der diplomatischen und konsularischen Beziehungen

Artikel 1.

Bei Wiederaufnahme der konsularischen Beziehungen gemäß Artikel X des Friedensvertrags wird jeder vertragschließende Teil die Konsuln des anderen Teiles an allen Plätzen seines Gebiets zulassen, soweit nicht bereits vor dem Kriege für einzelne gemischtsprachige Plätze oder Gebietsteile Ausnahmen bestanden und diese Ausnahmen nach dem Kriege jeder dritten Macht gegenüber gleichmäßig aufrechterhalten werden.

Jeder Teil behält sich vor, aus Gründen der Kriegsnotwendigkeit an gewissen Plätzen Konsuln des anderen Teiles erst nach Abschluß des allgemeinen Friedens zuzulassen.

Artikel 2.

Jeder vertragschließende Teil wird alle Schäden ersetzen, die in seinem Gebiete während des Krieges von den dortigen staatlichen Organen oder der Bevölkerung durch völkerrechtswidrige Handlungen diplomatischen und konsularischen Beamten des anderen Teiles zugefügt oder an Botschafts- und Konsulatsgebäuden dieses Teiles oder an deren Inventar angerichtet worden sind.

Zweites Kapitel.

Wiederherstellung der Staatsverträge.

Artikel 3.

Die Verträge, Abkommen und Vereinbarungen, die zwischen den vertragschließenden Teilen vor der Kriegserklärung in Kraft gewesen sind, treten vorbehaltlich abweichender Bestimmungen des Friedensvertrags und dieses Zusatzvertrags bei deren Ratifikation mit der Maßgabe wieder in Kraft, daß, soweit sie für eine bestimmte Zeit unkündbar sind, diese Zeit um die Kriegsdauer verlängert wird.

Artikel 4.

Jeder vertragschließende Teil kann dem anderen Teile binnen sechs Monaten nach der Unterzeichnung des Friedensvertrags die Verträge, Abkommen oder Vereinbarungen oder deren Einzelbestimmungen mitteilen, die nach seiner Auffassung mit den während des Krieges eingetretenen Veränderungen in Widerspruch stehen. Diese Vertragsbestimmungen sollen tunlichst bald durch neue Verträge ersetzt werden, die den veränderten Anschauungen und Verhältnissen entsprechen.

Zur Ausarbeitung der im Absatz 1 vorgesehenen neuen Verträge wird binnen sechs Monaten nach der Ratifikation des Friedensvertrags eine aus Vertretern der beiden Teile bestehende Kommission in Berlin zusammentreten. Soweit sich diese binnen drei Monaten nach ihrem Zusammentritt nicht einigt, steht es jedem Teile frei, von den Vertragsbestimmungen zurückzutreten, die er gemäß Absatz 1 Satz 1 dem anderen Teile mitgeteilt hat; handelt es sich dabei um Einzelbestimmungen, so steht dem anderen Teile der Rücktritt vom ganzen Vertrage frei.

Artikel 5.

Die Verträge, Abkommen und Vereinbarungen, an denen außer den vertragschließenden Teilen dritte Mächte beteiligt sind, treten zwischen den beiden Teilen vorbehaltlich abweichender Bestimmungen des Friedensvertrags bei dessen Ratifikation wieder in Kraft. Auf die mit solchen Kollektivverträgen in Zusammenhang stehenden Einzelverträge zwischen den beiden Teilen finden die Bestimmungen des Artikel 3 über die Verlängerung der Geltungsdauer und des Artikel 4 über den Rücktritt keine Anwendung.

Wegen der Kollektivverträge politischen Inhalts, an denen noch andere kriegführende Mächte beteiligt sind, behalten sich die beiden Teile ihre Stellungnahme bis nach Abschluß des allgemeinen Friedens vor.

Drittes Kapitel.

Wiederherstellung der Privatrechte.

Artikel 6.

Alle in dem Gebiet eines vertragschließenden Teiles bestehen Bestimmungen, wonach mit Rücksicht auf den Kriegszustand die Angehörigen des anderen Teiles in Ansehung ihrer Privatrechte irgendwelcher besonderen Regelung unterliegen (Kriegsgesetze), treten mit der Ratifikation des Friedensvertrags außer Anwendung.

Als Angehörige eines vertragschließenden Teiles gelten auch solche juristische Personen und Gesellschaften, die in seinem Gebiet ihren Sitz haben. Ferner sind den Angehörigen eines Teiles juristische Personen und Gesellschaften, die in seinem Gebiete nicht ihren Sitz haben, insoweit gleichzustellen, als sie im Gebiete des anderen Teiles den für diese Angehörigen geltenden Bestimmungen unterworfen waren.

Artikel 7.

Über privatrechtliche Schuldverhältnisse, die durch Kriegsgesetze beeinträchtigt worden sind, wird nachstehendes vereinbart.

§ 1.

Die Schuldverhältnisse werden wiederhergestellt, soweit sich nicht aus den Bestimmungen der Artikel 7 bis 11 ein Anderes ergibt.

§ 2.

Die Bestimmung des § 1 hindert nicht, daß die Frage, welchen Einfluß die durch den Krieg geschaffenen Zustände, insbesondere die durch Verkehrshindernisse oder Handelsverbote herbeigeführte Unmöglichkeit der Erfüllung, auf die Schuldverhältnisse ausüben, im Gebiete jedes vertragschließenden Teiles nach den dort für alle Landeseinwohner geltenden Gesetzen beurteilt wird.

Dabei dürfen die Angehörigen des anderen Teiles, die durch Maßnahmen dieses Teiles behindert worden sind, nicht ungünstiger behandelt werden, als die Angehörigen des eigenen Staates, die durch dessen Maßnahmen behindert worden sind. Auch soll derjenige, der durch den Krieg an der rechtzeitigen Bewirkung einer Leistung behindert war, nicht verpflichtet sein, den dadurch entstandenen Schaden zu ersetzen.

§ 3.

Geldforderungen, deren Bezahlung im Laufe des Krieges auf Grund von Kriegsgesetzen verweigert werden konnte, brauchen nicht vor Ablauf von sechs Monaten nach der Ratifikation des Friedensvertrags bezahlt zu werden. Sie sind von der ursprünglichen Fälligkeit an für die Dauer des Krieges und der anschließenden sechs Monate ohne Rücksicht auf Moratorien mit fünf vom Hundert für das Jahr zu verzinsen; bis zur ursprünglichen Fälligkeit sind gegebenenfalls die vertraglichen Zinsen zu zahlen.

Die vertragschließenden Teile behalten sich vor, nähere Bestimmungen auf dem Gebiete des Wechsel- und Scheckrechts sowie der Valutageschäfte zu vereinbaren.

§ 4.

Für die Abwicklung der Außenstände und sonstigen privatrechtlichen Verbindlichkeiten sind die staatlich anerkannten Gläubigerschutzverbände zur Verfolgung der Ansprüche der ihnen angeschlossenen natürlichen und juristischen Personen als deren Bevollmächitgte wechselseitig anzuerkennen und zuzulassen.

Artikel 8.

Jeder vertragschließende Teil mit Einschluß seiner Gliedstaaten wird sofort nach der Ratifikation des Friedensvertrags die Bezahlung seiner Verbindlichkeiten, insbesondere den öffentlichen Schuldendienst, gegenüber den Angehörigen des anderen Teiles wiederaufnehmen. Die vor der Ratifikation fällig gewordenen Verbindlichkeiten werden binnen sechs Monaten nach der Ratifikation bezahlt werden.

Die Bestimmung des Absatz 1 findet keine Anwendung auf solche gegenüber einem Teile bestehenden Forderungen, die erst nach der Unterzeichnung des Friedensvertrags auf Angehörige des anderen Teiles übergegangen sind.

Artikel 9.

Über Urheberrechte und gewerbliche Schutzrechte, Konzessionen und Privilegien sowie ähnliche Ansprüche auf öffentlich-rechtlicher Grundlage, die durch Kriegsgesetze beeinträchtigt worden sind, wird nachstehendes vereinbart.

§ 1.

Die im Eingang bezeichneten Rechte werden wiederhergestellt, soweit sich nicht aus dem Artikel 11 ein Anderes ergibt.

Dem Berechtigten werden die von ihm für die Zeit der Entziehung der Rechte geschuldeten Gebühren erlassen oder, falls er sie bereits bezahlt hat, zurückerstattet; hat der Staat aus der Benutzung der Rechte durch Dritte Vermögensvorteile gezogen, welche die Gebühren übersteigen, so ist dem Berechtigten der Mehrbetrag herauszugeben. Soweit der Staat Rechte, die ihm übereignet worden sind, benutzt hat, ist der Berechtigte angemessen zu entschädigen.

§ 2.

Jeder vertragschließende Teil wird den Angehörigen des anderen Teiles, die aus Anlaß des Krieges eine gesetzliche Frist für die Vornahme einer zur Begründung oder Erhaltung eines gewerblichen Schutzrechts erforderlichen Handlung versäumt haben, unbeschadet wohlerworbener Rechte Dritter, für die Nachholung der Handlung eine Frist von mindestens einem Jahre nach der Ratifikation des Friedensvertrags gewähren.

Gewerbliche Schutzrechte der Angehörigen des einen Teiles sollen im Gebiete des anderen Teiles wegen Nichtausübung nicht vor Ablauf von vier Jahren nach der Ratifikation verfallen.

§ 3.

Die Bestimmung des § 1 Abs. 1 findet auf Konzessionen und Privilegien sowie ähnliche Ansprüche auf öffentlichrechtlicher Grundlage keine Anwendung, soweit diese auf Grund einer für alle Landeseinwohner und für alle Rechte der gleichen Art geltenden Gesetzgebung inzwischen abgeschafft oder vom Staate oder von Gemeinden übernommen worden sind und in deren Besitze verbleiben; in diesen Fällen regelt sich die Entschädigung des Berechtigten nach den Bestimmungen des Artikel 13.

§ 4.

Die vertragschließenden Teile behalten sich vor, wegen der Priorität gewerblicher Schutzrechte besondere Bestimmungen zu vereinbaren.

Artikel 10.

Die Fristen für die Verjährung von Rechten sollen im Gebiete jedes vertragschließenden Teiles gegenüber den Angehörigen des anderen Teiles, falls sie zur Zeit des Kriegsausbruchs noch nicht abgelaufen waren, frühestens ein Jahr nach der Ratifikation des Friedensvertrages ablaufen. Das Gleiche gilt von den Fristen zur Vorlegung von Zinsscheinen und Gewinnanteilscheinen sowie von ausgelosten oder sonst zahlbar gewordenen Wertpapieren.

Artikel 11.

Die Tätigkeit der Stellen, die auf Grund von Kriegsgesetzen mit der Beaufsichtigung, Verwahrung, Verwaltung oder Liquidation von Vermögensgegenständen oder der Annahme von Zahlungen befaßt worden sind, soll unbeschadet der Bestimmungen der Artikel 12, 13 nach Maßgabe der nachstehenden Grundsätze abgewickelt werden.

§ 1.

Die beaufsichtigten, verwahrten oder verwalteten Vermögensgegenstände sind auf Verlangen des Berechtigten unverzüglich freizugeben; bis zur Übernahme durch den Berechtigten ist für die Wahrung seiner Interessen zu sorgen.

Gelder und Wertpapiere, die sich bei einer zentralen Hinterlegungsstelle, einem öffentlichen Treuhänder oder einer sonstigen staatlich beauftragten Sammelstelle befinden, sind binnen drei Monaten nach der Ratifikation des Friedensvertrags dem Berechtigten zur Verfügung zu stellen; mit den Geldern sind Zinsen zum Jahressatze von vier vom Hundert seit der Einzahlung bei der Sammelstelle, mit den Wertpapieren sind die eingezogenen Zinsen und Gewinnanteile herauszugeben.

§ 2.

Die Bestimmungen des § 1 sollen wohlerwobene Rechte Dritter nicht berühren. Zahlungen und sonstige Leistungen eines Schuldners, die von den im Eingang dieses Artikels erwähnten Stellen oder auf deren Veranlassung entgegengenommen worden sind, sollen in den Gebieten der vertragschließenden Teile die gleiche Wirkung haben, wie wenn sie der Gläubiger selbst empfangen hätte.

Privatrechtliche Verfügungen, die von den bezeichneten Stellen oder auf deren Veranlassung oder ihnen gegenüber vorgenommen worden sind, bleiben mit Wirkung für beide Teile aufrechterhalten.

§ 3.

Über die Tätigkeit der im Eingang dieses Artikels erwähnten Stellen, insbesondere über die Einnahmen und

Ausgaben, ist den Berechtigten auf Verlangen unverzüglich Auskunft zu erteilen.

Ersatzanspruüche wegen der Tätigkeit dieser Stellen oder wegen der auf ihre Veranlassung vorgenommenen Handlungen können nur gemäß den Bestimmungen des Artikels 13 geltend gemacht werden.

Artikel 12.

Grundstücke oder Rechte an einem Grundstück, Bergwerksgerechtsame sowie Rechte auf die Benutzung oder Ausbeutung von Grundstücken, Unternehmungen oder Beteiligungen an einem Unternehmen, insbesondere Aktien, die infolge von Kriegsgesetzen veräußert oder dem Berechtigten sonst durch Zwang entzogen worden sind, sollen dem früheren Berechtigten auf einen innerhalb eines Jahres nach der Ratifikation des Friedensvertrags zu stellenden Antrag gegen Rückgewährung der ihm aus der Veräußerung oder Entziehung etwa erwachsenen Vorteile frei von allen inzwischen begründeten Rechten Dritter wieder übertragen werden.

Die Bestimmungen des Absatz 1 finden keine Anwendung, soweit die veräußerten Vermögensgegenstände auf Grund einer für alle Landeseinwohner und für alle Gegenstände der gleichen Art geltenden Gesetzgebung inzwischen vom Staate oder von Gemeinden übernommen worden sind und in deren Besitze verbleiben. In diesen Fällen regelt sich die Entschädigung des Berechtigten nach den Bestimmungen des Artikel 13; auch kann bei einer Wiederaufhebung der Übernahme der im Absatz 1 vorgesehene Antrag auf Rückgewährung innerhalb eines Jahres nach der Wiederaufhebung gestellt werden.

Viertes Kapitel.

Ersatz für Zivilschäden.

Artikel 13.

Der Angehörage eines vertragschließenden Teiles, der im Gebiete des anderen Teiles infolge von Kriegsgesetzen durch die zeitweilige oder dauernde Entziehung von Urheberrechten, gewerblichen Schutzrechten, Konzessionen, Privilegien und ähnlichen Ansprüchen oder durch die Beaufsichtigung, Verwahrung, Verwaltung oder Veräußerung von Vermögensgegenständen einen Schaden erlitten hat, ist in angemessener Weise zu entschädigen, soweit der Schaden nicht durch Wiedereinsetzung in den vorigen Stand ersetzt wird. Dies gilt auch von Aktionären, die wegen ihrer Eigenschaft als feindliche Ausländer von einem Bezugsrecht ausgeschlossen worden sind.

Artikel 14.

Jeder vertragschließende Teil wird den Zivilangehörigen des anderen Teiles die Schäden ersetzen, die ihnen in seinem Gebiete während des Krieges von den dortigen staatlichen Organen oder der Bevölkerung durch völkerrechtswidrige Gewaltakte an Leben, Gesundheit oder Vermögen zugefügt worden sind. Diese Bestimmung findet auch Anwendung auf die Schäden, welche die Angehörigen des einen Teiles als Teilhaber der auf dem Gebiete des anderen Teiles befindlichen Unternehmungen erlitten haben.

Artikel 15.

Zur Feststellung der nach Artikel 13, 14 zu ersetzenden Schäden soll alsbald nach der Ratifikation des Friedensvertrages in St. Petersburg eine Kommission zusammentreten, die zu je einem Drittel aus Vertretern der beiden Teile und neutralen Mitgliedern gebildet wird; um die Bezeichnung der neutralen Mitglieder, darunter des Vorsitzenden, wird der Präsident des Schweizerischen Bundesrats gebeten werden.

Die Kommission stellt die für ihre Entscheidungen maßgebenden Grundsätze auf; auch erläßt sie die zur Erledigung ihrer Aufgaben erforderliche Geschäftsordnung und die Bestimmungen über das dabei einzuschlagende Verfahren. Ihre Entscheidungen erfolgen in Unterkommissionen, die aus je einem Vertreter der beiden Teile und einem neutralen Obmann gebildet werden. Die von den Unterkommissionen festgestellten Beträge sind innerhalb eines Monats nach der Feststellung zu bezahlen.

Artikel 16.

Jeder vertragschließende Teil wird die von ihm in seinem Gebiete bei Angehörigen des anderen Teiles angeforderten Gegenstände, soweit dies noch nicht geschehen ist, unverzüglich bezahlen.

Wegen Regelung der Entschädigung für solche Vermögenswerte von Angehörigen des einen Teiles, die abgesehen von den im Artikel 9 § 3 und im Artikel 12 Abs. 2 bezeichneten Fällen im Gebiete des anderen Teiles ohne ausreichenden Ersatz enteignet worden sind, bleibt eine besondere Vereinbarung vorbehalten.

Fünftes Kapitel.

Austausch der Kriegsgefangenen und Zivilinternierten.

Artikel 17.

Über den im Artikel VIII des Friedensvertrags vorgesehenen Austausch der Kriegsgefangenen werden die nachstehenden Bestimmungen getroffen.

§ 1.

Die beiderseitigen Kriegsgefangenen werden in ihre Heimat entlassen werden, soweit sie nicht mit Zustimmung des Nehmestaats in dessen Gebiete zu bleiben oder sich in ein anderes Land zu begeben wünschen.

Der bereits im Gange befindliche Austausch dienstuntauglicher Kriegsgefangenen wird mit möglichster Beschleunigung durchgeführt werden.

Der Autausch der übrigen Kriegsgefangenen erfolgt tunlichst bald in bestimmten, noch näher zu vereinbarenden Zeiträumen.

Rußland wird auf seinem Gebiete deutsche Kommissionen zum Zwecke der Fürsorge für deutsche Kriegsgefangene zulassen und nach Kräften unterstützen.

§ 2.

Bei der Entlassung erhalten die Kriegsgefangenen das ihnen von den Behörden des Nehmestaates abgenommene Privateigentum sowie den noch nicht ausbezahlten oder verrechneten Teil ihres Arbeitsverdienstes; diese Verpflichtung bezieht sich nicht auf Schriftstücke militärischen Inhalts.

§ 3.

Jeder vertragschließende Teil wird die Aufwendungen, die für seine in Kriegsgefangenschaft geratenen Angehörigen von dem anderen Teile gemacht worden sind, erstatten, soweit die Aufwendungen nicht durch die Arbeit der Kriegsgefangenen in Staats- oder Privatbetrieben als abgegolten anzusehen sind.

Die Bezahlung erfolgt in der Währung des Nehmestaats in Teilbeträgen für je 50 000 Kriegsgefangene, und zwar jedesmal innerhalb einer Woche nach deren Entlassung.

§ 4.

Eine aus je vier Vertretern der beiden Teile zu bildende Kommission soll alsbald nach der Ratifikation des Friedensvertrags an einem noch zu bestimmenden Orte zusammentreten, um die im § 1 Abs. 3 vorgesehenen Zeiträume sowie die sonstigen Einzelheiten des Austausches, insbesondere die Art und Weise der Heimbeförderung, festzusetzen und die Durchführung der getroffenen Vereinbarungen zu überwachen.

Ferner wird die Kommission die nach § 3 von den beiden Teilen zu erstattenden Aufwendungen für Kriegsgefangene festsetzen. Sollte sie sich innerhalb zweier Monate nach ihrem Zusmmentritt über die Festsetzung nicht geeinigt haben, so soll diese in endgültiger Weise unter Zuziehung eines neutralen Obmanns nach Stimmenmehrheit erfolgen; um die Bezeichnung des Obmanns würde der Präsident des Schweizerischen Bundesrats zu bitten sein.

Artikel 18.

Über die Heimkehr der beiderseitigen Zivilangehörigen werden die nachstehenden Bestimmungen getroffen.

§ 1.

Die beiderseitigen internierten oder verschickten Zivilangehörigen werden tunlichst bald unentgeltlich heimbefördert werden, soweit sie nicht mit Zustimmung des Aufenthaltsstaats in dessen Gebiete zu bleiben oder sich in ein anderes Land zu begeben wünschen.

Die in St. Petersburg über die Heimkehr der Zivilangehörigen getroffenen Vereinbarungen werden mit möglichster Beschleunigung durchgeführt werden.

Die im Artikel 17 § 4 erwähnte Kommission soll die bei den Verhandlungen in St. Petersburg offengebliebenen Fragen regeln und die Durchführung der getroffenen Vereinbarungen überwachen.

Die im Artikel 17 § 1 Abs. 4 vorgesehenen deutschen Kommissionen werden auch die Fürsorge für deutsche Zivilpersonen übernehmen.

§ 2.

Die Angehörigen eines Teiles, die bei Kriegsausbruch in dem Gebiete des anderen Teiles ihren Wohnsitz oder eine gewerbliche oder Handelsniederlassung hatten und sich nicht in diesem Gebiet aufhalten, können dorthin zurückkehren, sobald sich der andere Teil nicht mehr im Kriegszustand befindet. Die Rückkehr kann nur aus Gründen der inneren oder äußeren Sicherheit des Staates versagt werden.

Als Ausweis genügt ein von den Behörden des Heimatstaats ausgestellter Paß, wonach der Inhaber zu den im Absatz I bezeichneten Personen gehört; ein Sichtvermerk auf dem Passe ist nicht erforderlich.

Artikel 19.

Die Angehörigen jedes vertragschließenden Teiles sollen im Gebiete des anderen Teiles für die Zeit, während deren dort ihr Gewerbe- oder Handelsbetrieb oder ihre sonstige Erwerbstätigkeit infolge des Krieges geruht hat, keinerlei Auflagen, Abgaben, Steuern oder Gebühren für den Gewerbe- oder Handelsbetrieb oder die sonstige Erwerbstätigkeit unterliegen. Beträge, die hiernach nicht geschuldet werden, aber bereits erhoben sind, sollen binnen sechs Monaten nach der Ratifikation des Friedensvertrags zurückerstattet werden.

Auf Handels- und sonstige Erwerbsgesellschaften, an denen Angehörige des einen Teils als Gesellschafter, Aktionäre oder in sonstiger Weise beteiligt sind und deren Betrieb im Gebiete des anderen Teiles infolge des Krieges geruht hat, finden die Bestimmungen des Absatz 1 entsprechende Anwendung.

Artikel 20.

Jeder vertragschließende Teil verpflichtet sich, die auf seinem Gebiete befindlichen Grabstätten der Heeresangehörigen sowie der während der Internierung oder Verschickung verstorbenen sonstigen Angehörigen des anderen Teiles zu achten und zu unterhalten; auch können Beauftragte dieses Teiles die Pflege und angemessene Ausschmückung der Grabstätten im Einvernehmen mit den Landesbehörden besorgen. Die mit der Pflege der Grabstätten zusammenhängenden Einzelfragen bleiben weiterer Vereinbarung vorbehalten.

Sechstes Kapitel.

Fürsorge für Rückwanderer.

Artikel 21.

Den Angehörigen jedes vertragschließenden Teiles, die aus dem Gebiete des anderen Teiles stammen, soll es während einer Frist von zehn Jahren nach der Ratifikation des Friedensvertrages freistehen, im Einvernehmen mit den Behörden dieses Teiles nach ihrem Stammland zurückzuwandern.

Die zur Rückwanderung berechtigten Personen sollen auf Antrag die Entlassung aus ihrem bisherigen Staatsverband erhalten. Auch soll ihr schriftlicher oder mündlicher Verkehr mit den diplomatischen und konsularischen Vertretern des Stammlandes in keiner Weise gehindert oder erschwert werden.

Die im Artikel 17 §1 Abs. 4 vorgesehenen deutschen Kommissionen werden auch die Fürsorge für deutsche Rückwanderer übernehmen.

Artikel 22.

Die Rückwanderer sollen für die ihnen während des Krieges wegen ihrer Abstammung zugefügten Unbilden eine billige Entschädigung erhalten, auch durch die Ausübung des Rückwanderungsrechts keinerlei vermögensrechtliche Nachteile erleiden. Sie sollen befugt sein, ihr Vermögen zu liquidieren und den Erlös sowie ihre sonstige bewegliche Habe mitzunehmen; ferner dürfen sie ihre Pachtverträge unter Einhaltung einer Frist von sechs Monaten kündigen, ohne daß der Verpächter wegen vorzeitiger Auflösung des Pachtvertrags Schadensersatzansprüche geltend machen kann.

Siebentes Kapitel.

Amnestie.

Artikel 23.

Jeder vertragschließende Teil gewährt den Angehörigen des anderen Teiles Straffreiheit nach Maßgabe der nachstehenden Bestimmungen.

§ 1.

Jeder Teil gewährt volle Straffreiheit den dem anderen Teile angehörenden Kriegsgefangenen für alle von ihnen begangenen gerichtlich oder disziplinarisch strafbaren Handlungen.

§ 2.

Jeder Teil gewährt volle Straffreiheit den Zivilangehörigen des anderen Teiles, die während des Krieges interniert oder verschickt worden sind, für die während der Internierung oder Verschickung begangenen gerichtlich oder disziplinarisch strafbaren Handlungen.

§ 3.

Jeder Teil gewährt volle Straffreiheit allen Angehörigen des anderen Teiles für die zu dessen Gunsten begangenen Straftaten und für Verstöße gegen die zum Nachteil feindlicher Ausländer ergangenen Ausnahmegesetze.

§ 4.

Die in den §§ 1 bis 3 vorgesehene Straffreiheit erstreckt sich nicht auf Handlungen, die nach der Ratifikation des Friedensvertrags begangen werden.

Artikel 24.

Jeder vertragsschließende Teil gewährt volle Straffreiheit den Angehörigen seiner bewaffneten Macht in Ansehung der Arbeiten, die sie als Kriegsgefangene des anderen Teiles geleistet haben. Das Gleiche gilt für dic von den beiderseitigen Zivilangehörigen während ihrer Internierung oder Verschickung geleisteten Arbeiten.

Artikel 25.

Jeder vertragschließende Teil gewährt volle Straffreiheit den Bewohnern seiner von dem anderen Teile besetzten Gebiete für ihr politisches und militärisches Verhalten während der Zeit der Besetzung.

Abgesehen von den im Absatz 1 bezeichneten Fällen gewährt jeder Teil volle Straffreiheit den Angehörigen der Gebiete, die nach den Artikeln III, VI des Friedensvertrags der russischen Staatshoheit nicht mehr unterstehen oder von den russischen Truppen zu räumen sind, für ihr politisches und militärisches Verhalten bis zur Ratifikation des Friedensvertrags.

Artikel 26.

Soweit nach den Bestimmungen der Artikel 23 bis 25 Straffreiheit gewährt wird, werden neue Strafverfahren nicht eingeleitet, die anhängigen Strafverfahren eingestellt und die erkannten Strafen nicht vollstreckt.

Kriegsgefangene, die sich wegen Kriegs- oder Landesverrats, vorsätzlicher Tötung, Raubes, räuberischer Erpressung, vorsätzlicher Brandstiftung oder Sittlichkeitsverbrechen in Untersuchungs- oder Strafhaft befinden, können bis zu ihrer Entlassung, die möglichst mit dem ersten Austausch der Diensttauglichen zu erfolgen hat, in Haft behalten werden. Auch behält sich Deutschland bis zum Abschluß des allgemeinen Friedens das Recht vor, gegenüber Personen, denen es Straffreiheit gewährt, die im Interesse seiner militärischen Sicherheit erforderlichen Maßnahmen zu treffen.

Über Personen, denen Straffreiheit gewährt wird, und über ihre Familien dürfen auch sonstige Rechtsnachteile nicht verhängt werden; soweit dies bereits geschehen ist, sind sie in den früheren Stand wiedereinzusetzen.

Artikel 27.

Die vertragschließenden Teile behalten sich vor, weitere Vereinbarungen zu treffen, wonach jeder Teil wegen der zu seinen Ungunsten begangenen Handlungen Freiheit von Strafen und sonstigen Rechtsnachteilen gewährt.

Achtes Kapitel.

Behandlung der in die Gewalt des Gegners geratenen Kauffahrteischiffe und Schiffsladungen.

Artikel 28.

Auf die Kauffahrteischiffe der vertragschließenden Teile und auf deren Ladungen findet ohne Rücksicht auf entgegenstehende Prisenurteile das Sechste Haager Abkommen über die Behandlung der feindlichen Kauffahrteischiffe beim Ausbruch der Feindseligkeiten vom 18. Oktober 1907 mit nachstehenden Maßgaben Anwendung.

Die Erlaubnis zum Auslaufen im Sinne des Artikel 2 Abs. 1 des Abkommens kann nur dann als erteilt angesehen werden, wenn sie auch von den übrigen feindlichen Seemächten anerkannt war. Kauffahrteischiffe, die gemäß Artikel 2 Abs. 2 des Abkommens angefordert worden sind, müssen unter Entschädigung für die Zeit der Benutzung entweder zurückgegeben oder im Falle des Verlustes in Geld ersetzt werden. Für nicht angeforderte Schiffe hat der Flaggenstaat die Aufwendungen zur Instandhaltung, nicht aber Hafengelder und sonstige Liegekosten zu erstatten. Die nach ihrer Bauart zur Umwandlung in Kriegsschiffe geeigneten Kauffahrteischiffe werden abweichend vom Artikel 5 des Abkommens wie andere Kauffahrteischiffe behandelt.

Die Bestimmungen dieses Artikels finden auch auf solche Kauffahrteischiffe Anwendung, die bereits vor Ausbruch des Krieges angefordert oder aufgebracht waren.

Artikel 29.

Die als Prisen aufgebrachten Kauffahrteischiffe der vertragschließenden Teile sollen, wenn sie vor der Unterzeichnung des Friedensvertrags durch rechtskräftiges Urteil eines Prisengerichts kondemniert worden sind und nicht unter die Bestimmungen der Artikel 28, 30 fallen, als endgültig eingezogen angesehen werden. Im übrigen sind sie zurückzugeben oder, soweit sie nicht mehr vorhanden sind, in Geld zu ersetzen.

Die Bestimmungen des Absatz 1 finden auf die als Prisen aufgebrachten Schiffsladungen von Angehörigen der vertragschließenden Teile entsprechende Anwendung. Doch sollen Güter von Angehörigen des einen Teiles, die auf Schiffen feindlicher Flagge in die Gewalt des anderen Teiles geraten sind, in allen Fällen den Berechtigten herausgegeben oder, soweit dies nicht möglich ist, in Geld ersetzt werden.

Artikel 30.

Kauffahrteischiffe eines vertragschließenden Teiles, die in neutralen Hoheitsgewässern von Streitkräften des anderen Teiles aufgebracht, mit Beschlag belegt oder versenkt wurden, sind ebenso wie ihre Ladungen ohne Rücksicht auf entgegenstehende Prisenurteile zurückzugeben oder, soweit sie nicht mehr vorhanden sind, in Geld zu ersetzen; für die Zeit bis zur Rückgabe oder Ersatzleistung ist Entschädigung zu gewähren.

Artikel 31.

Kauffahrteischiffe, die nach den Artikeln 28 bis 30 zurückzugeben sind, sollen sofort nach der Ratifikation des Friedensvertrags in dem Zustand und in dem Hafen, in dem sie sich befinden, dem Flaggenstaat zur Verfügung gestellt werden. Befindet sich ein solches Schiff am Tage der Ratifikation auf einer Reise, so muß es nach deren Beendigung und nach Löschung der an dem bezeichneten Tage vorhandenen Ladung, spätestens aber nach einem Monat zurückgegeben werden; für die Zwischenzeit ist die höchste Tageszeitfracht zu vergüten.

Hat der Zustand eines nach Artikel 28 zurückzugebenden Schiffes während der Zeit der Anforderung eine über die gewöhnliche Abnutzung hinausgehende Verschlechterung erfahren, so ist eine entsprechende Entschädigung zu leisten. Das Gleiche gilt für ein nach Artikel 30 zurückzugebendes Schiff, selbst wenn es nicht angefordert wurde. Für Verschlechterungen oder Verluste, die nach Einstellung der Feindseligkeiten durch das Verhalten des rückgabepflichtigen Teiles herbeigeführt worden sind, ist in allen Fällen Entschädigung zu gewähren.

Als Ersatz für ein nicht mehr vorhandenes Schiff ist der Verkaufswert, den es am Tage der Ratifikation des Friedensvertrags haben würde, zu zahlen. Als Entschädigung für die Benutzung ist die übliche Tageszeitfracht zu entrichten.

Artikel 32.

Alsbald nach der Ratifikation des Friedensvertrags soll zur Durchführung der in den Artikeln 28 bis 31 enthaltenen Bestimmungen eine Kommission aus je zwei Vertretern der vertragschließenden Teile und einem neutralen Obmann an einem noch zu bestimmenden Orte zusammentreten; um die Bezeichnung des Obmanns wird der Präsident des Schweizerischen Bundesrats gebeten werden.

Die Kommission hat insbesondere die Frage, ob im Einzelfalle die Voraussetzungen für die Rückgabe oder den Ersatz eines Schiffes oder für die Zahlung einer Entschädigung vorliegen, zu entscheiden und die Höhe der zu zahlenden Beträge, und zwar in der Währung des Flaggenstaats, festzusetzen. Die Beträge sind innerhalb eines Monats nach der Festsetzung der Regierung des Flaggenstaats für Rechnung der Berechtigten zur Verfügung zu stellen.

Neuntes Kapitel.

Organisation des Spitzbergen-Archipels.

Artikel 33.

Die vertragschließenden Teile werden darauf hinwirken, daß die auf der Spitzbergenkonferenz im Jahre 1914 in Aussicht genommene internationale Organisation des Spitzbergen-Archipels unter Gleichstellung der beiden Teile durchgeführt wird.

Zu diesem Zwecke werden die Regierungen der beiden Teile die Königlich Norwegische Regierung bitten, die Fortsetzung der Spitzbergenkonferenz tunlichst bald nach Abschluß des allgemeinen Friedens herbeizuführen.

Zehntes Kapitel.

Schlußbestimmungen.

Artikel 34.

Dieser Zusatzvertrag, der einen wesentlichen Bestandteil des Friedensvertrags bildet, soll ratifiziert und die Ratifikationsurkunden sollen zugleich mit den Ratifikationsurkunden des Friedensvertrags ausgetauscht werden.

Artikel 35.

Der Zusatzvertrag tritt, soweit darin nicht ein Anderes bestimmt ist, gleichzeitig mit dem Friedensvertrag in Kraft.

Zur Ergänzung des Zusatzvertrags, insbesondere zum Abschluß der darin vorbehaltenen weiteren Vereinbarungen, werden binnen vier Monaten nach der Ratifikation Vertreter der vertragschließenden Teile in Berlin zusammentreten. Dabei soll auch die Anwendung der Bestimmungen des Zusatzvertrags auf die deutschen Schutzgebiete geregelt werden.

Zu Urkund dessen haben die Bevollmächtigten diesen Zusatzvertrag eigenhändig unterzeichnet.

Ausgefertigt in doppelter Urschrift in
Bukarest, 7. März 1918. Brest-Litowsk, am 3. März 1918.
R. v. Kühlmann.

Brest-Litowsk, 3. März 1918.	Г. Сокольниковъ.
v. Rosenberg	Л. Караханъ.
Hoffmann	Г. Чичеринъ.
Horn.	Г. Петровскій.

Versailler Friedensvertrag vom 28. Juni 1919*

(Auszug)

Rußland und russische Staaten

Abschnitt XIV.

Artikel 116.

Deutschland erkennt die Unabhängigkeit aller Gebiete, die am 1. August 1914 zum ehemaligen russischen Reiche gehörten, an und verpflichtet sich, diese Unabhängigkeit als dauernd und unantastbar zu achten.

Gemäß den Bestimmungen der Artikel 259 und 292 Teil IX (Finanzielle Bestimmungen) und Teil X (Wirtschaft-

* Abdruck nach Reichsgesetzblatt 1919, S. 688 ff. (Verbindlicher Wortlaut: englische und französische Fassung.)

liche Bestimmungen) des gegenwärtigen Vertrags erkennt Deutschland endgültig die Aufhebung der Verträge von Brest-Litowsk sowie aller anderen Verträge, Vereinbarungen und Übereinkommen an, die es mit der maximalistischen Regierung in Rußland abgeschlossen hat.

Die alliierten und assoziierten Mächte behalten ausdrücklich die Rechte Rußlands vor, von Deutschland jede Wiederherstellung und Wiedergutmachung zu erhalten, die den Grundsätzen des gegenwärtigen Vertrags entspricht.

Artikel 117.

Deutschland verpflichtet sich, die volle Gültigkeit aller Verträge und Vereinbarungen anzuerkennen, die von den alliierten und assoziierten Mächten mit den Staaten abgeschlossen werden, die sich auf dem Gesamtgebiete des ehemaligen russischen Reiches, wie es am 1. August 1914 bestand, oder in einem Teile desselben gebildet haben oder noch bilden werden. Deutschland verpflichtet sich ferner, die Grenzen dieser Staaten so, wie sie danach festgelegt werden, anzuerkennen.

Deutsch-Russischer Vertrag von Rapallo vom 17. Juli 1922*

Die Deutsche Regierung, vertreten durch

Reichsminister Dr. Walther *Rathenau,*

und

die Regierung der Russischen Sozialistischen Föderativen Sowjetrepublik, vertreten durch

Volkskommissar *Tschitscherin*

sind über nachstehende Bestimmungen übereingekommen:

* Abdruck nach Reichsgesetzblatt 1922 II, S. 677 ff.

Artikel 1

Die beiden Regierungen sind darüber einig, daß die Auseinandersetzung zwischen dem Deutschen Reiche und der Russischen Sozialistischen Föderativen Sowjetrepublik über die Fragen aus der Zeit des Kriegszustandes zwischen Deutschland und Rußland auf folgender Grundlage geregelt wird:

a) Das Deutsche Reich und die Russische Sozialistische Föderative Sowjetrepublik verzichten gegenseitig auf den Ersatz ihrer Kriegskosten sowie auf den Ersatz der Kriegsschäden, d. h. derjenigen Schäden, die ihnen und ihren Angehörigen in den Kriegsgebieten durch militärische Maßnahmen einschließlich aller in Feindesland vorgenommenen Requisitionen entstanden sind. Desgleichen verzichten beide Teile auf den Ersatz der Zivilschäden, die den Angehörigen des einen Teiles durch die sogenannten Kriegsausnahmegesetze oder durch Gewaltmaßnahmen staatlicher Organe des anderen Teiles verursacht worden sind.

b) Die durch den Kriegszustand betroffenen öffentlichen und privaten Rechtsbeziehungen, einschließlich der Frage der Behandlung der in die Gewalt des anderen Teiles geratenen Handelsschiffe, werden nach dem Grundsatz der Gegenseitigkeit geregelt werden.

c) Deutschland und Rußland verzichten gegenseitig auf Erstattung der beiderseitigen Aufwendungen für Kriegsgefangene. Ebenfalls verzichtet die Deutsche Regierung auf Erstattung der von ihr für die in Deutschland internierten Angehörigen der Roten Armee gemachten Aufwendungen. Die Russische Regierung verzichtet ihrerseits auf Erstattung des Erlöses aus von Deutschland vorgenommenen Verkäufen des von diesen Internierten nach Deutschland gebrachten Heeresgutes.

Artikel 2

Deutschland verzichtet auf die Ansprüche, die sich aus der bisherigen Anwendung der Gesetze und Maßnahmen der Russischen Sozialistischen Föderativen Sowjetrepublik auf deutsche Reichsangehörige oder ihre Privatrechte sowie auf die Rechte des Deutschen Reichs und der Länder gegen Rußland sowie aus den von der Russischen Sozialistischen Föderativen Sowjetrepublik oder ihren Organen sonst gegen Reichsangehörige oder ihre Privatrechte getroffenen Maßnahmen ergeben, vorausgeetzt, daß die Regierung der Russischen Sozialistischen Föderativen Sowjetrupublik auch ähnliche Ansprüche dritter Staaten nicht befriedigt.

Artikel 3

Die diplomatischen und konsularischen Beziehungen zwischen dem Deutschen Reich und der Russischen Sozialistischen Föderativen Sowjetrepublik werden sogleich wieder aufgenommen. Die Zulassung der beiderseitigen Konsuln wird durch ein besonderes Abkommen geregelt werden.

Artikel 4

Die beiden Regierungen sind sich ferner auch darüber einig, daß für die allgemeine Rechtsstellung der Angehörigen des einen Teiles im Gebiete des anderen Teiles und für die allgemeine Regelung der beiderseitigen Handels- und Wirtschaftsbeziehungen der Grundsatz der Meistbegünstigung gelten soll. Der Grundsatz der Meistbegünstigung erstreckt sich nicht auf die Vorrechte und Erleichterungen, die die Russische Sozialistische Föderative Sowjetrepublik einer Sowjetrepublik oder einem solchen Staate gewährt, der früher Bestandteil des ehemaligen Russischen Reiches war.

Artikel 5

Die beiden Regierungen werden den wirtschaftlichen Bedürfnissen der beiden Länder in wohlwollendem Geiste wechselseitig entgegenkommen. Bei einer grundsätzlichen Regelung dieser Frage auf internationaler Basis werden sie in vorherigen Gedankenaustausch eintreten. Die Deutsche Regierung erklärt sich bereit, die ihr neuerdings mitgeteilten, von Privatfirmen beabsichtigten Vereinbarungen nach Möglichkeit zu unterstützen und ihre Durchführung zu erleichtern.

Artikel 6

Die Artikel 1 b und 4 dieses Vertrags treten mit der Ratifikation, die übrigen Bestimmungen dieses Vertrags treten sofort in Kraft.

Ausgefertigt in doppelter Urschrift in Rapallo am 16. April 1922.

gez. *Rathenau* gez. *Tschitscherin*

Deutsch-Sowjetischer Vertrag von Berlin vom 24. April 1926*

Die Deutsche Regierung

und

die Regierung der Union der Sozialistischen Sowjet-Republiken,

von dem Wunsche geleitet, alles zu tun, was zur Aufrechterhaltung des allgemeinen Friedens beitragen kann,

und in der Überzeugung, daß das Interesse des deutschen Volkes und der Völker der Union der Sozialistischen Sowjet-Republiken eine stetige vertrauensvolle Zusammenarbeit erfordert,

sind übereingekommen, die zwischen ihnen bestehenden freundschaftlichen Beziehungen durch einen besonde-

* Abdruck nach Reichsgesetzblatt 1926 II, S. 360 ff.

ren Vertrag zu bekräftigen, und haben zu diesem Zwecke zu Bevollmächtigten ernannt:

Die Deutsche Regierung:
den Reichsminister des Auswärtigen
Herrn Dr. Gustav *Stresemann*,
die Regierung der Union der Sozialistischen Sowjet-Republiken:
den außerordentlichen und bevollmächtigten Botschafter der Union der Sozialistischen Sowjet-Republiken
Herrn Nikolai Nikolajewitsch *Krestinski*,

die nach Austausch ihrer in guter und gehöriger Form befundenen Vollmachten nachstehende Bestimmungen vereinbart haben.

Artikel 1

Die Grundlage der Beziehungen zwischen Deutschland und der Union der Sozialistischen Sowjet-Republiken bleibt der Vertrag von Rapallo.

Die Deutsche Regierung und die Regierung der Union der Sozialistischen Sowjet-Republiken werden in freundschaftlicher Fühlung miteinander bleiben, um über alle ihre beiden Länder gemeinsam berührenden Fragen politischer und wirtschaftlicher Art eine Verständigung herbeizuführen.

Artikel 2

Sollte einer der vertragschließenden Teile trotz friedlichen Verhaltens von einer dritten Macht oder von mehreren dritten Mächten angegriffen werden, so wird der andere vertragschließende Teil während der ganzen Dauer des Konfliktes Neutralität beobachten.

Artikel 3

Sollte aus Anlaß eines Konfliktes der in Artikel 2 erwähnten Art oder auch zu einer Zeit, in der sich keiner der vertragschließenden Teile in kriegerischen Verwicklungen befindet, zwischen dritten Mächten eine Koalition zu dem

Zwecke geschlossen werden, gegen einen der vertragschließenden Teile einen wirtschaftlichen oder finanziellen Boykott zu verhängen, so wird sich der andere vertragschließende Teil einer solchen Koalition nicht anschließen.

Artikel 4

Dieser Vertrag soll ratifiziert und die Ratifikationsurkunden sollen in Berlin ausgetauscht werden.

Der Vertag tritt mit dem Austausch der Ratifikationsurkunden in Kraft und gilt für die Dauer von fünf Jahren. Die beiden vertragschließenden Teile werden sich rechtzeitig vor Ablauf dieser Frist über die weitere Gestaltung ihrer politischen Beziehungen verständigen.

Zu Urkund dessen haben die Bevollmächtigten diesen Vertrag unterzeichnet.

Ausgefertigt in doppelter Urschrift in Berlin am 24. April 1926.

(gez.) *Stresemann*
(gez.) *Krestinski*

Notenwechsel zum Berliner Vertrag vom 24. April 1926*

Auswärtiges Amt

Berlin, den 24. April 1926.

Herr Botschafter!

Mit Beziehung auf die Verhandlungen über den heute unterzeichneten Vertrag zwischen der Deutschen Regierung und der Regierung der Union der Sozialistischen Sowjet-Republiken beehre ich mich namens der Deutschen Regierung folgendes festzustellen:

* Abdruck nach Reichsgesetzblatt 1926 II, S. 361 ff.

1. Beide Regierungen sind bei den Verhandlungen über den Vertrag und bei dessen Unterzeichnung übereinstimmend von der Auffassung ausgegangen, daß der von ihnen in Artikel I Abs. 2 des Vertrages festgelegte Grundsatz der Verständigung über alle die beiden Länder gemeinsam berührenden Fragen politischer und wirtschaftlicher Art wesentlich zu der Erhaltung des allgemeinen Friedens beitragen wird. Jedenfalls werden sich die beiden Regierungen bei ihren Auseinandersetzungen von dem Gesichtspunkt der Notwendigkeit der Erhaltung des allgemeinen Friedens leiten lassen.

2. In diesem Sinne haben die beiden Regierungen auch die grundsätzlichen Fragen erörtert, die mit dem Eintritt Deutschlands in den Völkerbund zusammenhängen. Die Deutsche Regierung ist überzeugt, daß die Zugehörigkeit Deutschlands zum Völkerbund kein Hindernis für die freundschaftliche Entwicklung der Beziehungen zwischen Deutschland und der Union der Sozialistischen Sowjet-Republiken bilden kann. Der Völkerbund ist seiner grundlegenden Idee nach zur friedlichen und gerechten Ausgleichung internationaler Gegensätze bestimmt. Die Deutsche Regierung ist entschlossen, an der Verwirklichung dieser Idee nach Kräften mitzuarbeiten. Sollten dagegen, was die Deutsche Regierung nicht annimmt, im Rahmen des Völkerbundes irgendwann etwa Bestrebungen hervortreten, die, im Widerspruch mit jener grundlegenden Friedensidee, einseitig gegen die Union der Sozialistischen Sowjet-Republiken gerichtet wären, so würde Deutschland derartigen Bestrebungen mit allem Nachdruck entgegenwirken.

3. Die Deutsche Regierung geht davon aus, daß diese grundsätzliche Einstellung der deutschen Politik gegenüber der Union der Sozialistischen Sowjet-Republiken auch nicht durch die loyale Beobachtung der Verpflichtungen beeinträchtigt werden kann, die sich für Deutschland

nach seinem Eintritt in den Völkerbund aus den Artikeln 16 und 17 der Völkerbundssatzung über das Sanktionsverfahren ergeben würden. Nach diesen Artikeln käme ein Sanktionsverfahren gegen die Union der Sozialistischen Sowjet-Republiken, abgesehen von weiteren Voraussetzungen, nur dann in Betracht, wenn die Union der Sozialistischen Sowjet-Republiken einen Angriffskrieg gegen einen dritten Staat eröffnete. Dabei ist zu berücksichtigen, daß die Frage, ob die Union der Sozialistischen Sowjet-Republiken bei einem bewaffneten Konflikt mit einem dritten Staate der Angreifer ist, mit bindender Wirkung für Deutschland nur mit dessen eigener Zustimmung entschieden werden könnte, und daß somit eine in dieser Hinsicht etwa von anderen Mächten gegen die Union der Sozialistischen Sowjet-Republiken erhobene, nach deutscher Ansicht nicht berechtigte Beschuldigung Deutschland nicht zwingen würde, an irgendwelchen auf Grund des Artikel 16 eingeleiteten Maßnahmen teilzunehmen. Wegen der Frage, ob und in welchem Maße Deutschland im konkreten Falle überhaupt imstande sein würde, an einem Sanktionsverfahren teilzunehmen, verweist die Deutsche Regierung auf die bei Gelegenheit der Unterzeichnung des Vertragswerkes von Locarno an die Deutsche Delegation gerichtete Note vom 1. Dezember 1925 über die Auslegung des Artikels 16.

4. Um für die reibungslose Erledigung aller zwischen ihnen auftauchenden Fragen eine sichere Grundlage zu schaffen, halten die beiden Regierungen es für zweckmäßig, alsbald in Erörterungen über den Abschluß eines allgemeinen Vertrags zur friedlichen Lösung der zwischen beiden Teilen etwa entstehenden Konflikte einzutreten, wobei insbesondere die Möglichkeiten des schiedsgerichtlichen Verfahrens und des Vergleichsverfahrens berücksichtigt werden sollen.

Genehmigen Sie, Her Botschafter, die erneute Versicherung meiner ausgezeichneten Hochachtung.

(gez.) *Stresemann*

An
den Botschafter der Union der Sozialistischen
Sowjet-Republiken in Deutschland
Herrn *Krestinski*
Berlin.

Botschaft der Union der Sozialistischen
Sowjet-Republiken in Deutschland

Berlin, den 24. April 1926.

Herr Reichsminister!

Indem ich den Empfang der Note bestätige, die Sie mit Beziehung auf die Verhandlungen über den heute unterzeichneten Vertrag zwischen der Regierung der Union der Sozialistischen Sowjet-Republiken und der Deutschen Regierung an mich gerichtet haben, beehre ich mich darauf namens der Regierung der Union der Sozialistischen Sowjet-Republiken folgendes zu erwidern:

1. Beide Regierungen sind bei den Verhandlungen über den Vertrag und bei dessen Unterzeichnung übereinstimmend von der Auffassung ausgegangen, daß der von ihnen in Artikel 1 Abs. 2 des Vertrages festgelegte Grundsatz der Verständigung über alle die beiden Länder gemeinsam berührenden Fragen politischer und wirtschaftlicher Art wesentlich zu der Erhaltung des allgemeinen Friedens beitragen wird. Jedenfalls werden sich die beiden Regierungen bei ihren Auseinandersetzungen von dem Gesichtspunkt der Notwendigkeit der Erhaltung des allgemeinen Friedens leiten lassen.

2. Hinsichtlich der grundsätzlichen Fragen, die mit dem Eintritt Deutschlands in den Völkerbund zusammenhängen, nimmt die Regierung der Union der Sozialistischen

Sowjet-Republiken Akt von den Erklärungen, die in den Ziffern 2 und 3 Ihrer Note enthalten sind.

3. Um für die reibungslose Erledigung aller zwischen ihnen auftauchenden Fragen eine sichere Grundlage zu schaffen, halten die beiden Regierungen es für zweckmäßig, alsbald in Erörterungen über den Abschluß eines allgemeinen Vertrags zur friedlichen Lösung der zwischen den beiden Teilen etwa entstehenden Konflikte einzutreten, wobei insbesondere die Möglichkeiten des schiedsgerichtlichen Verfahrens und des Vergleichsverfahrens berücksichtigt werden sollen.

Genehmigen Sie, Herr Reichsminister, die erneute Versicherung meiner ausgezeichnetsten Hochachtung.

(gez.) *Krestinski*

An
den Reichsminister des Auswärtigen
Herrn Dr. *Stresemann*
Berlin.

Nichtangriffsvertrag zwischen Deutschland und der Union der Sozialistischen Sowjetrepubliken vom 23. August 1939*

Die Deutsche Reichsregierung

und

die Regierung der Union der Sozialistischen Sowjetrepubliken,

geleitet von dem Wunsche, die Sache des Friedens zwischen Deutschland und der UdSSR zu festigen, und ausgehend von den grundlegenden Bestimmungen des Neutralitätsvertrages, der im April 1926 zwischen Deutsch-

* Abdruck nach Reichsgesetzblatt 1939 II, S. 968 ff.

land und der UdSSR geschlossen wurde, sind zu nachstehender Vereinbarung gelangt:

Artikel I

Die beiden Vertragschließenden Teile verpflichten sich, sich jeden Gewaltakts, jeder aggressiven Handlung und jedes Angriffs gegeneinander, und zwar sowohl einzeln als auch gemeinsam mit anderen Mächten, zu enthalten.

Artikel II

Falls einer der Vertragschließenden Teile Gegenstand kriegerischer Handlungen seitens einer dritten Macht werden sollte, wird der andere Vertragschließende Teil in keiner Form diese dritte Macht unterstützen.

Artikel III

Die Regierungen der beiden Vertragschließenden Teile werden künftig fortlaufend zwecks Konsultation in Fühlung miteinander bleiben, um sich gegenseitig über Fragen zu informieren, die ihre gemeinsamen Interessen berühren.

Artikel IV

Keiner der beiden Vertragschließenden Teile wird sich an irgendeiner Mächtegruppierung beteiligen, die sich mittelbar oder unmittelbar gegen den anderen Teil richtet.

Artikel V

Falls Streitigkeiten oder Konflikte zwischen den Vertragschließenden Teilen über Fragen dieser oder jener Art entstehen sollten, werden beide Teile diese Streitigkeiten oder Konflikte ausschließlich auf dem Wege freundschaftlichen Meinungsaustausches oder nötigenfalls durch Einsetzung von Schlichtungskommissionen bereinigen.

Artikel VI

Der gegenwärtige Vertrag wird auf die Dauer von zehn Jahren abgeschlossen mit der Maßgabe, daß, soweit nicht einer der Vertagschließenden Teile ihn ein Jahr vor Ablauf dieser Frist kündigt, die Dauer der Wirksamkeit dieses Vertrages automatisch für weitere fünf Jahre als verlängert gilt.

Artikel VII

Der gegenwärtige Vertrag soll innerhalb möglichst kurzer Frist ratifiziert werden. Die Ratifikationsurkunden sollen in Berlin ausgetauscht werden. Der Vertrag tritt sofort mit seiner Unterzeichnung in Kraft.

Ausgefertigt in doppelter Urschrift, in deutscher und russischer Sprache.

Moskau, am 23. August 1939.

Für die Deutsche Reichsregierung
von Ribbentrop

In Vollmacht der Regierung der UdSSR
W. Molotow

Geheimes Zusatzprotokoll vom 23. August 1939*

Aus Anlaß der Unterzeichnung des Nichtangriffspaktes zwischen dem Deutschen Reich und der Union der Sozialistischen Sowjetrepubliken haben die unterzeichneten Bevollmächtigten der beiden Teile in streng vertraulicher Aussprache die Frage der Abgrenzung der beiderseitigen Interessensphären in Osteuropa erörtert. Die Aussprache hat zu folgendem Ergebnis geführt:

1. Für den Fall einer territorial-politischen Umgestaltung in den zu den baltischen Staaten, Finnland, Estland, Lettland und Litauen) gehörenden Gebieten bildet die nördliche Grenze Litauens zugleich die Grenze der Inter-

* Abdruck nach Europa-Archiv 2. Jg. (1947), S. 1043 f.

essensphäre Deutschlands und der UdSSR. Hierbei wird das Interesse Litauens auf Wilnaer Gebiet beiderseits anerkannt.

2. Für den Fall einer territorial-politischen Umgestaltung der zum polnischen Staat gehörenden Gebiete werden die Interessensphären Deutschlands und der UdSSR ungefähr durch die Linie der Flüsse Pissa, Narew, Weichsel und San abgegrenzt. Die Frage, ob die beiderseitigen Interessen die Erhaltung eines unabhängigen polnischen Staates erwünscht erscheinen lassen und wie dieser Staat abzugrenzen wäre, kann endgültig erst im Laufe der weiteren politischen Entwicklung geklärt werden. In jedem Falle werden beide Regierungen diese Frage im Wege einer freundschaftlichen Verständigung lösen.

3. Hinsichtlich des Südostens Europas wird von sowjetischer Seite das Interesse an Bessarabien betont. Von deutscher Seite wird das völlige politische Desinteressement in diesem Gebiet erklärt.

4. Dieses Protokoll wird von beiden Seiten streng geheim behandelt werden.

Moskau, den 23. August 1939.

von Ribbentrop, W. Molotow

Deutsch-Sowjetischer Grenz- und Freundschaftsvertrag vom 28. September 1939*

Die Deutsche Reichsregierung und die Regierung der UdSSR betrachten es nach dem Auseinanderfallen des bisherigen Polnischen Staates ausschließlich als ihre Aufgabe, in diesen Gebieten die Ruhe und Ordnung wiederherzu-

* Abdruck nach Reichsgesetzblatt 1940 II, S. 4.

stellen und den dort lebenden Völkerschaften ein ihrer völkischen Eigenart entsprechendes friedliches Dasein zu sichern. Zu diesem Zwecke haben sie sich über folgendes geeinigt:

Artikel I

Die Deutsche Reichsregierung und die Regierung der UdSSR legen als Grenze der beiderseitigen Reichsinteressen im Gebiete des bisherigen Polnischen Staates die Linie fest, die in der anliegenden Karte eingezeichnet ist und in einem ergänzenden Protokoll näher beschrieben werden soll.

Artikel II

Beide Teile erkennen die in Artikel I festgelegte Grenze der beiderseitigen Reichsinteressen als endgültig an und werden jegliche Einmischung dritter Mächte in diese Regelung ablehnen.

Artikel III

Die erforderliche staatliche Neuregelung übernimmt in den Gebieten westlich der in Artikel I angegebenen Linie die Deutsche Reichsregierung, in den Gebieten östlich dieser Linie die Regierung der UdSSR.

Artikel IV

Die Deutsche Reichsregierung und die Regierung der UdSSR betrachten die vorstehende Regelung als ein sicheres Fundament für eine fortschreitende Entwicklung der freundschaftlichen Beziehungen zwischen ihren Völkern.

Artikel V

Dieser Vertrag wird ratifiziert und die Ratifikationsurkunden werden sobald wie möglich in Berlin ausgetauscht werden. Der Vertrag tritt mit seiner Unterzeichnung in Kraft.

Ausgefertigt in doppelter Urschrift in deutscher und russischer Sprache.

Moskau, den 28. September 1939.

Für die Deutsche Reichsregierung
von Ribbentrop

In Vollmacht der Regierung der UdSSR
W. Molotow

Gemeinsame Regierungserklärung vom 28. September 1939*

Nachdem die Deutsche Reichsregierung und die Regierung der UdSSR durch den heute unterzeichneten Vertrag die sich aus dem Zerfall des polnischen Staates ergebenden Fragen endgültig geregelt und damit ein sicheres Fundament für einen dauerhaften Frieden in Osteuropa geschaffen haben, geben sie übereinstimmend der Auffassung Ausdruck, daß es dem wahren Interesse aller Völker entsprechen würde, dem gegenwärtig zwischen Deutschland einerseits und England und Frankreich andererseits bestehenden Kriegszustand ein Ende zu machen. Die beiden Regierungen werden deshalb ihre gemeinsamen Bemühungen, gegebenenfalls mit anderen befreundeten Mächten, darauf richten, dieses Ziel so bald wie möglich zu erreichen.

Sollten jedoch die Bemühungen der beiden Regierungen erfolglos bleiben, so würde damit die Tatsache festgestellt sein, daß England und Frankreich für die Fortsetzung des Krieges verantwortlich sind, wobei im Falle einer Fortdauer des Krieges die Regierungen Deutschlands und der

* Abdruck nach Europa-Archiv 2. Jg. (1947), S. 1044.

UdSSR sich gegenseitig über die erforderlichen Maßnahmen konsultieren werden.

Moskau, den 28. September 1939.

von Ribbentrop, W. Molotow

Geheimprotokoll vom 28. September 1939*

Die unterzeichneten Bevollmächtigten stellen das Einverständnis der Deutschen Reichsregierung und der Regierung der UdSSR über folgendes fest:

Das am 23. August 1939 unterzeichnete Geheime Zusatzprotokoll wird in seiner Ziffer 1 dahin abgeändert, daß das Gebiet des litauischen Staates in die Interessensphären der UdSSR fällt, während andererseits die Woiwodschaft Lublin und Teile der Woiwodschaft Warschau in die Interessensphären Deutschlands fallen. (Vergleiche die Karte zu dem heute unterzeichneten Grenz- und Freundschaftsvertrag.) Sobald die Regierung der UdSSR auf litauischem Gebiet zur Wahrnehmung ihrer Interessen besondere Maßnahmen trifft, wird zum Zwecke einer natürlichen und einfachen Grenzziehung die gegenwärtige deutsch-litauische Grenze dahin rektifiziert, daß das litauische Gebiet, das südwestlich der in der anliegenden Karte eingezeichneten Linie liegt, an Deutschland fällt.

Ferner wird festgestellt, daß die in Geltung befindlichen wirtschaftlichen Abmachungen zwischen Deutschland und Litauen durch die vorstehend erwähnten Maßnahmen der Sowjet-Union nicht beeinträchtigt werden sollen.

Moskau, den 28. September 1939.

von Ribbentrop, W. Molotow

* Abdruck nach Europa-Archiv 2. Jg. (1949), S. 1043 f.

Zusatzprotokoll zwischen Deutschland und Union der S.S.R. vom 4. Oktober 1939*

Die Unterzeichneten, die in gehöriger Weise von der Deutschen Regierung und der Regierung der UdSSR dazu bevollmächtigt sind, in Ausführung des Artikels 1 des in Moskau am 28. September 1939 zwischen Deutschland und UdSSR abgeschlossenen Freundschafts- und Grenzvertrages, sind über folgendes übereingekommen:

I.

Die Grenzlinie zwischen den beiderseitigen Reichsinteressen im Gebiete des bisherigen Polnischen Staates verläuft in folgender Weise:

Von dem Punkte, der am Flusse Igorka an der Mündung eines namenlosen Baches, der von dem Dorf Pschetok kommt und in einer Entfernung von ungefähr 2300 m nordostwärts von dem Schnittpunkt dieses Flusses mit der Straße Shondowy-Kopzewo in den Fluß Igorka einmündet, verläuft die Grenze in südwestlicher Richtung auf einer festzulegenden geraden Linie bis zu dem am Flusse Tschernaja Gantscha gegenüber dem nordwestlichen Rande des Dorfes Shondowy befindlichen Punkte.

Von hier aus verläuft die Grenze den Fluß Tschernaja Gantscha aufwärts bis zur Mündung des Flusses Marycha. Von dieser Mündung verläuft die Grenze in südwestlicher Richtung auf einer festzulegenden geraden Linie nach dem Nordostrande des Sees Jedryno. Von hier aus verläuft die Grenze auf einer festzulegenden geraden Linie bis zu dem gegenüber der Mündung des Flusses Wolkuschanka am Flusse Tschernaja Gantscha befindlichen Punkte und weiter diesen letzteren Fluß aufwärts bis zu dem südlich vom Dorfe Ostrynske liegenden Punkte. Von hier aus verläuft die Grenze anfangs in südwestlicher und dann in nordwest-

* Abdruck nach Reichsgesetzblatt 1940 II, S. 5 ff.

licher Richtung längs des Grabens bis zu seinem nordwestlichen Ende und dann auf einer festzulegenden geraden Linie; die in nordwestlicher Richtung bis zu dem am nordostwärtigen Rande des Dorfes Tscharny Brud liegenden Punkte verläuft. Von hier aus verläuft die Grenze in nordwestlicher Richtung auf einer festzulegenden geraden Linie bis zur Eisenbahnbrücke über den Fluß Blisna am Nordrande des Dorfes Schtschebra, wobei das Dorf Schtschebra auf der Seite der UdSSR und das Dorf Blisna auf der Seite Deutschlands bleiben. Weiter verläuft die Grenze den Fluß Blisna abwärts bis zum Schnittpunkt der Straßen Suwalki—Schtschebra II und Ratschki—Schtschebra II, wobei die Wegegabel und das Dorf Schtschebra II auf der Seite Deutschlands und das Dorf Schtschebra I auf der Seite der UdSSR bleiben.

Von hier aus verläuft die Grenze in nordwestlicher Richtung auf einer festzulegenden geraden Linie bis zu einem nördlich des Dorfes Topilowka liegenden Punkte und biegt dann ein wenig in südwestlicher Richtung um und verläuft auf einer festzulegenden geraden Linie bis zu einem an der früheren russisch-deutschen Reichsgrenze liegenden Punkte, der sich in einer Entfernung von etwa 900 m südwestlich des Dorfes Pruska Mala befindet, das auf der Seite Deutschlands bleibt.

Von hier aus verläuft die Grenze im allgemeinen in südwestlicher Richtung längs der früheren russisch-deutschen Grenze bis zu dem Punkte, wo die letztere den Fluß Pissa schneidet.

Von hier aus verläuft die obengenannte Grenze den Fluß Pissa abwärts bis zu seiner Einmündung in den Fluß Narew und dann diesen Fluß abwärts bis zur Mündung eines namenlosen Baches, der zwischen der Stadt Ostrolenka und dem Dorfe Ostrowa in den Fluß Narew einmündet. Von hier aus verläuft die Grenze den Bach aufwärts zum Ostrande des Dorfes Lawy (Süd). Vom Ostrande des

Dorfes Lawy (Süd) verläuft die Grenze in südostwärtiger Richtung auf einer festzulegenden geraden Linie zum Südrande des Dorfes Sussk und weiter auch auf einer festzulegenden geraden Linie zu einem Punkte, der sich am Wege Troschyn—Rabendy, ungefähr 400 m südwestlich des Dorfrandes Troschyn, befindet. Von hier aus verläuft die Grenze in südostwärtiger Richtung auf einer festzulegenden geraden Linie bis zum Wegekreuz südlich des Dorfes Stylengi und biegt dann nach Südosten um und verläuft auf einer festzulegenden geraden Linie bis zu einem Punkte, der sich am Flusse Osh südlich des Dorfes Butschin befindet, wobei dieses Dorf auf der Seite der UdSSR und das Dorf Saoshe auf der Seite Deutschlands bleiben.

Von hier aus verläuft die Grenze den Fluß Osh aufwärts bis zu seinem linken Zuflusse, der zwischen den Dörfern Sokolowo und Rogowek in den Fluß Osh einmündet und dann längs dieses Zuflusses bis zu dem Punkte, der sich 1200 m ostwärts des Dorfes Malinowo-Stare befindet. Von hier aus verläuft die Grenze in südostwärtiger Richtung auf einer festzulegenden geraden Linie bis zu einem Punkte an der Straße Ostruw—Masowezka—Shabikowo ungefähr 700 m südlich der Ziegelei, wobei das Gut Salesse, das Dorf Lubejewo-Nowe und die obenerwähnte Ziegelei auf der Seite der UdSSR und das Dorf Salesse, das Dorf Pschijmy und das Dorf Lubejewo auf der Seite Deutschlands bleiben.

Von hier aus verläuft die Grenze in südostwärtiger Richtung auf einer festzulegenden geraden Linie bis zu einem Punkte an dem Fluß Brotschisko, ungefähr 500 m nordwestlich des Westrandes des Dorfes Nowa Solotorija, wobei das Dorf Ugnewo auf der Seite Deutschlands bleibt.

Von hier aus verläuft die Grenze in südostwärtiger Richtung auf einer festzulegenden geraden Linie bis zu einem Punkte am Wege, ungefähr 350 m südlich des Dorfes Petzki.

Von hier aus verläuft die Grenze in südostwärtiger Richtung auf einer festzulegenden geraden Linie bis zu einem Punkte an dem Fluß Sapadnyj Bug, ungefähr 1500 m ostwärts des Dorfrandes Nadbushne.

Von hier aus verläuft die Grenze den Fluß Sapadnyj Bug aufwärts bis zur Mündung des Flusses Solokija.

Von der Mündung des Flusses Solokija verläuft die Grenze längs dieses Flusses bis zu einem Punkte, der sich gegenüber dem Nordwestrand des Dorfes Ugnuw befindet.

Von hier aus verläuft die Grenze in nordwestlicher Richtung auf einer festzulegenden geraden Linie bis zu dem Südrande des Dorfes Chodywanze, wobei das Dorf Pschedno und das Dorf Nowossjulki auf der Seite der UdSSR und die Dörfer Mysljatin und Chodywanze auf der Seite Deutschlands bleiben.

Von hier aus verläuft die Grenze in nordwestlicher Richtung auf einer festzulegenden geraden Linie bis zu einem Punkt, der sich ungefähr 1300 m nördlich des Nordostrandes des Dorfes Shurawze befindet.

Von hier aus verläuft die Grenze in südwestlicher Richtung auf einer festzulegenden geraden Linie bis zu einem Punkt, der sich am Bach Krinitza, gegenüber dem Südostrande des Dorfes Shilka, befindet.

Von hier aus verläuft die Grenze in südwestlicher Richtung auf einer festzulegenden geraden Linie bis zum Südostrande des Dorfes Bshesina, dann geht die Grenze in südwestlicher Richtung auf einer festzulegenden geraden Linie bis zu einem Punkt ungefähr 800 m nordwestlich des Dorfes Pisuny.

Von hier aus verläuft die Grenze in südwestlicher Richtung auf einer festzulegenden geraden Linie bis zu dem Bach Luwtscha und erreicht diesen Bach gegenüber dem Südostrande des Dorfes Garby und folgt von dort diesem Bache aufwärts bis zu dem Vorwerk Sigly.

Von hier aus verläuft die Grenze in südwestlicher Richtung auf einer festzulegenden geraden Linie bis zu einem Punkte am Bach Gnoinik, gegenüber dem Südostrand des Dorfes Gorajetz, und folgt dann diesem Bach abwärts bis zu seinem Schnittpunkt mit der Straße Gorajetz-Zeschanuw.

Von hier aus verläuft die Grenze in südwestlicher Richtung auf einer festzulegenden geraden Linie bis zu dem Ostrande des Dorfes Zeschanuw.

Von hier aus verläuft die Grenze in südwestlicher Richtung auf einer festzulegenden geraden Linie bis zum Westrande des Dorfes Dachnuw, wobei das Vorwerk Nowy auf der Seite Deutschlands bleibt.

Von hier aus verläuft die Grenze in südwestlicher Richtung auf einer festzulegenden geraden Linie bis zum Südostrand des Dorfes Futory und von dort ungefähr nach Westen auf einer festzulegenden geraden Linie bis zu einem Punkt am Nordwestrand des Dorfes Sabjala, wobei das Vorwerk Ljatoschina und das Dorf Uschkowze auf der Seite der UdSSR bleiben.

Von hier aus verläuft die Grenze in nordwestlicher Richtung auf einer festzulegenden geraden Linie bis zu einem Punkt am Bach Pschikopa, gegenüber dem Nordwestrande des Dorfes Dobtscha, wobei das Dorf Milkuw auf der Seite der UdSSR und das Dorf Degelnja auf der Seite Deutschlands bleiben.

Von hier aus verläuft die Grenze den Bachlauf Pschikopa abwärts bis zu seiner Einmündung in den Fluß Pschiluben und folgt dann diesen Flußlauf abwärts bis zu seiner Einmündung in den Fluß San.

Von hier aus verläuft die Grenze den Flußlauf des San aufwärts bis zu seiner Quelle, wobei die Eisenbahnstationen Sjanki und Ushok auf der Seite der UdSSR bleiben.

Anmerkung: 1. Auf den nichtschiffbaren Flüssen und Bächen verläuft die Grenze in der Mitte des Hauptarmes dieser Flüsse und Bäche.

Auf den schiffbaren Flüssen verläuft die Grenze in der Mitte des Hauptfahrwassers.

Anmerkung: 2. Die Grenzabschnitte, die durch zu vereinbarende Linien festgelegt sind, sollen bei der Grenzfestsetzung präzisiert werden.

Anmerkung: 3. Die durch dieses Protokoll festgelegte Grenze ist in Schwarz auf der beigefügten russischen Karte im Maßstab 1 : 100 000 eingetragen.

II.

Die im Abschnitt I dieses Protokolls festgelegte Grenzlinie soll durch eine gemischte deutsch-sowjetische Kommission im Gelände bezeichnet werden.

Die Kommission soll die Grenzzeichen aufstellen, eine ausführliche Beschreibung dieser Linie anfertigen und diese auf einer Karte im Maßstabe 1 : 25 000 eintragen.

Die Kommission soll ihre Arbeit am 9. Oktober dieses Jahres beginnen.

Die von der obengenannten Kommission angefertigte Beschreibung des Grenzverlaufes und die Karte dieser Linie sollen von beiden Regierungen bestätigt werden.

III.

Dieses Protokoll, das der Ratifizierung unterliegt, tritt in Kraft sofort mit seiner Unterzeichnung. Der Austausch der Ratifikationsurkunden soll in möglichst kurzer Zeit in Berlin stattfinden.

Dieses Protokoll ist in vier Ausfertigungen, davon zwei in deutscher und zwei in russischer Sprache, aufgestellt, wobei die beiden Texte die gleiche Bedeutung haben.

Unterzeichnet in Moskau am 4. Oktober 1939.

In Vollmacht der Regierung der UdSSR
W. Molotow

Für die Deutsche Reichsregierung
F. W. Schulenburg

Vertrag zwischen dem Deutschen Reich und der Sowjetunion über die deutsch-russische Grenze vom Fluß Igorka bis zur Ostsee vom 10. Januar 1941*

(Auszug)

Die Deutsche Reichsregierung, vertreten durch den deutschen Botschafter in Moskau, Graf von der Schulenburg, einerseits, und die Regierung der Union der Sozialistischen Sowjetrepubliken, vertreten durch den Vorsitzenden des Rates der Volkskommissare der UdSSR, W. M. Molotow, andererseits,
haben in Ansehung der am 3. August 1940 stattgefundenen Aufnahme der Litauischen Sozialistischen Sowjetrepublik in den Bestand der Union der Sozialistischen Sowjetrepubliken diesen Vertrag über die Staatsgrenze des Deutschen Reiches und der Union der Sozialistischen Sowjetrepubliken auf dem Abschnitt vom Fluß Igorka bis zur Ostsee abgeschlossen.

Artikel 1.

Die Staatsgrenze des Deutschen Reiches und der Union der Sozialistischen Sowjetrepubliken verläuft im obenerwähnten Abschnitt von dem bei der Vermarkung der Staats- und Interessengrenze des Deutschen Reiches und der Staatsgrenze der Union der Sozialistischen Sowjetrepubliken im Jahre 1940 festgelegten Punkte I/1 am Fluß Igorka in etwa nordwestlicher Richtung bis zur Küste der Ostsee. Diese Grenze verläuft:

a) im Abschnitt vom Punkte I/1 am Flusse Igorka bis zum ehemaligen Dreiort Deutsches Reich—Litauen—Polen auf der Linie der ehemaligen tatsächlichen Staatsgrenze zwischen Litauen und Polen, wie sie in dem Beschluß der Botschafterkonferenz vom 1. März 1923 beschrieben ist;

* Abdruck nach Dokumente der deutschen Politik und Geschichte, Bd. 5, Berlin 1953, S. 271 ff.

b) im Abschnitt von dem im Punkte a) erwähnten Dreiort bis zu den Grenzen des ehemaligen Memelgebietes auf der früheren Staatsgrenze zwischen dem Deutschen Reich und Litauen, wie sie im Vertrage zwischen dem Deutschen Reich und der Litauischen Republik vom 29. Januar 1928 beschrieben ist;

c) auf dem Abschnitt von dem südlichsten Punkt der Grenze des ehemaligen Memelgebietes bis zur Ostsee auf der ehemaligen Staatsgrenze zwischen dem Deutschen Reich und Litauen, wie sie im Artikel 1 des Vertrages zwischen dem Deutschen Reich und Litauen vom 22. März 1939 festgelegt ist.

Deutsch-Sowjetisches Geheimprotokoll vom 10. Januar 1941 über den deutschen Verzicht auf Gebietsansprüche in Litauen*

Der Deutsche Botschafter, Graf von der Schulenburg, bevollmächtigt von der Deutschen Reichsregierung, einerseits,

und der Vorsitzende des Rats der Volkskommissare der UdSSR, W. M. Molotow, bevollmächtigt von der Regierung der UdSSR, andererseits, haben nachstehendes vereinbart:

1. Die Deutsche Reichsregierung verzichtet auf ihren Anspruch auf den litauischen Gebietsteil, der in dem Geheimen Zusatzprotokoll vom 28. September 1939 erwähnt und auf der diesem Protokoll beigefügten Karte bezeichnet ist;

2. die Regierung der Union der Sozialistischen Sowjet-Republiken ist bereit, der Deutschen Reichsregierung das in Punkt 1 dieses Protokolls erwähnte Gebiet zu kompen-

* Abdruck nach Dokumente der deutschen Politik und Geschichte, Bd. 5, Berlin 1953, S. 272.

sieren durch Zahlung von 7 500 000 Gold-Dollar = 31 Millionen 500 Tausend Reichsmark an Deutschland.

Die Erstattung des Betrages von 31,5 Millionen Reichsmark erfolgt von Seiten der Regierung der UdSSR in folgender Weise: ein Achtel, und zwar 3 937 500 Reichsmark in Buntmetall-Lieferungen innerhalb von drei Monaten nach Unterzeichnung dieses Protokolls, die restlichen sieben Achtel, und zwar 27 562 500 Reichsmark in Gold, durch einen Abzug von den deutschen Goldzahlungen, die die deutsche Seite gemäß dem in Verbindung mit dem „Abkommen vom Januar 1941 über die beiderseitigen Lieferungen auf Grund des Wirtschaftsabkommens zwischen dem Deutschen Reich und der Union der Sozialistischen Sowjetrepubliken vom 11. Februar 1940 in dem zweiten Vertragsabschnitt" stattgefundenen Briefwechsel zwischen dem Vorsitzenden der Deutschen Wirtschaftsdelegation Herrn Dr. Schnurre und dem Volkskommissar für den Auswärtigen Handel der UdSSR Herrn A. I. Mikojan bis zum 11. Februar 1941 zu leisten hat.

3. Dieses Protokoll ist in zwei Urschriften in deutscher und in zwei Urschriften in russischer Sprache ausgefertigt und tritt sofort nach seiner Unterzeichnung in Kraft.

Moskau, den 10. Januar 1941.

Für die Deutsche Reichsregierung:
Graf Schulenburg

In Vollmacht der Regierung der UdSSR:
Molotow

Deutsch-Sowjetischer Umsiedlungsvertrag über Litauen vom 10. Januar 1941*

(Auszug)

Die Deutsche Reichsregierung und die Regierung der Union der Sozialistischen Sowjetrepubliken, von dem Wunsche geleitet, die Fragen zu lösen, die mit der Umsiedlung der deutschen Reichsangehörigen und der Personen deutscher Volkszugehörigkeit aus der Litauischen Sowjetrepublik in das Deutsche Reich und mit der Umsiedlung der litauischen Staatsangehörigen und der Personen litauischer, russischer und bjelorussischer Volkszugehörigkeit aus dem Deutschen Reich (ehemaliges Memelgebiet und Suwalkigebiet) in die Litauische Sozialistische Sowjetrepublik zusammenhängen, haben es für notwendig befunden, die nachfolgende Vereinbarung zu schließen ...

Teil I. Allgemeine Bestimmungen.

Artikel 1. Die vertragschließenden Teile verpflichten sich, die Umsiedlung ... (der Deutschen bzw. Litauer) durchzuführen.

Es ist vereinbart, daß als Reichsangehörige, die das Recht haben, umgesiedelt zu werden, solche Personen gelten, die die deutsche Reichsangehörigkeit vor dem 21. Juli 1940 besaßen.

Der Umsiedlung unterliegen nur diejenigen im Absatz 1 dieses Artikels genannten Personen, die den Wunsch zur Umsiedlung geäußert haben.

Der Wille zur Umsiedlung kann sowohl mündlich wie schriftlich bekundet werden. Die Umsiedlung erfolgt freiwillig; es ist daher weder ein unmittelbarer noch mittelbarer Zwang zulässig.

* Abdruck nach Dokumente der deutschen Politik und Geschichte, Bd. 5, Berlin 1953, S. 273.

Die Umsiedlung der im Absatz 1 dieses Artikels genannten Personen erfolgt nur mit Zustimmung der aufnehmenden Seite.

Die Umsiedlung der im Gewahrsam befindlichen Personen wird gemäß der auf diplomatischem Wege vereinbraten Regelung erfolgen.

Artikel 2. Personen, die auf Grund der vorliegenden Vereinbarung umgesiedelt werden, haben das Recht, bei der gemeinsamen Ausreise ihre Familien mitzunehmen, wobei auf Grund des von den Familienmitgliedern geäußerten Wunsches im Bestande der Familie umgesiedelt werden können: die Ehefrau und der Ehemann, die Kinder, die Mutter, der Vater, die Enkel, Pflege- und Ziehkinder und sonstige Hausgenossen, sofern sie mit dem Umsiedler gemeinsamen Haushalt führen.

Kinder über 14 Jahre haben das Recht, persönlich ihren Wunsch auszudrücken, am Ort zu bleiben oder umgesiedelt zu werden.

Artikel 3. Die vertragschließenden Teile kommen überein, die Umsiedlung unverzüglich mit dem Tage der Unterzeichnung der vorliegenden Vereinbarung zu beginnen und im Laufe von zweieinhalb Monaten zu beenden.

II. VERTRÄGE ZWISCHEN DER BUNDESREPUBLIK DEUTSCHLAND UND DER SOWJETUNION

Übereinkommen über die Aufnahme diplomatischer Beziehungen vom 13. September 1955

a) Schlußkommuniqué der Moskauer Besprechungen*

Vom 9. bis 13. September 1955 fanden in Moskau Besprechungen zwischen den Regierungsdelegationen der Bundesrepublik Deutschland und der Sowjetunion statt.

Im Verlauf der Besprechungen, die von gegenseitigem Verständnis getragen waren, fand ein umfassender und freimütiger Meinungsaustausch über Fragen der gegenseitigen Beziehungen der Bundesrepublik Deutschland und der Sowjetunion statt. Während der Verhandlungen wurden Fragen der Herstellung diplomatischer Beziehungen zwischen der Bundesrepublik Deutschland und der UdSSR erörtert. Es wurde ein Übereinkommen erzielt, das in entsprechenden Briefen, die zwischen beiden Seiten ausgetauscht wurden, seinen Ausdruck findet, und zwar (vorbehaltlich der Zustimmung des Bundeskabinetts und des Bundestages sowie des Präsidiums des Obersten Sowjets) diplomatische Beziehungen zwischen der Bundesrepublik Deutschland und der Sowjetunion aufzunehmen und zu diesem Zweck jeweils Botschaften in Bonn und Moskau zu errichten und diplomatische Vertreter im Range Außerordentlicher und Bevollmächtigter Botschafter auszutauschen. Beide Delegationen stimmten darin überein, daß die Herstellung diplomatischer Beziehungen der Entwicklung des gegenseitigen Verständnisses und der Zusammenarbeit zwischen der Bundesrepublik Deutschland und der Sowjetunion im Interesse des Friedens und der Sicherheit in Europa dienen wird.

Beide Seiten gehen davon aus, daß die Herstellung und Entwicklung normaler Beziehungen zwischen der Bundes-

* Abdruck nach Deutscher Bundestag, 2. Wahlperiode 1953, Drucksache 1685, Anlage 4, S. 5.

republik Deutschland und der Sowjetunion zur Lösung der ungeklärten Fragen, die das ganze Deutschland betreffen, beitragen und damit auch zur Lösung des nationalen Hauptproblems des gesamten deutschen Volkes — der Wiederherstellung eines deutschen demokratischen Staates — verhelfen wird.

Zur Bestätigung des erreichten Übereinkommens haben der Bundeskanzler der Bundesrepublik Deutschland und der Vorsitzende des Ministerrates der UdSSR Briefe gewechselt, deren Text nachfolgend veröffentlicht wird.

Beide Seiten einigten sich ferner darüber, daß in nächster Zeit zwischen der Sowjetunion und der Bundesrepublik Deutschland Besprechungen über Fragen der Entwicklung des Handels durchgeführt werden.

b) Schreiben des Vorsitzenden des Ministerrates der UdSSR, Marschall Bulganin, vom 13. September 1955 an den Bundeskanzler, betreffend die Aufnahme diplomatischer Beziehungen*

13. September 1955

Herr Bundeskanzler,

Im Zusammenhang mit der Übereinstimmung, die im Laufe der Verhandlungen zwischen den Regierungsdelegationen der Sowjetunion und der Bundesrepublik Deutschland erzielt wurde, habe ich die Ehre, Ihnen zu bestätigen, daß die Sowjetregierung den Beschluß gefaßt hat, diplomatische Beziehungen mit der Regierung der Bundesrepublik Deutschland aufzunehmen und diplomatische Vertreter im Range von Außerordentlichen und Bevollmächtigten Botschaftern auszutauschen.

* Abdruck nach Deutscher Bundestag, 2. Wahlperiode 1953, Drucksache 1685, Anlage 1, S. 2 (Übersetzung des Auswärtigen Amtes).

Die Regierung der Sowjetunion bringt die Überzeugung zum Ausdruck, daß die nunmehr herzustellenden diplomatischen Beziehungen der Entwicklung des gegenseitigen Verständnisses und der Zusammenarbeit zwischen der Sowjetunion und der Bundesrepublik Deutschland im Interesse des Friedens und der Sicherheit in Europa dienen werden.

Die sowjetische Regierung geht hierbei davon aus, daß die Herstellung und Entwicklung normaler Beziehungen zwischen der Sowjetunion und der Bundesrepublik Deutschland zur Lösung der ungeregelten Fragen, die das ganze Deutschland betreffen, beitragen wird und dadurch zur Lösung des nationalen Hauptproblems des gesamten Deutschen Volkes — der Wiederherstellung der Einheit eines deutschen demokratischen Staates — verhelfen wird.

Ich halte es für erforderlich, hiermit zu erklären, daß das Abkommen über die Aufnahme diplomatischer Beziehungen zwischen der Sowjetunion und der Bundesrepublik Deutschland in Kraft tritt, sobald es vom Präsidium des Obersten Sowjets der UdSSR bestätigt ist.

Ich bitte, Sie, Herr Bundeskanzler, die Versicherung meiner ausgezeichneten Hochachtung entgegenzunehmen.

N. Bulganin

Seiner Excellenz
Herrn Konrad Adenauer
Bundeskanzler der Bundesrepublik Deutschland
Moskau

c) Antwortschreiben des Bundeskanzlers vom 13. September 1955 an den Vorsitzenden des Ministerrates der UdSSR, Marschall Bulganin, betreffend die Aufnahme diplomatischer Beziehungen*

13. September 1955

Herr Ministerpräsident,

Auf Grund der Übereinstimmung, die im Laufe der Verhandlungen zwischen den Regierungsdelegationen der Bundesrepublik Deutschland und der Sowjetunion erzielt wurde, habe ich die Ehre, Ihnen zu bestätigen, daß die Bundesregierung den Beschluß gefaßt hat, diplomatische Beziehungen mit der Regierung der Sowjetunion aufzunehmen und diplomatische Vertreter im Range von Außerordentlichen und Bevollmächtigten Botschaftern auszutauschen.

Die Bundesregierung bringt die Überzeugung zum Ausdruck, daß die nunmehr herzustellenden diplomatischen Beziehungen der Entwicklung des gegenseitigen Verständnisses und der Zusammenarbeit zwischen der Bundesrepublik Deutschland und der Sowjetunion im Interesse des Friedens und der Sicherheit in Europa dienen werden.

Die Bundesregierung geht hierbei davon aus, daß die Herstellung und Entwicklung normaler Beziehungen zwischen der Bundesrepublik Deutschland und der Sowjetunion zur Lösung der ungeklärten Fragen, die das ganze Deutschland betreffen, beitragen wird und damit auch zur Lösung des gesamtnationalen Hauptproblems des deutschen Volkes — der Wiederherstellung der Einheit eines deutschen demokratischen Staates — verhelfen wird.

Diese Erklärung tritt in Kraft, sobald das Bundeskabinett und der Deutsche Bundestag sich damit einverstanden erklärt haben.

* Abdruck nach Deutscher Bundestag, 2. Wahlperiode 1953, Drucksache 1685, Anlage 2, S. 3.

Genehmigen Sie, Herr Ministerpräsident, den Ausdruck meiner vorzüglichen Hochachtung.

Adenauer

Seiner Excellenz
dem Vorsitzenden des Ministerrates der UdSSR
Herrn Marschall N. A. Bulganin
Moskau

d) Schreiben des Bundeskanzlers vom 13. September 1955 an den Vorsitzenden des Ministerrates der UdSSR, Marschall Bulganin, betreffend die deutschen Vorbehalte*

13. September 1955

Herr Ministerpräsident,

Aus Anlaß der Aufnahme diplomatischer Beziehungen zwischen der Regierung der Bundesrepublik Deutschland und der Regierung der UdSSR erkläre ich:

1. Die Aufnahme der diplomatischen Beziehungen zwischen der Regierung der Bundesrepublik Deutschland und der Regierung der UdSSR stellt keine Anerkennung des derzeitigen beiderseitigen territorialen Besitzstandes dar. Die endgültige Festsetzung der Grenzen Deutschlands bleibt dem Friedensvertrag vorbehalten.

* Abdruck nach Deutscher Bundestag, 2. Wahlperiode 1953, Drucksache 1685, Anlage, S. 4. — Das Schreiben wurde von der Regierung der UdSSR entgegengenommen, aber nicht bestätigt. Die sowjetische Nachrichtenagentur TASS verbreitete dazu folgende Erklärung (Abdruck nach Bulletin des Presse- und Informationsamtes der Bundesregierung Nr. 109, vom 17. August 1970, S. 1121): Bundeskanzler Adenauer hat am 14. September 1955 auf der Pressekonferenz in Moskau Ausführungen zur Frage des ganzen Deutschlands und anderen Fragen gemacht. In Zusammenhang damit ist TASS von der Sowjetregierung beauftragt worden festzustellen, daß die Sowjetregierung die deutsche Bundesrepublik als einen Teil Deutschlands betrachtet. Ein anderer Teil Deutschlands ist die DDR. In bezug auf die Herstellung diplomatischer Beziehungen zwischen der SU und der deutschen Bundesrepublik hält es die Regierung der UdSSR für erforderlich zu erklären, daß die Frage der Grenzen Deutschlands durch das Potsdamer Abkommen gelöst worden ist und die deutsche Bundesrepublik ihre Jurisdiktion auf dem Gebiet ausübt, das ihrer Hoheit untersteht.

2. Die Aufnahme diplomatischer Beziehungen mit der Regierung der Sowjetunition bedeutet keine Änderung des Rechtsstandpunktes der Bundesregierung in bezug auf ihre Befugnis zur Vertretung des deutschen Volkes in internationalen Angelegenheiten und in bezug auf die politischen Verhältnisse in denjenigen deutschen Gebieten, die gegenwärtig außerhalb der effektiven Hoheitsgewalt liegen.

Diese Erklärung habe ich heute abend der Presse mitgeteilt.

Genehmigen Sie, Herr Ministerpräsident, den Ausdruck meiner ausgezeichneten Hochachtung.

Adenauer

Seiner Excellenz
dem Vorsitzenden des Ministerrates der UdSSR
Herrn Marschall N. A. Bulganin
Moskau

Vereinbarung zur Repatriierung von Staatsangehörigen beider Länder vom 8. April 1958

a) Kommuniqué über den Abschluß der Verhandlungen zwischen den Regierungsdelegationen der Bundesrepublik Deutschland und der UdSSR*

(Auszug)

.....

Bei den Verhandlungen über die mit der Ausreise der einzelnen Staatsangehörigen beider Länder zusammenhängenden Fragen wurde vereinbart, daß die sowjetische Seite

* Abdruck nach Bulletin des Presse- und Informationsamtes der Bundesregierung Nr. 65, vom 9. April 1958, S. 630. — Die hier nicht abgedruckten anderen Teile des Kommuniqués beziehen sich auf den Abschluß eines langfristigen Abkommens über den Waren- und Zahlungsverkehr, ein Protokoll über den Warenverkehr im Jahre 1958, ein Abkommen über allgemeine Fragen des Handels und der Schiffahrt und einen Konsularvertrag.

die praktischen Fragen, die sich im Zusammenhang mit Anträgen deutscher Staatsangehöriger auf Ausreise aus der Union der Sozialistischen Sowjetrepubliken in die Bundesrepublik Deutschland im Einzelfall ergeben, wohlwollend prüfen wird. In der gleichen Weise werden die Behörden der Bundesrepublik Deutschland entsprechende Anträge sowjetischer Staatsangehöriger prüfen, die sich zur Zeit in der Bundesrepublik Deutschland befinden und in die Union der Sozialistischen Sowjetrepubliken auszureisen wünschen.

Beide Seiten haben im Verlauf der Verhandlungen erklärt, daß sie sich zum Prinzip der Zusammenführung von infolge des letzten Krieges getrennten Familien bekennen, wobei sie übereingekommen sind, daß jede der beiden Seiten auf der Grundlage ihrer Gesetzgebung verfahren wird.

Beide Seiten haben sich damit einverstanden erklärt, daß die Zusammenarbeit der Rot-Kreuz-Gesellschaften der beiden Staaten fortgesetzt wird.

b) Sowjetische Erklärung*

Im Verlaufe der Verhandlungen zwischen den Regierungsdelegationen der Union der sozialistischen Sowjetrepubliken und der Bundesrepublik Deutschland über Fragen der Entwicklung der Beziehungen zwischen den beiden Ländern wurden auch die Fragen erörtert, die einerseits mit der Ausreise von zur Zeit in der Bundesrepublik befindlichen sowjetischen Staatsangehörigen und andererseits mit der Ausreise deutscher Staatsangehöriger aus der Sowjetunion in die Bundesrepublik im Einzelfall zusammenhängen. Die hinsichtlich dieser Fragen getroffene Vereinbarung findet ihren Ausdruck in dem von den Dele-

* Abdruck nach Bulletin des Presse- und Informationsamtes der Bundesregierung Nr. 65, vom 9. April 1958, S. 630.

gationen vereinbarten, für die Veröffentlichung bestimmten gemeinsamen Kommuniqué über die Ergebnisse der Verhandlungen.

Außerdem ist die sowjetische Delegation ermächtigt, mündlich zu erläutern, daß die sowjetische Seite die praktischen Fragen prüfen und positiv entscheiden wird, die sich im Zusammenhang mit Anträgen deutscher Staatsangehöriger, die die deutsche Staatsangehörigkeit am 21. Juni 1941 besessen haben, soweit sich solche heute noch auf dem Gebiet der Sowjetunion befinden, auf Ausreise mit ihren Ehegatten und Kindern aus der Sowjetunion in die Bundesrepublik im Einzelfall ergeben. Bei diesen Personen kommt es lediglich auf den Besitz der deutschen Staatsangehörigkeit am 21. Juni 1941 an. Diese Vereinbarung erstreckt sich jedoch nicht auf Personen nichtdeutscher Volkszugehörigkeit, die nach 1918 in das Memelgebiet zugewandert sind.

Das oben Gesagte gilt nicht für auf Grund der Abkommen von 1939 bis 1941 nach Deutschland ausgereiste Personen, die Staatsangehörige der Sowjetunion sind. Die sowjetische Seite wird bei der Prüfung der Anträge dieser Personen wie folgt verfahren:

Die sowjetische Seite ist bereit, Anträge dieser Personen auf Ausreise in die Bundesrepublik im individuellen Verfahren und gemäß der sowjetischen Gesetzgebung wohlwollend zu prüfen. Dies gilt für Personen, die ihre Familie oder nahe Angehörige in der Bundesrepublik haben oder aber für Personen, deren Familien aus Deutschen bestehen. Bei Mischehen wird die Frage der Ausreise solcher Personen von der sowjetischen Seite je nach den konkreten Umständen unter Berücksichtigung der Interessen der Familie wie auch der einzelnen Familienmitglieder entschieden. Die getroffene Vereinbarung erstreckt sich nicht auf Personen, gegen die auf dem Gebiet der Sowjetunion ein Untersuchungsverfahren läuft oder die dort auf Grund eines Gerichtsurteils eine Strafe verbüßen.

Die sowjetische Seite geht davon aus, daß die mit der getroffenen Vereinbarung zusammenhängenden Maßnahmen bis Ende 1959 durchgeführt sein werden.

Die sowjetische Delegation nimmt die im Verlaufe der Verhandlungen von der Delegation der Bundesrepublik Deutschland abgegebene Erklärung zur Kenntnis, daß auch seitens der Bundesrepublik Deutschland der Bereitschaft Ausdruck gegeben wird, die praktischen Fragen, die sich im Zusammenhang mit Anträgen sowjetischer Staatsangehöriger auf Ausreise aus der Bundesrepublik in die Sowjetunion ergeben, zu prüfen und positiv zu entscheiden und daß sich diese Vereinbarung auf alle sowjetischen Staatsangehörigen, die sich infolge des Krieges auf dem Gebiet der Bundesrepublik befinden, ebenso wie auf deren Ehegatten und Kinder erstreckt.

Beide Seiten haben im Verlaufe der Verhandlungen erklärt, daß sie sich zum Prinzip der Zusammenführung von infolge des letzten Krieges getrennten Familien bekennen, wobei sie übereingekommen sind, daß jede der beiden Seiten auf der Grundlage ihrer Gesetzgebung verfahren wird.

Beide Seiten haben sich damit einverstanden erklärt, daß die Zusammenarbeit der Rotkreuzgesellschaften der beiden Staaten fortgesetzt wird.

c) Deutsche Erklärung*

Ich habe Ihre heutige mündliche Erklärung, die folgenden Wortlaut hat, zur Kenntnis genommen: (Text der sowjetischen Erklärung siehe vorstehend). Meinerseits habe ich folgende Erklärung abzugeben:

Ich nehme Bezug auf das heutige gemeinsame Kommuniqué. Außerdem bin ich ermächtigt, mündlich zu erläutern,

* Abdruck nach Bulletin des Presse- und Informationsamtes der Bundesregierung Nr. 65, vom 9. April 1958, S. 630.

daß auch seitens der Bundesrepublik Deutschland die Bereitschaft besteht, die praktischen Fragen, die sich im Zusammenhang mit Anträgen sowjetischer Staatsangehöriger auf Ausreise aus der Bundesrepublik in die Sowjetunion ergeben, zu prüfen und positiv zu entscheiden, und daß sich diese Vereinbarung auf alle sowjetischen Staatsangehörigen, die sich infolge des Krieges auf dem Gebiet der Bundesrepublik befinden, ebenso wie auf deren Ehegatten und Kinder erstreckt.

Beide Seiten haben im Verlaufe der Verhandlungen erklärt, daß sie sich zum Prinzip der Zusammenführung von infolge des letzten Krieges getrennten Familien bekennen, wobei sie übereingekommen sind, daß jede der beiden Seiten auf der Grundlage ihrer Gesetzgebung verfahren wird.

Beide Seiten haben sich damit einverstanden erklärt, daß die Zusammenarbeit der Rotkreuzgesellschaften der beiden Staaten fortgesetzt wird.

Vereinbarung über den gegenseitigen Rechtshilfeverkehr in Zivilsachen vom 4. Dezember 1956 /5. August 1957

a) Sowjetische Note

Ministerium des Auswärtigen
der UdSSR

Das Ministerium des Auswärtigen der Union der Sozialistischen Sowjetrepubliken beehrt sich, die Botschaft der Bundesrepublik Deutschland unter Bezugnahme auf ihre Notiz vom 27. September 1956 mitzuteilen, daß gerichtliche Ersuchen von Gerichten der Bundesrepublik Deutschland in Zivilsachen (Zeugenvernehmungen, Zustellung von Mitteilungen und sonstigen gerichtlichen Schriftstücken) von sowjetischen Gerichtsorganen ausgeführt werden können. Dabei ist zu beachten, daß die gerichtlichen Ersuchen auf diplomatischem Wege übermittelt werden und mit einer beglaubigten Übersetzung ins Russische versehen sein müssen.

Dagegen können solche Ersuchen nicht ausgeführt werden, die der Souveränität der UdSSR oder ihrer Sicherheit Schaden zufügen können und ebensowenig solche Ersuchen, deren Ausführung nicht in die Zuständigkeit der sowjetischen Gerichtsorgane fällt.

Was Schriftstücke der Gerichte in der Bundesrepublik Deutschland betrifft, die zur Zustellung an im Gebiet der UdSSR wohnende Staatsangehörige der Bundesrepublik Deutschland bestimmt sind, so können solche Schriftstücke durch die Botschaft der Bundesrepublik Deutschland zugestellt werden.

Hierbei wird vorausgesetzt, daß die Gerichtsorgane der Bundesrepublik Deutschland in der gleichen Weise entsprechende Ersuchen sowjetischer Gerichte ausführen werden.

Falls das Einverständnis mit dem Obenausgeführten bestätigt wird, können diese Note und die Erwiderung der Botschaft als Vereinbarung über den gegenseitigen Rechtshilfeverkehr in Zivilsachen angesehen werden.

Moskau, den 4. Dezember 1956

An die
Botschaft der Bundesrepublik Deutschland
Moskau

b) Deutsche Note

Verbalnote

Die Botschaft der Bundesrepublik Deutschland beehrt sich, den Eingang der Note des Ministeriums des Auswärtigen der Union der Sozialistischen Sowjetrepubliken vom 4. Dezember 1956 zu bestätigen, in der das Ministerium der Botschaft mitteilt, daß gerichtliche Ersuchen von Gerichten der Bundesrepublik Deutschland in Zivilsachen (Zeugenvernehmungen, Zustellung von Mitteilungen und sonstigen gerichtlichen Schriftstücken) von sowjetischen Gerichtsorganen ausgeführt werden können, wenn sie auf diplomatischem Wege übermittelt werden und mit einer beglaubigten Übersetzung ins Russische versehen sind.

Die Botschaft hat der Note ferner entnommen, daß Ersuchen nicht ausgeführt werden, die der Souveränität der UdSSR oder ihrer Sicherheit Schaden zufügen können, und ebensowenig solche Ersuchen, deren Ausführung nicht in die Zuständigkeit der sowjetischen Gerichtsorgane fällt. Die Botschaft hat schließlich zur Kenntnis genommen, daß für im Gebiet der UdSSR wohnende Staatsangehörige der Bundesrepublik Deutschland bestimmte Zustellungen durch die Botschaft der Bundesrepublik Deutschland unmittelbar vorgenommen werden können.

Die Botschaft beehrt sich, zur Kenntnis des Ministeriums des Auswärtigen der UdSSR zu bringen, daß gerichtliche Ersuchen von Gerichten der UdSSR in Zivilsachen (Zeugenvernehmungen, Zustellung von Mitteilungen und sonstigen gerichtlichen Schriftstücken) von den zuständigen deutschen Gerichtsorganen ausgeführt werden können, sofern sie auf diplomatischem Wege übermittelt werden und mit einer beglaubigten deutschen Übersetzung versehen sind. Dagegen können solche Ersuchen nicht ausgeführt werden, die der Souveränität der Bundesrepublik Deutschland oder ihrer Sicherheit Schaden zufügen können, und ebenso wenig solche Ersuchen, deren Ausführung nicht in die Zuständigkeit der deutschen Gerichtsorgane fällt. Schriftstücke der Gerichte der UdSSR, die zur Zustellung an im Gebiet der Bundesrepublik Deutschland wohnende Staatsangehörige der UdSSR bestimmt sind, können durch dic Botschaft der UdSSR unmittelbar zugestellt werden.

Die Botschaft sieht in Übereinstimmung mit der Note des Ministeriums vom 4. Dezember 1956 den vorliegenden Notenwechsel als Vereinbarung über den gegenseitigen Rechtshilfeverkehr in Zivilsachen an.

Die Botschaft benutzt auch diesen Anlaß, das Ministerium ihrer ausgezeichneten Hochachtung zu versichern.

Moskau, den 5. August 1957

An das
Ministerium des Auswärtigen
der Union der Sozialistischen Sowjetrepubliken
— 3. Europäische Abteilung —
Moskau

Abkommen über Allgemeine Fragen des Handels und der Seeschiffahrt zwischen der Bundesrepublik Deutschland und der Union der Sozialistischen Sowjetrepubliken vom 25. April 1958*

Die Regierung der Bundesrepublik Deutschland
und
die Regierung der
Union der Sozialistischen Sowjetrepubliken

in dem Wunsche, die Entwicklung der Wirtschaftsbeziehungen zwischen beiden Staaten zu fördern, *sind wie folgt übereingekommen:*

* Abdruck nach Bundesgesetzblatt 1959 II, S. 222 ff.

Artikel 1

Die aus dem Gebiet eines der beiden Staaten stammenden Waren genießen sowohl bei ihrer Einfuhr wie auch bei ihrer Ausfuhr in das Gebiet des anderen Staates die unbedingte Meistbegünstigung hinsichtlich der Zölle und sonstiger mit der Einfuhr oder Ausfuhr von Waren verbundenen Steuern, Abgaben und Gebühren, hinsichtlich des Verfahrens bei der Erhebung dieser Zölle, Steuern, Abgaben und Gebühren, sowie hinsichtlich der Bestimmungen und Formalitäten, denen die Waren bei der Zollabfertigung unterworfen sind.

Die Bestimmungen dieses Artikels gelten nicht für:

a) Vergünstigungen, die einer der beiden Staaten zur Erleichterung des Grenzverkehrs den Nachbarstaaten gewährt hat oder in Zukunft gewährt;

b) Vergünstigungen, die sich aus einer Zollunion ergeben, die einer der beiden Staaten abgeschlossen hat oder in Zukunft abschließt.

Artikel 2

Jeder der beiden Staaten gewährt den Waren des anderen Staates in allen Fragen der inneren Steuern, Abgaben und Gebühren jeder Art die unbedingte Meistbegünstigung.

Artikel 3

Keiner der beiden Staaten wird für die Einfuhr aus dem Gebiet des anderen Staates oder für die Ausfuhr dorthin irgendwelche Beschränkungen oder Verbote erlassen oder aufrechterhalten, die unter analogen Bedingungen nicht gegenüber allen anderen Staaten Anwendung finden.

Die Bestimmungen dieses Abkommens erstrecken sich nicht auf Beschränkungen oder Verbote, die sich beziehen auf:

a) die öffentliche Ordnung und die Sicherheit des Staates;

b) den Schutz der öffentlichen Gesundheit, den Schutz von Tieren und Pflanzen gegen Krankheiten, schädliche Insekten und Parasiten sowie den Schutz von Pflanzensamen gegen Degeneration.

Artikel 4

Die Schiffe jedes der beiden Staaten sowie die zugehörigen Ladungen werden beim Anlaufen oder Verlassen eines Hafens des anderen Staates sowie während des Aufenthaltes daselbst gegenüber den Schiffen anderer Staaten in keiner Weise benachteiligt.

Artikel 5

Die Nationalität der Schiffe wird gegenseitig in Übereinstimmung mit den Gesetzen und Vorschriften jedes der beiden Staaten auf Grund der von den zuständigen Behörden des jeweiligen Staates ausgestellten und an Bord befindlichen Schiffspapiere und Patente anerkannt.

Urkunden, die die Konstruktion des Schiffes, seine Ausrüstung und seine Besatzung betreffen, sowie Meßbriefe, Registerzeugnisse und andere technische Schiffspapiere ähnlicher Art, die von einem Staat ausgestellt oder anerkannt sind und sich an Bord befinden, werden auch von dem anderen Staat anerkannt. Demgemäß sind die Schiffe jedes Staates, die mit rechtmäßig ausgestellten Schiffsmeßbriefen versehen sind, von einer nochmaligen Vermessung in den Häfen des anderen Staates befreit; der Berechnung der Hafengebühren und Hafenabgaben werden die Angaben des Schiffsmeßbriefes über die vermessenen Registertonnen des Schiffes zugrunde gelegt.

Artikel 6

Wenn ein Schiff eines der beiden Staaten an den Küsten des anderen Staates in Seenot gerät oder Schiffbruch erleidet, so genießen das Schiff, seine Besatzung, seine Fahrgäste und seine Ladung dieselben Vorrechte und Vergünstigungen, wie sie der andere Staat in derartigen Fällen einem eigenen Schiff, dessen Besatzung, Fahrgästen und Ladung gewährt.

Die von einem Schiff, das in Seenot geraten ist oder Schiffbruch erlitten hat, geborgenen Gegenstände unterliegen keinerlei Zollabgaben, wenn sie nicht dem inländischen Verbrauch zugeführt werden.

Artikel 7

In Anbetracht dessen, daß nach den Gesetzen der Union der Sozialistischen Sowjetrepubliken der Außenhandel der Union der Sozialistischen Sowjetrepubliken Monopol des Staates ist, erklärt sich die Bundesrepublik Deutschland mit der Errichtung einer Handelsvertretung der Union der Sozialistischen Sowjetrepubliken in der Bundesrepublik Deutschland einverstanden. Die Rechtsstellung dieser Handelsvertretung wird durch die Bestimmungen der Anlage geregelt, die einen untrennbaren Bestandteil dieses Abkommens bildet.

Artikel 8

Natürliche Personen, juristische Personen und Handelsgesellschaften der Bundesrepublik Deutschland und natürliche Personen und juristische Personen der Union der Sozialistischen Sowjetrepubliken können vereinbaren, daß die aus den Verträgen in Handelssachen entstehenden Streitigkeiten der Entscheidung durch ein Schiedsgericht unterworfen werden. Die Schiedsvereinbarung muß in dem Vertrage selbst oder in einer besonderen Vereinbarung vorgesehen sein, die in der für den Vertrag erforderlichen Fom getroffen worden ist. Eine solche Vereinbarung schließt die Zuständigkeit der staatlichen Gerichte aus.

Die beiden Staaten verpflichten sich, die Vollstreckung von Schiedssprüchen, die auf Grund einer in Absatz 1 erwähnten Vereinbarung ergangen sind, in ihrem Gebiet zuzulassen, ohne Rücksicht darauf, ob sie in dem Gebiet eines der beiden Staaten oder in dem Gebiet eines dritten Staates erlassen sind. Für die Anordnung und die Durchführung der Vollstreckung eines Schiedsspruches sind die Gesetze des Staates maßgebend, in dem er vollstreckt werden soll.

Die Anordnung der Vollstreckung eines Schiedsspruches kann nur versagt werden:

a) wenn der Schiedsspruch nach dem Recht des Staates, in dem er ergangen ist, unter den Parteien nicht die Wirkung eines rechtskräftigen Urteils hat;

b) wenn der Schiedsspruch gegen die öffentliche Ordnung des Staates verstößt, in dem die Vollstreckung nachgesucht wird.

Eine sachliche Nachprüfung des Schiedsspruches findet nicht statt.

Artikel 9

Dieses Abkommen wird so bald wie möglich ratifiziert und tritt am Tage des Austausches der Ratifikationsurkunden, der in Moskau stattfindet, in Kraft.

Dieses Abkommen gilt bis zum 31. Dezember 1960. Spätestens zwei Monate vor Ablauf seiner Gültigkeit werden die Regierungen der beiden Staaten wegen einer Verlängerung Verhandlungen aufnehmen.

Geschehen zu Bonn am 25. April 1958 in zwei Urschriften, jede in deutscher und russischer Sprache, wobei jeder Wortlaut gleichermaßen verbindlich ist.

Für die Regierung der Bundesrepublik Deutschland
gezeichnet:
von Brentano
Lahr

Für die Regierung der
Union der Sozialistischen Sowjetrepubliken
gezeichnet:
A. Mikojan *P. Kumykin*

Konsularvertrag zwischen der Bundesrepublik Deutschland und der Union der Sozialistischen Sowjetrepubliken vom 25. April 1958*

Der Präsident der Bundesrepublik Deutschland

und

das Präsidium des Obersten Sowjets der Union der Sozialistischen Sowjetrepubliken

geleitet von dem Wunsche, die konsularischen Beziehungen zwischen der Bundesrepublik Deutschland und der Union der Sozialistischen Sowjetrepubliken zu regeln,
haben beschlossen, einen Konsularvertrag abzuschließen, und haben zu diesem Zweck zu ihren Bevollmächtigten ernannt:

Der Präsident der Bundesrepublik Deutschland
Herrn Dr. Heinrich *von Brentano,*
Bundesminister des Auswärtigen,
und
Herrn Botschafter Rolf *Lahr,*
Leiter der Delegation
der Bundesrepublik Deutschland
für die Verhandlungen mit der Delegation der
Union der Sozialistischen Sowjetrepubliken,

das Präsidium des Obersten Sowjets der Union der Sozialistischen Sowjetrepubliken

Herrn Anastas Iwanowitsch *Mikojan,*
Erster Stellvertretender Vorsitzender des
Ministerrats der
Union der Sozialistischen Sowjetrepubliken
und

* Abdruck nach Bundesgesetzblatt 1959 II, S. 233 ff.

Herrn Wladimir Semjonowitsch *Semjonow*,
Stellvertretender Minister für Auswärtige Angelegenheiten der
Union der Sozialistischen Sowjetrepubliken,

die nach gegenseitiger Vorlage ihrer in guter und gehöriger Form befundenen Vollmachten wie folgt übereingekommen sind:

ERSTER ABSCHNITT

Errichtung von Konsulaten und Zulassung von Konsuln

Artikel 1

(1) Die Bestimmungen dieses Vertrages finden auf die konsularische Tätigkeit der Konsularabteilungen der Botschaften der Vertragsparteien und ebenso auf die Tätigkeit der Konsulate Anwendung, falls solche Konsulate wechselseitig von einer Vertragspartei im Gebiet der anderen Vertragspartei errichtet werden. Entsteht nach Auffassung jeder der beiden Vertragsparteien ein Bedürfnis für die Errichtung von Konsulaten im Gebiet der anderen Vertragspartei, so nehmen sie Verhandlungen auf, um zu einer Vereinbarung über die Errichtung solcher Konsulate zu gelangen.

(2) Die Amtssitze der Konsuln und ihre Konsularbezirke werden von den Vertragsparteien in jedem einzelnen Falle vereinbart.

Artikel 2

Vor der Ernennung eines Konsuls erbittet der Entsendestaat auf diplomatischem Wege das Einverständnis des Empfangsstaates zu dieser Ernennung. Wenn eine Vertragspartei mit der Person des als Konsul Vorgeschlagenen nicht einverstanden ist, so teilt sie dies auf dem gleichen Wege der anderen Vertragspartei mit.

Artikel 3

(1) Die Botschaft des Entsendestaates legt dem Ministerium des Auswärtigen des Empfangsstaates, in dessen

Hoheitsgebiet der Konsul seine Amtspflichten wahrnehmen soll, die Bestallung mit Angabe des Vor- und Zunamens des Konsuls, seines konsularischen Ranges, des für ihn bestimmten Konsularbezirkes und seines Amtssitzes vor.

(2) Der Konsul kann seine Amtsgeschäfte erst nach seiner Zulassung durch die Regierung des Empfangsstaates aufnehmen. Diese Zulassung erfolgt nach Vorlage der Bestallung in der Form des Exequaturs.

(3) Die Tätigkeit des Konsuls endet durch Abberufung, Zurücknahme des Exequaturs und im Falle seines Todes.

(4) Die Botschaft macht dem Ministerium des Auswärtigen des Empfangsstaates die mit der Ausübung konsularischer Amtsbefugnisse beauftragten Angehörigen der Botschaft auf diplomatischem Wege vor Aufnahme ihrer konsularischen Tätigkeit in der Botschaft namhaft.

Artikel 4

(1) Im Falle der Abwesenheit, einer Erkrankung, der Abberufung oder des Todes des Konsuls gilt der zur Vertretung des Konsuls auf diplomatischem Wege benannte Stellvertreter als zur zeitweiligen Leitung des Konsulats zugelassen. Der Entsendestaat kann in gleicher Weise einen Angehörigen seiner Botschaft oder eine im Empfangsstaat des Konsuls tätige Amtsperson des Konsulardienstes zur zeitweiligen Leitung des Konsulats ermächtigen. Diese Person gilt als vom Empfangsstaat zur zeitweiligen Leitung des Konsulats zugelassen, sofern der Empfangsstaat dagegen keine Einwendungen erhebt.

(2) Die Person, die als zur zeitweiligen Leitung des Konsulats zugelassen gilt, genießt in diesem Zeitraum die Rechte und Vorrechte, die den Konsuln durch diesen Vertrag zuerkannt sind.

Artikel 5

(1) In diesem Vertrage werden unter der Bezeichnung „Konsulat" Generalkonsulate, Konsulate und Vizekonsulate und unter der Bezeichnung „Konsul" Generalkonsuln, Konsuln und Vizekonsuln in ihrer Eigenschaft als Leiter eines Konsulats verstanden.

(2) Unter der Bezeichnung „Amtspersonen des Konsulardienstes" werden verstanden:

a) Personen, die in einem Konsulat, ohne dessen Leiter zu sein, unter der Amtsbezeichnung „Konsul" oder „Vizekonsul" die konsularischen Amtsbefugnisse ausüben und in dieser Eigenschaft dem Empfangsstaat benannt sind. Diesen stehen die den Konsulaten zur Ausbildung für das Amt eines Konsuls überwiesenen Personen (Attachés) gleich;

b) Sekretäre und Referenten, die zur Ausübung bestimmter konsularischer Amtsbefugnisse ermächtigt und hierfür dem Empfangsstaat benannt sind.

(3) Unter der Bezeichnung „Mitarbeiter des Konsulats" werden verstanden Büroangehörige, Dolmetscher und Übersetzer, Schreibkräfte, Buchhalter, Hausverwalter, Kraftfahrer und entsprechende Bedienstete.

(4) Unter der Bezeichnung „Angehörige des Konsulats" werden der Konsul, die Amtspersonen des Konsulardienstes und die Mitarbeiter des Konsulats verstanden.

Artikel 6

Der Konsul und die Amtspersonen des Konsulardienstes dürfen nur Staatsangehörige des Entsendestaates sein.

ZWEITER ABSCHNITT

Rechte und Vorrechte der Angehörigen des Konsulats

Artikel 7

Die Behörden des Konsularbezirks gewährleisten dem Konsul und den Amtspersonen des Konsulardienstes ihren Schutz und gewähren ihnen Unterstützung, damit sie ihre konsularische Tätigkeit aufnehmen und ausüben können.

Artikel 8

(1) Der Konsul und die Amtspersonen des Konsulardienstes unterstehen in Angelegenheiten, die ihre amtliche Tätigkeit betreffen, nicht der Gerichtsbarkeit des Empfangsstaates.

(2) Wegen sonstiger Handlungen dürfen der Konsul und die Amtspersonen des Konsulardienstes im Gebiet des Empfangsstaates nicht in Haft genommen oder sonst in ihrer Freiheit beschränkt werden, es sei denn, daß es sich um die Vollstreckung einer durch ein Gericht rechtskräftig erkannten Strafe oder um Verfolgung wegen einer Straftat gegen Leben oder persönlicher Freiheit handelt und die Ergreifung auf frischer Tat erfolgt.

(3) Wenn ein Konsul oder eine Amtsperson des Konsulardienstes verhaftet oder zur Untersuchung gezogen werden soll, so ist der Botschaft des Entsendestaates vom Empfangsstaat hiervon vorher Kenntnis zu geben. Wird indessen ein Konsul oder eine Amtsperson des Konsulardienstes auf frischer Tat ergriffen, so hat der Empfangsstaat die Botschaft des Entsendestaates unverzüglich nach der Festnahme hiervon in Kenntnis zu setzen.

Artikel 9

Der Konsul hat das Recht, an den Konsulatsgebäuden Schilder mit dem Staatswappen und der Bezeichnung seines Amtes anzubringen sowie auf den genannten Gebäuden und den Beförderungsmitteln des Konsuls (Kraftfahrzeugen, Motorbooten u. ä.) die Flagge seines Staates zu zeigen.

Artikel 10

(1) Die Angehörigen des Konsulats sind, soweit sie Staatsangehörige des Entsendestaates sind, hinsichtlich der Bezüge, die sie in ihrer Eigenschaft als Angehörige des Konsulats erhalten, im Empfangsstaat von jeder Steuer befreit.

(2) Den Angehörigen des Konsulats, die Staatsangehörige des Entsendestaates sind, werden unter der Bedingung der Gegenseitigkeit außer den Befreiungen nach Absatz 1 im Empfangsstaat die gleichen Steuerbefreiungen gewährt, die den Angehörigen des Konsulats irgendeines dritten Staates zustehen. Dies gilt auch für die mit ihnen zusammenlebenden Ehegatten und minderjährigen Kinder, soweit sie Staatsangehörige des Entsendestaates sind.

(3) Grundstücke und Gebäude sind von direkten Steuern und Abgaben befreit, soweit sie von den Angehörigen des Konsulats als Dienst- oder Wohnräume benutzt werden.

Artikel 11

(1) Den Angehörigen des Konsulats sowie den mit ihnen zusammenlebenden Ehegatten und minderjährigen Kindern werden, soweit sie Staatsangehörige des Entsendestaates sind, hinsichtlich der Zölle und sonstigen Eingangsabgaben auf der Grundlage der Gegenseitigkeit die gleichen Vergünstigungen gewährt wie den entsprechenden Angehörigen der Botschaft des Entsendestaates.

(2) Die zum amtlichen Gebrauch des Konsulats bestimmten Gegenstände einschließlich der Kraftfahrzeuge werden von Zöllen und sonstigen Eingangsabgaben ebenso befreit wie die für den amtlichen Gebrauch der Botschaft des Entsendestaates bestimmten Gegenstände.

Artikel 12

(1) Die Angehörigen des Konsulats und ihre mit ihnen zusammenlebenden Ehegatten und minderjährigen Kinder sind, soweit sie Staatsangehörige des Entsendestaates sind, im Empfangsstaat von militärischen und sonstigen öffentlich-rechtlichen Verpflichtungen zu persönlichen Dienstleistungen und Sachleistungen befreit.

(2) Die Grundstücke und Gebäude sind von militärischen und anderen öffentlich-rechtlichen Auflagen nur dann befreit, wenn sie von Angehörigen des Konsulats, die Staatsangehörige des Entsendestaates sind, als Dienst- oder Wohnräume benutzt werden.

Artikel 13

(1) Die Angehörigen des Konsulats erscheinen auf Ersuchen der Gerichte oder Staatsanwaltschaften vor den Gerichtsbehörden des Empfangsstaates als Zeugen.

(2) Falls der Konsul wegen dienstlicher Umstände, Krankheit oder aus anderen Gründen nicht vor den Gerichtsbehörden erscheinen kann, hat er ihnen davon Mitteilung zu machen und auf Verlangen der Gerichtsbehörden die Zeugenaussage schriftlich abzugeben.

(3) Die Angehörigen des Konsulats können, soweit sie Staatsangehörige des Entsendestaates sind, als Zeugen die Aussage über Umstände verweigern, die ihre amtliche Tätigkeit betreffen.

Artikel 14

(1) Die Archive und der amtliche Schriftverkehr des Konsulats einschließlich des telegrafischen Verkehrs sind unverletzlich und dürfen nicht eingesehen werden. Die hierunter fallenden amtlichen Schriftstücke sind jedoch getrennt von dem persönlichen Eigentum und dem privaten Schriftverkehr der Angehörigen des Konsulats zu halten.

(2) Der Konsul hat das Recht, im Verkehr mit den Behörden des Entsendestaates die Chiffre und die diplomatische

Post zu gebrauchen. Bei Benutzung der üblichen Nachrichtenmittel (Post, Telegraf, Telefon, Funk) gelten für die Konsuln die gleichen Tarife wie für diplomatische Vertreter.

(3) Die Amtsräume des Konsulats sind unverletzlich; in den persönlichen Wohnräumen des Konsuls führen die Behörden des Empfangsstaates keine Zwangsmaßnahmen durch.

Artikel 15

Den Angehörigen des Konsulats, die nicht Staatsangehörige des Empfangsstaates sind, ist es nicht gestattet, im Empfangsstaat eine andere als die Tätigkeit im Konsulat auszuüben.

DRITTER ABSCHNITT

Aufgaben und Amtsbefugnisse der Konsuln

Artikel 16

(1) Der Konsul schützt in seinem Konsularbereich die Rechte und Interessen des Entsendestaates, seiner Staatsangehörigen sowie der juristischen Personen, die im Entsendestaat ihren Sitz haben und nach dessen Recht errichtet worden sind.

(2) Der Konsul soll die Entwicklung der wirtschaftlichen Beziehungen und der Schiffahrt zwischen den Vertragsparteien fördern und zur Festigung der freundschaftlichen Beziehungen zwischen ihnen beitragen.

Artikel 17

(1) Der Konsul kann sich bei der Ausübung seiner Amtspflichten an die zuständigen örtlichen Behörden seines Konsularbezirkes wenden und bei diesen im Falle von Verletzungen der Rechte und Interessen des Entsendestaates, seiner Staatsangehörigen sowie der juristischen Personen, die

im Entsendestaat ihren Sitz haben und nach dessen Recht errichtet worden sind, Vorstellungen erheben.

(2) Bleiben diese Vorstellungen des Konsuls unbeachtet oder erweist es sich, daß an der Angelegenheit Behörden beteiligt sind, die sich nicht im Konsularbezirk befinden, so wird die Frage auf diplomatischem Wege entschieden.

Artikel 18

Der Konsul ist befugt, Staatsangehörige des Entsendestaates und juristische Personen, die im Entsendestaat ihren Sitz haben und nach dessen Recht errichtet worden sind, vor Gerichten einschließlich Schiedsgerichten und vor anderen Behörden des Empfangsstaates zu vertreten, wenn diese natürlichen oder juristischen Personen wegen Abwesenheit oder anderer triftiger Gründe nicht in der Lage sind, ihre Rechte und Interessen rechtzeitig wahrzunehmen; diese Vertretung dauert so lange, bis die Vertretenen ihre Bevollmächtigten ernennen oder selbst die Wahrnehmung ihrer Rechte und Interessen übernehmen. Vorschriften des Empfangsstaates über den Anwaltszwang bleiben von den Bestimmungen dieses Artikels unberührt.

Artikel 19

Der Konsul ist befugt, in seinen Amtsräumen, in seinen persönlichen Wohnräumen, in den Wohnungen von Staatsangehörigen des Entsendestaates mit deren Zustimmung und an Bord von Schiffen unter der Flagge des Entsendestaates folgende Handlungen vorzunehmen:

1. von Staatsangehörigen des Entsendestaates Erklärungen entgegenzunehmen und sie zu beurkunden;
2. letztwillige Verfügungen und sonstige einseitige Rechtsgeschäfte und Willenserklärungen von Staatsangehörigen des Entsendestaates zu beurkunden;
3. Rechtsgeschäfte zwischen Staatsangehörigen des Entsendestaates zu beurkunden, soweit sie nicht den Ge-

setzen des Empfangsstaates widersprechen. Der Konsul kann jedoch keine Rechtsgeschäfte über die Begründung, Übertragung oder Aufhebung dinglicher Rechte an Gebäuden und Grundstücken beurkunden, die im Empfangsstaat belegen sind;

4. Rechtsgeschäfte zwischen Staatsangehörigen des Entsendestaates und anderen Personen zu beurkunden oder die Unterschriften der am Abschluß des Rechtsgeschäftes Beteiligten zu beglaubigen, soweit diese Rechtsgeschäfte sich ausschließlich auf Gegenstände oder Rechte im Gebiet des Entsendestaates beziehen und dort auszuführen sind und nicht gegen die Gesetze des Empfangsstaates verstoßen;
5. Unterschriften von Staatsangehörigen des Entsendestaates auf Urkunden jeder Art zu beglaubigen;
6. Urkunden jeder Art, die von Behörden oder Amtspersonen des Entsendestaates oder des Empfangsstaates ausgestellt sind, zu legalisieren, sowie Vervielfältigungen dieser Schriftstücke zu beglaubigen;
7. Schriftstücke jeder Art zu übersetzen und diese Übersetzungen zu beglaubigen;
8. Urkunden, Geld, Wertgegenstände und sonstige Vermögensgegenstände von Staatsangehörigen des Entsendestaates und von juristischen Personen, die im Entsendestaat ihren Sitz haben und nach dessen Recht errichtet worden sind, zu verwahren oder für diese in Verwahrung zu nehmen;
9. andere konsularische Amtshandlungen vorzunehmen, mit deren Vornahme sie beauftragt werden, sofern diese nicht den Gesetzen des Empfangsstaates widersprechen.

Artikel 20

(1) Die in Artikel 19 genannten Urkunden werden, wenn sie von einem Konsul aufgenommen oder unter Beifügung seines Amtssiegels beglaubigt sind, ebenso wie die von

ihm unter Beifügung seines Amtssiegels beglaubigten Vervielfältigungen, Übersetzungen und Auszüge solcher Urkunden, im Empfangsstaat als öffentliche oder öffentlich beglaubigte Urkunden, Vervielfältigungen, Übersetzungen und Auszüge angesehen und haben dieselbe rechtliche Wirkung und Beweiskraft, als wenn sie von zuständigen Behörden oder Amtspersonen des Empfangsstaates aufgenommen oder beglaubigt wären.

(2) Sämtliche in Absatz 1 dieses Artikels erwähnten Urkunden, sowie deren Vervielfältigungen, Übersetzungen und Auszüge müssen jedoch, wenn sie sich auf Angelegenheiten beziehen, die im Empfangsstaat auszuführen sind, legalisiert werden, falls dies nach den Gesetzen des Empfangsstaates erforderlich ist.

Artikel 21

Der Konsul ist befugt, die Staatsangehörigen des Entsendestaates zu registrieren, die sich ständig oder vorübergehend in seinem Konsularbezirk aufhalten.

Artikel 22

(1) Der Konsul ist befugt, den Staatsangehörigen des Entsendestaates Pässe und andere Ausweise auszustellen, sie zu verlängern und auszuhändigen.

(2) Der Konsul ist befugt, Sichtvermerke des Entsendestaates zur Ein-, Durch- und Ausreise zu erteilen.

Artikel 23

(1) Der Konsul ist befugt, nach den Vorschriften des Entsendestaates Eheschließungen vorzunehmen, wenn beide Eheschließenden Staatsangehörige des Entsendestaates sind.

(2) Von den vorgenommenen Eheschließungen hat der Konsul den Behörden des Empfangsstaates innerhalb von drei Monaten Anzeige zu erstatten.

(3) Der Konsul ist befugt, von den Gerichten erkannte Ehescheidungen, die einen Staatsangehörigen des Entsendestaates betreffen, nach den Vorschriften des Entsendestaates zu registrieren.

Artikel 24

(1) Der Konsul ist befugt, nach den Vorschriften des Entsendestaates Geburten und Todesfälle der Staatsangehörigen des Entsendestaates zu beurkunden.

(2) Eine nach den Gesetzen des Empfangsstaates bestehende Verpflichtung der beteiligten Personen, von Geburten und Todesfällen den Behörden des Empfangsstaates Anzeige zu erstatten, wird von den Bestimmungen dieses Artikels nicht berührt.

Artikel 25

(1) Stirbt ein Staatsangehöriger des Entsendestaates im Konsularbezirk, so wacht der Konsul darüber, daß alle Maßnahmen ergriffen werden, die zum Schutze der berechtigten Interessen der Erben erforderlich sind.

(2) Die Behörden im Konsularbezirk setzen den Konsul von Todesfällen von Staatsangehörigen des Entsendestaates sowie von den ergriffenen oder zu ergreifenden Maßnahmen zur Regelung der Nachlaßangelegenheiten in Kenntnis.

Artikel 26

Die Feststellung, Verwahrung und Siegelung des Nachlasses gehört zur Zuständigkeit der örtlichen Behörden. Auf Antrag des Konsuls ergreifen sie die zum Schutz des Nachlasses notwendigen Maßnahmen.

Artikel 27

Der Konsul hat hinsichtlich des Nachlasses von Staatsangehörigen des Entsendestaates, die sich im Konsularbezirk aufgehalten haben, folgende Rechte, die er selbst oder durch seine Bevollmächtigten wahrnehmen kann:

1. an der Aufnahme eines Nachlaßverzeichnisses und der Unterzeichnung des entsprechenden Protokolls teilzunehmen;
2. sich mit den zuständigen Behörden des Empfangsstaates ins Benehmen zu setzen, um Beschädigung oder Verderb der Nachlaßgegenstände zu verhindern und im Bedarfsfalle ihre Veräußerung sicherzustellen.

Artikel 28

(1) Der Konsul ist befugt, von den örtlichen Behörden die Übergabe der Nachlaßgegenstände einschließlich der Schriftstücke des Verstorbenen zu verlangen, wenn die Erben Staatsangehörige des Entsendestaates sind und sich nicht im Gebiet des Empfangsstaates befinden.

(2) Bevor der Konsul die Nachlaßgegenstände an die Erben übergibt oder in das Ausland verbringt, müssen in den Grenzen des Nachlaßwertes die festgesetzten Abgaben bezahlt und die sonstigen von anderen im Empfangsstaat wohnhaften Personen erhobenen und nachgewiesenen Ansprüche befriedigt sein. Diese Verpflichtungen des Konsuls erlöschen, wenn ihm nicht innerhalb von sechs Monaten nach dem Tode des Erblassers nachgewiesen wird, daß die Ansprüche dieser Personen als berechtigt anerkannt sind oder derzeit von den zuständigen Behörden geprüft werden.

(3) Hinsichtlich der unbeweglichen Nachlaßgegenstände finden die Rechtsvorschriften des Staates Anwendung, in dessen Gebiet diese Gegenstände belegen sind.

Artikel 29

(1) Der Konsul kann den zuständigen Behörden des Empfangsstaates geeignete Personen zur Bestellung als Vormünder oder Pfleger für Staatsangehörige des Entsendestaates vorschlagen. Diese Behörden sollen dem Vorschlage

des Konsuls entsprechen, wenn nicht besonders wichtige Gründe entgegenstehen. Diese Gründe sollen dem Konsul mitgeteilt werden.

(2) Erfährt der Konsul, daß das Vermögen eines Staatsangehörigen des Entsendestaates unbeaufsichtigt ist, so kann er den zuständigen Behörden des Empfangsstaates eine geeignete Person zur Bestellung als Vermögensverwalter vorschlagen. Diese Behörden sollen dem Vorschlage des Konsuls entsprechen, wenn nicht besonders wichtige Gründe entgegenstehen. Diese Gründe sollen dem Konsul mitgeteilt werden.

Artikel 30

(1) Der Konsul kann persönlich oder durch seine Bevollmächtigten ohne Behinderung seitens der Behörden des Empfangsstaates Schiffe unter der Flagge des Entsendestaates, die in einen Hafen seines Konsularbezirkes eingelaufen sind, besuchen und jede den Gesetzen entsprechende Hilfe und Unterstützung gewähren.

(2) Soll in einem Hafen des Empfangsstaates auf einem Schiff unter der Flagge des Entsendestaates eine Durchsuchung, eine Besichtigung, eine Festnahme, eine Vernehmung oder ein sonstiger mit Zwang verbundener Gerichts- oder Verwaltungsakt vorgenommen werden, so soll vor einer solchen Maßnahme der zuständige Konsul hiervon benachrichtigt werden, damit er zugegen sein kann. Diese Bestimmung findet auch Anwendung, wenn Mitglieder der Schiffsbesatzung an Land von den Behörden des Hafenortes vernommen werden sollen.

(3) Die Bestimmungen von Absatz 2 dieses Artikels erstrekken sich nicht auf die gewöhnliche Zollrevision, auf die gesundheitspolizeiliche Untersuchung und die Paßkontrolle, die auf Grund der im Empfangsstaat geltenden Gesetze und Verwaltungsvorschriften durchgeführt werden.

Artikel 31

(1) Erleidet ein Schiff unter der Flagge des Entsendestaates Schiffbruch, gerät es auf Grund, strandet es an der Küste des Empfangsstaates oder erleidet es im Hoheitsgebiet des Empfangsstaates eine andere Havarie, so benachrichtigen die zuständigen Behörden unverzüglich den Konsul des Flaggenstaates hiervon und teilen ihm die von ihnen ergriffenen Maßnahmen zur Rettung von Menschen, Schiff und Ladung mit. Die zuständigen Behörden gewähren dem Konsul die erforderliche Unterstützung bei Maßnahmen, die er im Zusammenhang mit der Havarie des Schiffes ergreift.

(2) Soweit nicht Verabredungen zwischen den Reedern, Befrachtern und Versicherern entgegenstehen, wird die während der Fahrt von dem Schiff unter der Flagge des Entsendestaates erlittene Havarie von dem Konsul geregelt, wenn das Schiff einen Hafen des Empfangsstaates anläuft. Diese Regelung erfolgt jedoch durch die Behörden des Empfangsstaates, wenn eine Person beteiligt ist, die nicht Staatsangehörige des Entsendestaates ist, und eine endgültige Einigung nicht zustande kommt.

Artikel 32

Der Konsul ist hinsichtlich der Besatzung von Schiffen unter der Flagge des Entsendestaates zur An- und Abmusterung von Seeleuten befugt; jedoch dürfen dabei die Gesetze des Empfangsstaates nicht verletzt werden.

Artikel 33

Unter „Schiffe" im Sinne dieses Vertrages fallen nicht Kriegsschiffe.

Artikel 34

Die Bestimmungen der Artikel 30, 31 und 33 dieses Vertrages finden auf Luftfahrzeuge entsprechende Anwendung.

VIERTER ABSCHNITT

Schlußbestimmungen

Artikel 35

Die Bestimmungen dieses Vertrages über konsularische Rechte und Pflichten finden auf die Angehörigen der Botschaften der beiden Vertragsparteien Anwendung, soweit diese im Empfangsstaate konsularische Amtsbefugnisse ausüben. Die Ausübung konsularischer Amtsbefugnisse durch diese Personen läßt die diplomatischen Privilegien und Immunitäten unberührt, die sie als Angehörige der Botschaft genießen.

Artikel 36

Fragen, die sich etwa zwischen den Vertragsparteien bei der Auslegung und Anwendung dieses Vertrages ergeben, werden auf diplomatischem Wege geregelt.

Artikel 37

(1) Dieser Vertrag bedarf der Ratifizierung; er tritt am dreißigsten Tage nach dem Austausch der Ratifikationsurkunden, der in Moskau stattfinden soll, in Kraft.

(2) Der Vertrag wird auf die Dauer von fünf Jahren geschlossen. Wird er nicht mindestens sechs Monate vor Ablauf dieser Frist von einer Vertragspartei gekündigt, so bleibt er weiter in Geltung bis zum Ablauf eines Jahres von dem Tage an, an dem er von einer Vertragspartei gekündigt wird.

Zu Urkund dessen haben die Bevollmächtigten beider Vertragsparteien diesen Vertrag unterschrieben und mit ihren Siegeln versehen.

Geschehen zu Bonn am 25. April 1958 in zwei Urschriften, jede in deutscher und russischer Sprache, wobei jeder Wortlaut gleichermaßen verbindlich ist.

Für den Präsidenten der Bundesrepublik Deutschland
gezeichnet
von Brentano
Lahr

Für das Präsidium des Obersten Sowjets der
Union der Sozialistischen Sowjetrepubliken
gezeichnet:
A. Mikojan
W. Semjonow

Vereinbarung zwischen der Regierung der Bundesrepublik Deutschland und der Regierung der Union der Sozialistischen Sowjetrepubliken über kulturellen und technisch-wirtschaftlichen Austausch vom 30. Mai 1959*

Auf Grund der Übereinkunft zwischen der Regierung der Bundesrepublik Deutschland und der Regierung der Union der Sozialistischen Sowjetrepubliken, wie sie in dem Kommuniqué vom 28. April 1958 über die Unterzeichnung der deutsch-sowjetischen Abkommen niedergelegt ist, haben eine Delegation der Bundesrepublik Deutschland unter der Leitung des Gesandten Dr. W. M. Weber und eine Delegation der Union der Sozialistischen Sowjetrepubliken unter der Leitung des Botschafters A. A. Smirnow Verhandlungen über den kulturellen und technisch-wirtschaftlichen Austausch zwischen den beiden Ländern geführt, die am 30. Mai 1959 abgechlossen wurden.

In der gemeinsamen Überzeugung, daß ein geregelter Austausch auf kulturellem und technisch-wirtschaftlichem

* Abdruck nach Bundesanzeiger Nr. 160, vom 22. August 1959, S. 1 ff. (Der Vereinbarung sind hier nicht abgedruckte Anlagen beigefügt, die Einzelheiten regeln).

Gebiet geeignet sein kann, eine weitere Besserung der Beziehungen zwischen den beiden Ländern herbeizuführen, sind die Regierung der Bundesrepublik Deutschland und die Regierung der Union der Sozialistischen Sowjetrepubliken bei diesen Verhandlungen übereingekommen, einen solchen Austausch für die Jahre 1959 und 1960 vorzusehen.

Die beiden Regierungen werden auf der Grundlage der vollen Gegenseitigkeit und in Übereinstimmung mit den in den beiden Ländern geltenden Rechts- und Verwaltungsvorschriften die Durchführung des in den nachfolgenden Artikeln vorgesehenen konkreten Austauschprogramms sowie der Austauschvorhaben, über die nach Maßgabe der Bestimmungen dieser Vereinbarung zusätzlich Übereinstimmung erzielt wird, nach Kräften fördern.

Artikel I

1. Im Jahre 1959 werden ein deutsches Schauspielensemble mit klassischem Repertoire, ein Kammerorchester, ein Instrumentalensemble (Trio oder Quartett), ein Gastdirigent, ein Instrumental- oder Vokalsolist, ein Tanz- und Unterhaltungsorchester Gastspielreisen in der Union der Sozialistischen Sowjetrepubliken durchführen.

Im Jahre 1959 werden ein sowjetisches Volkskunstensemble, ein Gastdirigent, 4 bis 5 Instrumental- oder Vokalsolisten, ein Puppentheater Gastspielreisen in der Bundesrepublik Deutschland durchführen.

2. Das konkrete Austauschprogramm für das Jahr 1960 wird von der Zentralen Austauschstelle Bonn und dem Staatlichen Komitee für kulturelle Beziehungen mit dem Ausland beim Ministerrat der UdSSR vereinbart werden.

3. Die Zentrale Austauschstelle Bonn und das Ministerium für Kultur der UdSSR werden die Absprachen zur Durchführung der vereinbarten Austauschvorhaben treffen. Diese Absprachen betreffen u. a. die Benennung der

Ensembles und Solisten, die Zahl der Vorstellungen und Konzerte sowie die Orte, an denen sie stattfinden.

Im übrigen gelten die Bestimmungen der Anlage 1.

Artikel II

1. Im Jahre 1960 wird die deutsche Seite eine Ausstellung „Moderne Architektur in der Bundesrepublik Deutschland" in die Union der Sozialistischen Sowjetrepubliken entsenden.

In dem gleichen Jahr wird die sowjetische Seite eine Ausstellung „Angewandte Kunst der Völker der Sowjetunion" in die Bundesrepublik Deutschland entsenden.

2. Nach Maßgabe der Anlage 2 werden die Zentrale Austauschstelle Bonn und das Staatliche Komitee für kulturelle Beziehungen mit dem Ausland beim Ministerrat der UdSSR die Absprachen zur Durchführung treffen.

Artikel III

1. In den Jahren 1959 und 1960 sollen wechselseitige Reisen von Persönlichkeiten auf den Gebieten der Bildenden Kunst, der Architektur, der Literatur, der Musik, des Theaters, des Schul-, Museums- und Bibliothekswesens, des Rundfunk-, Fernseh- und Filmwesens stattfinden, welche der Aufnahme von Kontakten, dem Austausch von Erfahrungen und dem Studium des kulturellen Lebens des anderen Landes dienen sollen.

2. Die zwischen beiden Seiten für das Jahr 1959 bereits vereinbarten Reisen ergeben sich aus Anlage 3. Weitere Reisen der in Ziffer 1 dieses Artikels bezeichneten Persönlichkeiten können die zentrale Austauschstelle Bonn und das Staatliche Komitee für kulturelle Beziehungen mit dem Ausland beim Ministerrat der UdSSR für die Jahre 1959 und 1960 vereinbaren.

3. Nach Maßgabe der Anlage 3 werden die Zentrale Austauschstelle Bonn und das Staatliche Komitee für kulturelle

Beziehungen mit dem Ausland beim Ministerrat der UdSSR die Absprachen zur Durchführung der Reisen treffen.

Artikel IV

1. In den Jahren 1959/1960 wird die deutsche Seite eine Buchausstellung unter dem Thema „Technik und exakte Naturwissenschaften" in die Union der Sozialistischen Sowjetrepubliken entsenden.

Im gleichen Zeitraum wird die sowjetische Seite eine Buchausstellung unter dem gleichen Thema in die Bundesrepublik Deutschland entsenden.

2. Nach Maßgabe der Anlage 2 werden die Zentrale Austauschstelle Bonn und das Staatliche Komitee für kulturelle Beziehungen mit dem Ausland beim Ministerrat der UdSSR die Absprachen zur Durchführung treffen.

Artikel V

1. In den Jahren 1959 und 1960 werden in der Union der Sozialistischen Sowjetrepubliken je eine Filmpremiere oder eine repräsentative Vorführung von Filmen aus der Bundesrepublik Deutschland stattfinden.

In den gleichen Jahren werden in der Bundesrepublik Deutschland je eine Filmpremiere oder eine repräsentative Filmvorführung von Filmen aus der Union der Sozialistischen Sowjetrepubliken stattfinden.

2. Die Auswahl der Filme erfolgt im gegenseitigen Einvernehmen. Bei den repräsentativen Vorführungen können auch Filme gezeigt werden, die nicht in das andere Land verkauft worden sind.

3. Die Zentrale Austauschstelle Bonn und das Ministerium für Kultur der UdSSR werden die Absprachen zur Durchführung treffen.

Artikel VI

1. Es ist vorgesehen, daß die Rundfunkanstalten in der Bundesrepublik Deutschland in den Jahren 1959/1960 aus

der Union der Sozialistischen Sowjetrepubliken zur Verfügung gestellte Bandaufnahmen über ihr Rundfunknetz senden.

In gleicher Weise ist vorgesehen, daß die Rundfunksender der Union der Sozialistischen Sowjetrepubliken im gleichen Zeitraum aus der Bundesrepublik Deutschland zur Verfügung gestellte Bandaufnahmen über ihr Rundfunknetz senden.

2. Die Seiten stellen einander Bandaufnahmen von Musikwerken sowie Referaten über folgende Themen zur Verfügung: Wissenschaft, Technik, Musik, Theater (klassisches Schauspiel), Sport.

Die Auswahl der Aufnahmen für die Rundfunksendungen trifft die Seite, in deren Land die Sendungen durchgeführt werden.

3. Nach Maßgabe der Anlage 4 werden die Zentrale Austauschstelle Bonn und das Staatliche Kmomitee für kulturelle Beziehungen mit dem Ausland beim Ministerrat der UdSSR die Absprachen zur Durchführung treffen.

Artikel VII

1. Im Laufe der Jahre 1959/1960 wird ein Austausch von je 10 Studenten der Geistes- und Naturwissenschaften sowie der Technik für ein Studienjahr stattfinden.

2. Das Programm für den Studentenaustausch kann im Laufe der Jahre 1959 und 1960 im Einvernehmen zwischen der Zentralen Austauschstelle Bonn und dem Staatlichen Komitee für kulturelle Beziehungen mit dem Ausland beim Ministerrat der UdSSR um zusätzliche Austauschvorhaben ergänzt werden. Insbesondere ist vorgesehen, daß wechselseitige kurzfristige Informationsreisen von Studentengruppen zur Anbahnung von Kontakten und zum Studium der Lehrmethoden an den Hochschulen sowie des öffentlichen und kulturellen Lebens des anderen Landes stattfinden.

3. Nach Maßgabe der Anlage 5 werden die Zentrale Austauschstelle Bonn und das Staatliche Komitee für kulturelle Beziehungen mit dem Ausland beim Ministerrat der UdSSR die Absprachen zur Durchführung treffen.

Artikel VIII

1. In den Jahren 1959 und 1960 wird

a) ein langfristiger Austausch von Wissenschaftlern für eine Lehr- oder Forschungstätigkeit;

b) ein kurzfristiger Austausch von Wissenschaftlern zu Studien- und Vortragsreisen

nach Maßgabe der Anlage 6 stattfinden.

2. Die Absprachen zur Durchführung des wissenschaftlichen Austausches werden von der Zentralen Austauschstelle Bonn und dem Staatlichen Komitee für kulturelle Beziehungen mit dem Ausland beim Ministerrat der UdSSR getroffen.

3. Das in Anlage 6 enthaltene Programm kann in den Jahren 1959 und 1960 im Einvernehmen zwischen der Zentralen Austauschstelle Bonn und dem Staatlichen Komitee für kulturelle Beziehungen mit dem Ausland beim Ministerrat der UdSSR um zusätzliche Austauschvorhaben ergänzt werden. Dabei können insbesondere die in Anlage 6 Buchstabe C aufgeführten Fachgebiete berücksichtigt werden.

Artikel IX

1. In den Jahren 1959 und 1960 kann auf Grund von Vereinbarungen zwischen den entsprechenden Stellen und Organisationen beider Länder ein Austausch von wissenschaftlichem Dokumentationsmaterial stattfinden.

2. In den Jahren 1959 und 1960 ist ein Austausch von Stoff- und Lehrplänen, Lehrbüchern und Lehrfilmen aus dem Bereich des Schul- und Hochschulwesens vorgesehen.

Die Vereinbarungen über Art und Umfang des auszutauschenden Materials treffen der Dokumentations- und Auskunftsdienst der Ständigen Konferenz der Kultusminister der Länder und das Staatliche Komittee für kulturelle Beziehungen mit dem Ausland beim Ministerrat der UdSSR.

Artikel X

1. Zwischen der Bundesrepublik Deutschland und der Union der Sozialistischen Sowjetrepubliken soll in den Jahren 1959 und 1960 ein Austausch von Sachverständigengruppen im Wege von wechselseitigen Informationsreisen von ein- bis dreiwöchiger Dauer nach Maßgabe des in Anlage 7 enthaltenen Verzeichnisses stattfinden..

Dieses Verzeichnis kann um zusätzliche Informationsreisen, die während der Verhandlungen in Bonn Gegenstand der Erörterung waren, ergänzt werden, sofern zwischen der Zentralen Austauschstelle Bonn und dem Staatlichen Technisch-Wissenschaftlichen Komitee des Ministerrats der UdSSR entsprechende Vereinbarungen nachträglich zustandekommen.

2. Die Zentrale Austauschstelle Bonn und das Staatliche Technisch-Wissenschaftliche Komitee des Ministerrates der UdSSR werden in jedem einzelnen Falle die näheren Absprachen zur Durchführung der Austauschvorhaben treffen.

Es besteht Übereinstimmung darüber, daß die Kosten für die Reisen der Sachverständigengruppen bis zum ersten Zielort im Gastland und zurück von den entsendenden Stellen getragen werden, während die Aufenthalts- und Reisekosten im Gastland die empfangenden Stellen übernehmen.

3. Unberührt von dieser Vereinbarung bleiben Reisen von Vertretern aus Industrie- und Geschäftskreisen, die der Vorbereitung oder dem Abschluß von Geschäften dienen, sowie Privatreisen von einzelnen Personen und von Vertretern einzelner Unternehmen.

4. Im Rahmen der im Verzeichnis (Anl. 7) aufgeführten wechselseitigen Informationsreisen findet nach Bedürfnis

und näherer Absprache der unmittelbar beteiligten Personen ein Dokumentationsaustausch statt. Soweit sie diesen Austausch zu vermitteln beabsichtigen, setzen sich die Zentrale Austauschstelle Bonn und das Staatliche Technisch-Wissenschaftliche Komitee des Ministerrats der UdSSR miteinander in Verbindung.

Artikel XI

1. Für das Jahr 1959 sind folgende Sportwettkämpfe zwischen Ländermannschaften der Bundesrepublik Deutschland und der Union der Sozialistischen Sowjetrepubliken vorgesehen:

a) in der Leichtathletik in der Union der Sozialistischen Sowjetrepubliken;

b) im Boxen in der Bundesrepublik Deutschland.

2. Außerdem können jeweils nach Zustimmung durch die beiderseitigen Dachverbände in den Jahren 1959 und 1960 weitere Sportwettkämpfe durchgeführt werden.

Artikel XII

Diese Vereinbarung tritt mit dem Tage ihrer Unterzeichnung in Kraft.

Zu Urkund dessen haben der Vertreter der Bundesrepublik Deutschland und der Vertreter der Union der Sozialistischen Sowjetrepubliken diese Vereinbarung unterschrieben und mit ihren Siegeln versehen.

Geschehen zu Bonn am 30. Mai 1959 in zwei Urschriften, jede in deutscher und russischer Sprache, wobei jeder Wortlaut gleichermaßen verbindlich ist.

Für die Regierung der Bundesrepublik Deutschland
Dr. Weber

Für die Regierung der
Union der Sozialistischen Sowjetrepubliken
A. Smirnow

Protokoll über die Verlängerung des Abkommens vom 25. April 1958 über allgemeine Fragen des Handels und der Seeschiffahrt zwischen der Bundesrepublik Deutschland und der Union der Sozialistischen Sowjetrepubliken vom 31. Dezember 1960*

Anläßlich des Ablaufes des Abkommens über Allgemeine Fragen des Handels und der Seeschiffahrt über Allgemeine Fragen des Handels und der Seeschiffahrt zwischen der Bundesrepublik Deutschland und der Union der Sozialistischen Sowjetrepubliken vom 25. April 1958 sind die Regierung der Bundesrepublik Deutschland und die Regierung der Union der Sozialistischen Sowjetrepubliken wie folgt übereingekommen:

1. Das Abkommen über allgemeine Fragen des Handels und der Schiffahrt zwischen der Bundesrepublik Deutschland und der Union der Sozialistischen Sowjetrepubliken vom 25. April 1958 wird für einen Zeitraum von drei Jahren vom 1. Januar 1961 ab verlängert.

Das genannte Abkommen bleibt unverändert mit Ausnahme des Artikels 4, der mit einem Absatz von folgendem Wortlaut ergänzt wird:

„Die Regierung der Bundesrepublik Deutschland und die Regierung der Union der Sozialistischen Sowjetrepubliken werden auch künftig die Teilnahme der Schiffe der beiden Staaten an der Schiffahrt zwischen der Bundesrepublik Deutschland und der Union der Sozialistischen Sowjetrepubliken gestatten und in der internationalen Schiffahrt vom Grundsatz eines freien und fairen Wettbewerbs ausgehen."

2. Dieses Protokoll wird so bald wie möglich ratifiziert und tritt am Tage des Austausches der Ratifikationsur-

* Abdruck nach Bundesgesetzblatt 1961 II, S. 1086.

kunden, der in Moskau stattfindet, in Kraft. Die Bestimmungen dieses Protokolls werden vom 1. Januar 1961 ab vorläufig angewandt.

Falls keine der Vertragsparteien bis zum 31. Dezember 1962 schriftlich erklärt, daß das in Ziffer 1 genannte Abkommen am 31. Dezember 1963 auslaufen soll, bleibt es so lange in Kraft, bis es von einer der Vertragsparteien gekündigt wird.

Nach dem 31. Dezember 1963 kann jede Vertragspartei jederzeit schriftlich erklären, daß sie das Abkommen zu beenden wünscht; im Falle einer solchen Erklärung bleibt das Abkommen noch ein Jahr in Kraft.

Geschehen zu Bonn am 31. Dezember 1960 in zwei Urschriften, jede in deutscher und russischer Sprache, wobei jeder Wortlaut gleichermaßen verbindlich ist.

Für die Regierung der Bundesrepublik Deutschland:
A. H. van Scherpenberg

Für die Regierung der
Union der Sozialistischen Sowjetrepubliken:
A. Smirnow

Briefwechsel zum Protokoll vom 31. Dezember 1960*

1.

Auswärtiges Amt

Bonn, den 31. Dezember 1960

Herr Botschafter!

Anläßlich der heute erfolgten Unterzeichnung des Protokolls über die Verlängerung des Abkommens über Allgemeine Fragen des Handels und der Seeschiffahrt zwischen der Bundesrepublik Deutschland und der Union der

* Abdruck nach Bundesgesetzblatt 1961 II, S. 1087 ff.

Sozialistischen Sowjetrepubliken vom 25. August 1958 beehre ich mich zu bestätigen, daß Einverständnis über folgendes erzielt wurde:

Die zuständigen Stellen der beiden Staaten können, um den Ursprung einzuführender Waren festzustellen, in Einzelfällen die Vorlage eines Ursprungserzeugnisses der Ware verlangen, aus dem hervorgeht, daß die einzuführende Ware in dem Gebiet der Union der Sozialistischen Sowjetrepubliken bzw. in dem Gebiet der Bundesrepublik Deutschland erzeugt worden ist oder daß sie wegen der Bearbeitung, der sie im Herkunftsland unterzogen worden ist, als solche anzusehen ist.

Zur Ausstellung von Ursprungszeugnissen der Ware sind berechtigt:

in der Bundesrepublik Deutschland:

die Industrie- und Handelskammern, die Handwerkskammern, die Landwirtschaftskammer und die Zollstellen;

in der Union der Sozialistischen Sowjetrepubliken:

die All-Unionshandelskammer, die Handelsvertretung der Union der Sozialistischen Sowjetrepubliken in der Bundesrepublik Deutschland und die Zollstellen.

Empfangen Sie, Herr Botschafter, die Versicherung meiner ausgezeichnetsten Hochachtung.

A. H. van Scherpenberg

(L. S.)

Seiner Excellenz dem Botschafter
der Union der Sozialistischen Sowjetrepubliken
Herrn *A. A. Smirnow*
Rolandswerth/Rhein

2.

Auswärtiges Amt

Bonn, den 31. Dezember 1960

Herr Botschafter!

Unter Bezugnahme auf Artikel 2 Absatz 1 Buchstabe d) der Bestimmungen über die Rechtsstellung der Handelsvertretung der Union der Sozialistischen Sowjetrepubliken in der Bundesrepublik Deutschland (Anlage zum Abkommen über Allgemeine Fragen des Handels und der Seeschiffahrt zwischen der Bundesrepublik Deutschland und der Union der Sozialistischen Sowjetrepubliken vom 25. April 1958) beehre ich mich, im Namen meiner Regierung die zwischen uns getroffene Vereinbarung darüber zu bestätigen, daß die Anzahl der Bediensteten der Handelsvertretung — abgesehen von dem Leiter der Handelsvertretung und seinen drei Stellvertretern — die Zahl von 60 Personen nicht übersteigen wird. In diese Zahl der Bediensteten der Handelsvertretung wird das Hauspersonal nichtsowjetischer Staatsangehörigkeit nicht einbezogen.

Empfangen Sie, Herr Botschafter, die Versicherung meiner ausgezeichnetsten Hochachtung.

A. H. van Scherpenberg

(L. S.)

Seiner Excellenz dem Botschafter
der Union der Sozialistischen Sowjetrepubliken
Herrn *A. A. Smirnow*
Rolandswerth/Rhein

3.

Auswärtiges Amt

Bonn, den 31. Dezember 1960

Herr Botschafter!

Bezugnehmend auf Artikel 1 des Abkommens über Allgemeine Fragen des Handels und der Seeschiffahrt zwischen der Bundesrepublik Deutschland und der Union der

Sozialistischen Sowjetrepubliken vom 25. April 1958 beehre ich mich, ihnen folgendes mitzuteilen:

Es ist möglich, daß die Bundesrepublik Deutschland während der Geltungsdauer des erwähnten Abkommens mit anderen Staaten eine Freihandelszone bilden wird. Wenn dies geschieht, werden die Bestimmungen des oben erwähnten Artikels 1 sich nicht auf Zollerleichterungen erstrecken, welche die Bundesrepublik Deutschland den anderen Mitgliedstaaten der Freihandelszone gewährt, unter der Bedingung, daß die Regierung der Bundesrepublik Deutschland die Regierung der Union der Sozialistischen Sowjetrepubliken von ihrer Absicht, sich an einer Freihandelszone zu beteiligen, unterrichtet und ihr hinreichende Möglichkeiten zu Konsultierung gewährt.

Empfangen Sie, Herr Botschafter, die Versicherung meiner ausgezeichnetsten Hochachtung.

A. H. van Scherpenberg

(L. S.)

Seiner Excellenz dem Botschafter
der Union der Sozialistischen Sowjetrepubliken
Herrn *A. A. Smirnow*
Rolandswerth/Rhein

(Übersetzung)

Auswärtiges Amt

Bonn, den 31. Dezember 1960

Herr Staatssekretär!

Ich bestätige den Empfang Ihres Briefes vom heutigen Tage, dessen Inhalt wie folgt lautet:

„Bezugnehmend auf Artikel 1 des Abkommens über Allgemeine Fragen des Handels und der Seeschiffahrt zwischen der Bundesrepublik Deutschland und der Union der Sozialistischen Sowjetrepubliken vom 25. April 1958 beehre ich mich Ihnen folgendes mitzuteilen:

Es ist möglich, daß die Bundesrepublik Deutschland während der Geltungsdauer des erwähnten Abkommens mit anderen Staaten eine Freihandelszone bilden wird. Wenn dies geschieht, werden die Bestimmungen des oben erwähnten Artikels 1 sich nicht auf Zollerleichterungen erstrecken, welche die Bundesrepublik Deutschland den anderen Mitgliedstaaten der Freihandelszone gewährt, unter der Bedingung, daß die Regierung der Bundesrepublik Deutschland die Regierung der Union der Sozialistischen Sowjetrepubliken von ihrer Absicht, sich an einer Freihandelszone zu beteiligen, unterrichtet und ihr hinreichende Möglichkeit zur Konsultierung gewährt."

Ich beehre mich, Ihnen mitzuteilen, daß ich mit dem Inhalt dieses Briefes einverstanden bin.

Empfangen Sie, Herr Staatssekretär, die Versicherung meiner ausgezeichnetsten Hochachtung.

A. Smirnow

(L. S.)

An den
Staatssekretär des Auswärtigen Amts
Herrn Dr. *A. H. van Scherpenberg*
Bonn

Langfristiges Abkommen über den Waren- und Zahlungsverkehr zwischen der Bundesrepublik Deutschland und der Union der Sozialistischen Sowjetrepubliken für die Jahre 1961 bis 1963 vom 31. Dezember 1960*

Die Regierung der Bundesrepublik Deutschland und die Regierung der Union der Sozialistischen Sowjetrepubliken, in der Erwägung, daß die weitere Entwicklung der Han-

* Abdruck nach Bundesanzeiger Nr. 12, vom 18. Januar 1961, S. 1 ff.

delsbeziehungen zwischen der Bundesrepublik Deutschland und der Union der Sozialistischen Sowjetrepubliken den Interessen der beiden Staaten entspricht,

und in dem Wunsche, eine feste Grundlage für den Waren- und Zahlungsverkehr zwischen der Bundesrepublik Deutschland und der Union der Sozialistischen Sowjetrepubliken zu schaffen,

sind wie folgt übereingekommen:

Artikel 1

Die Regierung der Bundesrepublik Deutschland und die Regierung der Union der Sozialistischen Sowjetrepubliken ergreifen im Rahmen der in ihren Staaten geltenden gesetzlichen Bestimmungen die erforderlichen Maßnahmen, um den gegenseitigen Warenverkehr und den gegenseitigen Dienstleistungsverkehr auf dem Gebiet des Handels und der sonstigen Wirtschaftsbeziehungen zwischen den beiden Staaten zu fördern.

Artikel 2

In der Zeit vom 1. Januar 1961 bis zum 31. Dezember 1963 soll der Warenverkehr zwischen den beiden Staaten nach den diesem Abkommen anliegenden Listen A und B durchgeführt werden.

Die zuständigen Stellen der beiden Staaten erteilen unverzüglich gemäß den jeweils in ihren Staaten geltenden Gesetzen, Vorschriften und Bestimmungen Einfuhr- und Ausfuhrlizenzen für die in diesen Listen genannten Waren.

Die beiden Regierungen ergreifen alle in ihren Kräften stehenden Maßnahmen, um die vollständige Ausnutzung der in den Listen A und B vorgesehenen Kontingente zu ermöglichen. Zu diesem Zwecke sowie zur Gewährleistung eines gleichmäßigen Ablaufs des gegenseitigen Warenverkehrs tragen die beiden Regierungen dafür Sorge, daß die in diesen Listen vorgesehenen Kontingente in jedem Jahr der Geltungsdauer dieses Abkommens nach Möglichkeit gleichmäßig halbjährlich ausgenutzt werden können. Bei Waren, deren Lieferung an bestimmte Jahreszeiten gebunden ist, wird die Einfuhr und Ausfuhr im Laufe der Saison ermöglichst.

Artikel 3

Die in Artikel 2 genannten Listen werden im gegenseitigen Einvernehmen beim Abschluß der jährlichen Protokolle über den Warenverkehr zwischen der Bundesrepublik Deutschland und der Union der Sozialistischen Sowjetrepubliken den Verhältnissen angepaßt und ergänzt.

Artikel 4

Beide Regierungen verhalten sich wohlwollend gegenüber der Erteilung von Einfuhr- und Ausfuhrlizenzen für Waren, die nicht in den in Artikel 2 genannten Listen aufgeführt sind, bzw. für Warenmengen, die über die dort genannten Mengen hinausgehen.

Artikel 5

Zahlungen aus dem Warenverkehr zwischen der Bundesrepublik Deutschland und der Union der Sozialistischen Sowjetrepubliken und aus damit im Zusammenhang stehenden Transaktionen sowie alle anderen laufenden Zahlungen zwischen den beiden Staaten erfolgen über Deutsche-Mark-Konten der Staatsbank der Union der Sozialistischen Sowjetrepubliken bei der Deutschen Bundesbank und bei Geldinstituten in der Bundesrepublik Deutschland.

Auf die in Absatz 1 genannten Konten der Staatsbank der Union der Sozialistischen Sowjetrepubliken finden die allgemein geltenden Bestimmungen für Konten dieser Art Anwendung.

Soweit es nach den Devisenbestimmungen beider Staaten zulässig ist, können die Zahlungen auch in anderer Währung als in Deutscher Mark geleistet und entgegengenommen werden.

Artikel 6

Die in Artikel 5 aufgeführten Zahlungen werden gemäß dem im Einvernehmen der Deutschen Bundesbank und der Staatsbank der Union der Sozialistischen Sowjetrepubliken festgesetzten technischen Verfahren durchgeführt.

Artikel 7

Die Regierung der Bundesrepublik Deutschland und die Regierung der Union der Sozialistischen Sowjetrepubliken benennen ihre Bevollmächtigten, die auf Vorschlag einer der beiden Regierungen in der Regel abwechselnd in einem der beiden Staaten zusammentreffen, um die Erfüllung dieses Abkommens zu prüfen und erforderlichenfalls Empfehlungen, die eine ordnungsgemäße Erfüllung des Abkommens gewährleisten sollen, sowie etwaige Vorschläge zur Verbesserung der Handelsbeziehungen zwischen den beiden Staaten auszuarbeiten.

Artikel 8

Dieses Abkommen tritt am 1. Januar 1961 in Kraft; es gilt bis zum 31. Dezember 1963.

Geschehen zu Bonn am 31. Dezember 1960 in zwei Urschriften, jede in deutscher und russischer Sprache, wobei jeder Wortlaut gleichermaßen verbindlich ist.

Für die Regierung der Bundesrepublik Deutschland
A. H. van Scherpenberg

Für die Regierung der
Union der Sozialistischen Sowjetrepubliken
A. Smirnow

Anlage

zum Langfristigen Abkommen über den Waren- und Zahlungsverkehr zwischen der Bundesrepublik Deutschland und der Union der Sozialistischen Sowjetrepubliken in den Jahren 1961 bis 1963 vom 31. Dezember 1960

Liste A

Kontingente der Waren für die Einfuhr aus dem Gebiet der Union der Sozialistischen Sowjetrepubliken in das Gebiet der Bundesrepublik Deutschland in den Jahren 1961 bis 1963

	Maß-einheit	1961	1962	1963
1. Getreide	1000 t	300	Die Frage der Getreideeinfuhr wird Gegenstand alljährlich rechtzeitig zwischen den beiden Regierungen zu führender Verhandlungen sein.	
2. Krabbenkonserven	Mio DM	2,6	3,4	3,6
3. Kaviar und Fischkonserven	Mio DM	0,7	1,1	1,6
4. Därme	Mio DM	4	4	4
5. Innereien für medizinische und pharamazeutische Zwecke	Mio DM	10	10	10
6. Ölkuchen und Extraktionsschrot	1000 t	35	35	35
7. Pflanzliche Öle, roh	1000 t	5	8	8
8. Walöl, roh	1000 t	7,5	12	15
9. Schnittholz	1000 cbm	425	475	500
10. Rundholz	1000 fm	650	650	650

	Maß- einheit	1961	1962	1963
11. Sperrholz	1000 cbm	2,5	2,5	2,6
12. Zellulose	1000 t	20	20	25
13. Steinkohle		p. m.	p. m.	p. m.
14. Eisenerz (aus Kriwoj Rog)	1000 t	200	300	500
15. Manganerz	1000 t	75	65	65
16. Chromerz	1000 t	85	80	80
17. Apatiterz	1000 t	80	85	85
18. Asbest	1000 t	35	40	45

Liste B

Kontingente der Waren für die Einfuhr aus dem Gebiet der Bundesrepublik Deutschland in das Gebiet der Union der Sozialistischen Sowjetrepubliken in den Jahren 1961 bis 1963

	Insgesamt 1961 bis 1963
Maschinen, Ausrüstungen verschiedener Art und Schiffe	
1. Spanabhebende Werkzeugmaschinen (Drehbänke, Schleifmaschinen, Verzahnungsmaschinen, Lehrenbohrmaschinen, Vertikal-Läppmaschinen, Maschinen zur Bearbeitung von Kolbenringen, Kraftwagen- und Traktorenteilen sowie für die Lagerindustrie und andere)	31 Mio DM
2. Maschinen für spanlose Verformung (mechanische und automatische Pressen für die Metallpulverindustrie, Prägepressen, hydraulische Stanzpressen, Vakuumpressen, Schmiedemanipulatoren, Gußmaschinen und andere)	10 Mio DM

	Insgesamt 1961 bis 1963
3. Energetische und elektronische Ausrüstungen und Apparate (Wasserwirbelbremsen, Öfen, Dieselkraftwerke, Siliziumgleichrichter für Elektrolokomotiven, Elektrodynamometer und andere)	10 Mio DM
4. Ausrüstungen für den Bergbau, die Hütten- und Erdölindustrie (Kohleaufbereitungsanlagen, Ausrüstungen für den Tagebau, Agglomerationsanlagen, Rohrkaltwalzwerke, Seilschnellschlagbohranlagen, Verlademaschinen und andere)	110 Mio DM
5. Ausrüstungen für die Lebensmittelindustrie	126 Mio DM
darunter:	
Vollständige Ausrüstungen für Zuckerfabriken	3 vollständige Ausrüstungen
6. Kühlanlagen	52 Mio DM
7. Ausrüstungen für die Leichtindustrie	5 Mio DM
8. Ausrüstungen für die chemische Industrie	335 Mio DM
darunter:	
Vollständige Werksausrüstungen zur Erzeugung von Polygropylen	1 vollständige Ausrüstung
Aggregate für die Kristallisation von Natriumsulfat	4 vollständige Aggregate
Aggregat für die hydraulische Benzolraffination	1 vollständiges Aggregat

	Insgesamt 1961 bis 1963
Vollständige Ausrüstung zur Herstellung von Di-isozyanaten	1 vollständige Ausrüstung
Ausrüstung zur Erzeugung von Phosphor	1 vollständige Ausrüstung
Vollständige Ausrüstung zur Erzeugung von Simazin und Atrazin	1 vollständige Ausrüstung
Anlagen zur Herstellung von Folien aus Viniplast	2 vollständige Anlagen
9. Ausrüstungen für die Zellulose- und Papierindustrie (Vakuumeindampfanlagen, Superkalander und andere)	26 Mio DM
10. Ausrüstungen für die Baustoffindustrie (Überfurnieranlagen für Holzspanplatten, Zusammensetzmaschinen, Ausrüstungen für die Herstellung von Mineralwatte und andere)	21 Mio DM
11. Pumpen- und Kompressorenanlagen (Pumpen und Kompressoren verschiedener Art, Gasgebläsemaschinen, Ventilatoren und andere)	63 Mio DM
12. Ausrüstungen für die polygraphische Industrie	10 Mio DM
13. Ausrüstungen für die Kabelindustrie	15 Mio DM
14. Armaturen und Einzelteile für Hochdruckrohrleitungen	44 Mio DM
15. Hauptbahn-Elektrolokomotiven	20 Stück

	Insgesamt 1961 bis 1963
16. Schiffe (Obsttransportschiffe, Walfangmutterschiffe mittlerer Tragfähigkeit, Saugbagger, Getreideheber, Tankschiffe und andere), Ersatzteile für Schiffe, Schiffsreparaturen	157 Mio DM
17. Verschiedene Geräte, einschließlich feinmechanische Geräte und optische Apparate	16 Mio DM
18. Verschiedene Ausrüstungen (einschließlich Spezialkraftfahrzeuge)	21 Mio DM

Rohstoffe, Halbfertigwaren und andere Erzeugnisse

	Maßeinheit	1961	1962	1963
19. Eisen- und Stahlwalzgut und Rohre, einschließlich geschweißte Großrohre sowie Walzgut und Rohre aus legierten Stählen	Mio DM	195	195	210
20. Kaltwalzwerk	1000 t	1	1	1
21. Silberstahl	t	100	100	100
22. Chemische Erzeugnisse	Mio DM	21	26	26
23. Spezialpapiere	Mio DM	1,5	1,5	1,5
24. Medikamente, medizinische Ausrüstungen und medizinische Instrumente	Mio DM	5	6	6
25. Leder	Mio DM	9	9	9,5
26. Woll- und Baumwollgewebe	Mio DM	8,5	9	9
27. Lederschuhe	Mio DM	9	9	9

	Maß-einheit	1961	1962	1963
28. Saatgut	Mio DM	0,5	0,5	0,5
29. Zuchtvieh		p. m.	p. m.	p. m.
30. Druck-Erzeugnisse	Mio DM	2	2	2
31. Erzeugnisse der Filmindustrie		p. m.	p. m.	p. m.
32. Sonstige Waren	Mio DM	4	4	4

Anmerkungen:

1. Diese Liste umfaßt nur Waren, deren Ursprung und Herkunft im Gebiet der Bundesrepublik Deutschland liegen. Durch Transithandels- und Reexportgeschäfte bezogene Waren werden auf die in dieser Liste festgelegten Kontingente nur im Einvernehmen der zuständigen Stellen der beiden Staaten angerechnet.
2. Die in Werten angegebenen Warenkontingente der vorstehenden Liste gehen von Preisen fob oder frei Grenze des Ausfuhrlandes aus.

Protokoll über den Warenverkehr zwischen der Bundesrepublik Deutschland und der Union der Sozialistischen Sowjetrepubliken im Jahre 1961

Gemäß Artikel 3 des Langfristigen Abkommens über den Waren- und Zahlungsverkehr für die Jahre 1961 bis 1963 haben die Regierung der Bundesrepublik Deutschland und die Regierung der Union der Sozialistischen Sowjetrepubliken für die Zeit vom 1. Januar bis zum 31. Dezember 1961 die in der anliegenden Liste A 1 festgesetzten Kontingente für die Einfuhr aus der Union der Sozialistischen Sowjetrepubliken in die Bundesrepublik Deutschland und die in der anliegenden Liste B 1 festgesetzten Kontingente für die Einfuhr aus der Bundesrepublik Deutschland in die Union der Sozialistischen Sowjetrepubliken vereinbart.

Geschehen zu Bonn am 31. Dezember 1960 in zwei Urschriften, jede in deutscher und russischer Sprache, wobei jeder Wortlaut gleichermaßen verbindlich ist.

Für die Regierung der Bundesrepublik Deutschland
A. H. van Scherpenberg

Für die Regierung der
Union der Sozialistischen Sowjetrepubliken
A. Smirnow

Anlage
zum Protokoll über den Warenverkehr zwischen der Bundesrepublik Deutschland und der Union der Sozialistischen Sowjetrepubliken im Jahre 1961
vom 31. Dezember 1960

Liste A 1

Kontingente der Waren für die Einfuhr aus dem Gebiet der Union der Sozialistischen Sowjetrepubliken in das Gebiet der Bundesrepublik Deutschland im Jahre 1961

1.	Getreide		300 000 t
	davon: Weizen	150 000 t*)	
	Futtergetreide	150 000 t	
2.	Krabbenkonserven		2,6 Mio DM
3.	Kaviar und Fischkonserven		0,7 Mio DM
4.	Därme		4 Mio DM
5.	Innereien für medizinische und pharmazeutische Zwecke		10 Mio DM
6.	Ölkuchen und Extraktionsschrot		35 000 t
7.	Pflanzliche Öle, roh		5 000 t
8.	Walöl, roh		7 500 t
9.	Dessertwein		p. m.
10.	Schnittholz		425 000 cbm
11.	Rundholz		650 000 fm
	davon: Nadelsägerundholz	100 000 fm	
	Gruben- u. Faserholz	550 000 fm	

12. Sperrholz	2 500	cbm
13. Zellulose	20 000	t
14. Steinkohle		p. m.
15. Pyritabbrände		p. m.
16. Eisenerz (aus Kriwoj Rog)	200 000	t
17. Manganerz	75 000	t
18. Chromerz	85 000	t
19. Apatiterz	80 000	t
20. Asbest	35 000	t m. E.
21. Stahlroheisen	30 000	t
22. Ferrochrom	2 000	t
23. Ferrosilizium	6 500	t
24. Wolframkonzentrat	2 300	t
25. Zink	6 000	t
26. Zinn	1 000	t
27. Antimon	2 000	t
28. Platin	1 300	Kilogramm
29. Palladium	1 500	Kilogramm
30. Maschinen und Ausrüstungen	10	Mio DM
31. Erdöl, roh	1 700 000	t
32. Dieselöl	275 000	t
33. Heizöl	425 000	t
34. Benzin	110 000	t
35. Grundöle	10 000	t
36. Hartparaffin		p. m.
37. Chemische Erzeugnisse	5	Mio DM
38. Benzol	30 000	t
39. Steinkohlenteerpech	11 000	t
40. Apatitkonzentrat	220 000	t m. E.
41. Terpentinöl	2 500	t
42. Schwefel		p. m.

*) Soweit der Weizen von den Käufern der Bundesrepublik Deutschland im Rahmen der jeweils geltenden gesetzlichen Bestimmungen der Bundesrepublik Deutschland über die Einfuhr von ausländischen Qualitätsweizen übernommen wird.

43. Medikamente und Rohdrogen	1	Mio DM
44. Glyzerin	2 500	t
45. Baumwolle	24 000	t
46. Linters	500	t
47. Flachs (Flachs, Werg, Kämmlinge)	9 000	t
48. Hanf	1 000	t m. E.
49. Grobe Wolle u. feine Ziegenhaare	350	t
50. Bettfedern und Daunen	3	Mio DM
51. Tierhaare und Borsten	2	Mio DM
52. Pelzfelle	16	Mio DM
53. Rohtabak	2 500	t
54. Edel- und Halbedelsteine		p. m.
55. Druck-Erzeugnisse	2	Mio DM
56. Erzeugnisse der Filmindustrie		p. m.
57. Sonstige Waren (Personenkraftwagen und Ersatzteile hierzu, Bernstein, Labradorit in Blöcken, Aluminiumlegierungen, Kadmium, Fischmehl, Spirituosen, Bienenhonig, für den Konsum bestimmte und andere Waren)	20	Mio DM

Anmerkungen:

1. Diese Liste umfaßt nur Waren, deren Ursprung und Herkunft im Gebiet der Union der Sozialistischen Sowjetrepubliken liegen. Durch Transithandels- und Reexportgeschäfte bezogene Waren werden auf die in dieser Liste festgelegten Kontingente nur im Einvernehmen der zuständigen Stellen beider Staaten angerechnet.
2. Die in Werten angegebenen Warenkontingente der vorstehenden Liste gehen von Preisen fob oder frei Grenze des Ausfuhrlandes aus.

Anlage

zum Protokoll über den Warenverkehr zwischen der Bundesrepublik Deutschland und der Union der Sozialistischen Sowjetrepubliken im Jahre 1961
vom 31. Dezember 1960

Liste B 1

Kontingente der Waren für die Einfuhr aus dem Gebiet der Bundesrepublik Deutschland in das Gebiet der Union der Sozialistischen Sowjetrepubliken im Jahre 1961

Maschinen, Ausrüstungen verschiedener Art und Schiffe

1. Spanabhebende Werkzeugmaschinen (Drehbänke, Schleifmaschinen, Verzahnungsmaschinen, Lehrenbohrmaschinen, Vertikal-Läppmaschinen, Maschinen zur Bearbeitung von Kolbenringen, Kraftwagen- und Traktorenteilen sowie für die Lagerindustrie und andere)	10 Mio DM
2. Maschinen für spanlose Verformung (mechanische und automatische Pressen für die Metallpulverindustrie, Prägepressen, hydraulische Stanzpressen, Vakuumpressen, Schmiedemanipulatoren, Gußmaschinen und andere)	4 Mio DM
3. Energetische und elektronische Ausrüstungen und Apparate (Wasserwirbelbremsen, Öfen, Dieselkraftwerke, Siliziumgleichrichter für Elektrolokomotiven, Elektro-Dynamometer und andere)	4 Mio DM

4. Ausrüstungen für den Bergbau, die Hütten- und Erdölindustrie (Kohleaufbereitungsanlagen, Ausrüstungen für den Tagebau, Agglomerationsanlagen, Rohrkaltwalzwerke, Seilschnellschlagbohranlagen, Verlademaschinen und andere)	42 Mio DM
5. Vollständige Ausrüstungen für Zukkerfabriken	3 vollständige Ausrüstungen*)
6. Kühlanlagen	18 Mio DM
7. Ausrüstungen für die Leichtindustrie	1,6 Mio DM
8. Ausrüstungen für die chemische Industrie	63 Mio DM
darunter:	
Vollständige Werksausrüstung zur Erzeugung von Polypropylen	1 vollständige Ausrüstung*)
Aggregate für die Kristallisation von Natriumsulfat	4 vollständige Aggregate
Aggregat für die hydraulische Benzolraffination	1 vollständiges Aggregat*)
Vollständige Ausrüstungen zur Herstellung von Di-isozyanaten	1 vollständige Ausrüstung*)
Anlagen zur Herstellung von Folien aus Viniplast	2 vollständige Anlagen
9. Ausrüstungen für die Zellulose- und Papierindustrie (Superkalander, Ausrüstungen für die Herstellung von Papiersäcken und andere)	4 Mio DM

*) mit Beendigung der Lieferung im Jahre 1962.

10. Ausrüstungen f. die Baustoffindustrie (Überfurnieranlagen für Holzspanplatten, Zusammensetzmaschinen, Ausrüstungen für die Herstellung von Mineralwatte und andere)	9,5 Mio DM
11. Pumpen- und Kompressorenanlagen (Pumpen und Kompressoren verschiedener Art, Gasgebläsemaschinen, Ventilatoren und andere)	21 Mio DM
12. Ausrüstungen für die polygrafische Industrie	5,5 Mio DM
13. Ausrüstungen für die Kabelindustrie	8,5 Mio DM
14. Armaturen und Einzelteile für Hochdruckrohrleitungen	4,5 Mio DM
15. Hauptbahn-Elektrolokomotiven	20 Stück
16. Schiffe (ein Obtstransportschiff, ein Getreideheber und andere), Ersatzteile für Schiffe, Schiffsreparaturen	22 Mio DM
17. Verschiedene Geräte einschließlich feinmechanischer Geräte und optischer Apparate	6,5 Mio DM
18. Verschiedene Ausrüstungen (einschließlich Spezialkraftfahrzeuge)	7,5 Mio DM

Rohstoffe, Halbfertigwaren und andere Erzeugnisse

19. Eisen- und Stahlwalzgut und Rohre, einschließlich geschweißte Großrohre sowie Walzgut und Rohre aus legierten Stählen	195 Mio DM
20. Kaltwalzbank	1000 t
21. Silberstahl	100 t
22. Chemische Erzeugnisse	21 Mio DM

23. Spezialpapiere	1,5 Mio DM
24. Medikamente, medizinische Ausrüstungen und medizinische Instrumente	5 Mio DM
25. Leder	9 Mio DM
26. Woll- und Baumwollgewebe	8,5 Mio DM
27. Lederschuhe	9 Mio DM
28. Saatgut	0,5 Mio DM
29. Wein	p. m.
30. Zuchtvieh	0,1 Mio DM
31. Druck-Erzeugnisse	2 Mio DM
32. Erzeugnisse der Filmindustrie	p. m.
33. Sonstige Waren	4 Mio DM

Anmerkungen:

1. Diese Liste umfaßt nur Waren, deren Ursprung und Herkunft im Gebiet der Bundesrepublik Deutschland liegen. Durch Transithandels- oder Reexportgeschäfte bezogene Waren werden auf die in dieser Liste festgelegten Kontingente nur im Einvernehmen der zuständigen Stellen beider Staaten angerechnet.
2. Die in Werten angegebenen Warenkontingente der vorstehenden Liste gehen von Preisen fob oder frei Grenze des Ausfuhrlandes aus.

Aufzeichnung über die Ergebnisse des Deutsch-Sowjetischen Meinungsaustausches über ein Gewaltverzichtsabkommen und die damit zusammenhängenden Fragen vom 22. Mai 1970*

(sog. Bahr-Papier)

1

Die Bundesrepublik Deutschland und die Union der Sozialistischen Sowjetrepubliken betrachten es als wichtiges Ziel ihrer Politik, den internationalen Frieden aufrechtzuerhalten und die Entspannung zu erreichen.

Sie bekunden ihr Bestreben, die Normalisierung der Lage in Europa zu fördern und gehen hierbei von der in diesem Raum

* Abdruck nach Bulletin des Presse- und Informationsamtes der Bundesregierung Nr. 109, vom 17. August 1970, S. 1096 ff.

bestehenden wirklichen Lage und der Entwicklung friedlicher Beziehungen auf dieser Grundlage zwischen allen europäischen Staaten aus.

2

Die Bundesrepublik Deutschland und die Union der Sozialistischen Sowjetrepubliken werden sich in ihren gegenseitigen Beziehungen sowie in Fragen der Gewährleistung der europäischen und internationalen Sicherheit von den Zielen und Prinzipien, die in der Satzung der Vereinten Nationen niedergelegt sind, leiten lassen.

Demgemäß werden sie ihre Streitfragen ausschließlich mit friedlichen Mitteln lösen und übernehmen die Verpflichtung, sich in Fragen, die die europäische Sicherheit berühren, sowie in ihren bilateralen Beziehungen gemäß Artikel 2 der Satzung der Vereinten Nationen, der Drohung mit Gewalt oder der Anwendung von Gewalt zu enthalten.

3

Die BRD und die SU stimmen in der Erkenntnis überein, daß der Friede in Europa nur erhalten werden kann, wenn niemand die gegenwärtigen Grenzen antastet.

Sie verpflichten sich, die territoriale Integrität aller Staaten in Europa in ihren heutigen Grenzen uneingeschränkt zu achten.

Sie erklären, daß sie keine Gebietsansprüche gegen irgend jemand haben und solche in Zukunft auch nicht erheben werden.

Sie betrachten heute und künftig die Grenzen aller Staaten in Europa als unverletztlich, wie sie am Tage der Unterzeichnung dieses Abkommens verlaufen, einschließlich der Oder-Neiße-Linie, die die Westgrenze der Volksrepublik Polen bildet, und der Grenze zwischen der BRD und der DDR.

4

Das Abkommen zwischen der Bundesrepublik Deutschland und der Union der Sozialistischen Sowjetrepubliken berührt nicht die früher geschlossenen zweiseitigen und mehrseitigen Verträge und Abkommen beider Seiten.

5

Zwischen der Regierung der Bundesrepublik Deutschland und der Regierung der Union der Sozialistischen Sowjetrepubliken besteht Einvernehmen darüber, daß das von ihnen zu schließende Abkommen über . . . (einzusetzen die offizielle Bezeichnung des Abkommens) und entsprechende Abkommen (Verträge) der Bundesrepublik Deutschland mit anderen sozialistischen Ländern, insbesondere die Abkommen (Verträge) mit der Deutschen Demokratischen Republik (vgl. Ziffer 6), der Volksrepublik Polen und der Tschechoslowakischen Sozialistischen Republik (vgl. Ziffer 8), ein einheitliches Ganzes bilden.

6

Die Regierung der Bundesrepublik Deutschland erklärt ihre Bereitschaft, mit der Regierung der Deutschen Demokratischen Republik ein Abkommen zu schließen, das die zwischen Staaten übliche gleiche verbindliche Kraft haben wird wie andere Abkommen, die die Bundesrepublik Deutschland und die Deutsche Demokratische Republik mit dritten Ländern schließen. Demgemäß will sie ihre Beziehungen zur Deutschen Demokratischen Republik auf der Grundlage der vollen Gleichberechtigung, der Nichtdiskriminierung, der Achtung der Unabhängigkeit und der Selbständigkeit jedes der beiden Staaten in Angelegenheiten, die ihre innere Kompetenz in ihren entsprechenden Grenzen betreffen, gestalten.

Die Regierung der Bundesrepublik Deutschland geht davon aus, daß sich auf dieser Grundlage, nach der keiner der beiden Staaten den anderen im Ausland vertreten oder in seinem Namen handeln kann, die Beziehungen der Deutschen Demokratischen Republik und der Bundesrepublik Deutschland zu dritten Staaten entwickeln werden.

7

Die Regierung der Bundesrepublik Deutschland und die Regierung der Union der Sozialistischen Sowjetrepubliken bekunden ihre Bereischaft, im Zuge der Entspannung in Europa und im Interesse der Verbesserung der Beziehungen zwischen den europäischen Ländern, insbesondere der Bundesrepublik Deutschland und der Deutschen Demokratischen Republik, Schritte zu unternehmen, die sich aus ihrer entsprechenden Stellung ergeben, um den Beitritt der Bundesrepublik Deutschland und der Deutschen Demokratischen Republik zur Organisation der Vereinten Nationen und zu deren Sonderorganisationen zu fördern.

8

Zwischer der Regierung der Bundesrepublik Deutschland und der Regierung der Union der Sozialistischen Sowjetrepubliken besteht Einvernehmen darüber, daß die mit der Ungültigkeit des Münchener Abkommens verbundenen Fragen in Verhandlungen zwischen der Bundesrepublik Deutschland und der Tschechoslowakischen Sozialistischen Republik in einer für beide Seiten annehmbaren Form geregelt werden sollen.

9

Die Regierung der Bundesrepublik Deutschland und die Regierung der Union der Sozialistischen Sowjetrepubliken werden die wirtschaftlichen, wissenschaftlich-technischen, kulturellen und sonstigen Beziehungen zwischen der Bundesrepublik Deutschland und der Union der Sozialistischen Sowjetrepubliken im Interesse beider Seiten und der Festigung des Friedens in Europa fortentwickeln.

10

Die Regierung der Bundesrepublik Deutschland und die Regierung der Union der Sozialistischen Sowjetrepubliken begrüßen den Plan einer Konferenz über Fragen der Festigung der Sicherheit und Zusammenarbeit in Europa und werden alles von ihnen Abhängende für ihre Vorbereitung und erfolgreiche Durchführung tun.

Richtlinien der Bundesregierung für die deutsch-sowjetischen Verhandlungen über einen Gewaltverzicht vom 7. Juni 1970*

Die Bundesregierung wird sich bei den Verhandlungen über einen Gewaltverzicht mit der Sowjetunion von folgenden Erwartungen leiten lassen:

1. Die Beziehungen zwischen der BRD und der Sowjetunion sollen sich künftig genauso auf den Grundsatz des Verzichts auf Drohung mit Gewalt oder der Androhung von Gewalt stützen, wie es bisher schon zwischen der BRD und den drei Westmächten der Fall ist. Das gilt auch für die Unverletztlichkeit der territorialen Integrität aller Staaten und ihrer Grenzen.

Auch für Meinungsverschiedenheiten oder Streitfragen, die nach Abschluß eines Gewaltverzichtsabkommens noch bestehen, muß die Drohung mit Gewalt oder die Anwendung von Gewalt ausscheiden.

2. Die Haltung der Bundesregierung zur Berlin-Frage bleibt unberührt. Es wird davon ausgegangen, daß die Vier-Mächte-Ver-

* Abdruck nach Bulletin des Presse- und Informationsamtes der Bundesregierung Nr. 107, vom 12. August 1970, S. 1061.

handlungen dazu führen, die enge Verbindung zwischen der BRD und West-Berlin sowie den ungehinderten Zugang nach West-Berlin zu sichern. Ohne eine solche Sicherung wird ein Gewaltverzichtsvertrag nicht in Kraft gesetzt werden können.

3. Die Geltung der bestehenden Verträge und Vereinbarungen mit Dritten bleibt von dem zu schließenden Abkommen unberührt. Das schließt den Deutschlandvertrag ein.

4. Das Recht der Deutschen auf Selbstbestimmung wird durch den zu schließenden Vertrag nicht berührt. Das Grundgesetz, seine Präambel eingeschlossen, steht nicht zur Verhandlung.

5. Die Bundesregierung geht davon aus, daß die von ihr erstrebten Abkommen mit der Sowjetunion, mit Polen und anderen Staaten des Warschauer Paktes, insbesondere die Regelung der Beziehungen zur DDR auf der Grundlage der von ihr in Kassel vorgelegten 20 Punkte, zur Herstellung und Entwicklung normaler Beziehungen führen, und betrachtet diese Politik für ein besseres Zusammenleben der Völker, zur Sicherung des Friedens in Europa als eine Einheit.

6. Die Bundesregierung stellt mit Befriedigung fest, daß diese Politik von den drei Westmächten, den Mitgliedstaaten der WEU und des Atlantischen Bündnisses voll gebilligt und unterstützt wird.

Note der Bundesregierung an die Regierung der Vereinigten Staaten von Amerika vom 7. August 1970*

Botschaft der
Bundesrepublik Deutschland
in Moskau

7. August 1970

Die Botschaft der Bundesrepublik Deutschland begrüßt die Botschaft der Vereinigten Staaten von Amerika und hat die Ehre, im Auftrag ihrer Regierung folgende Note mit der Bitte zu übergeben, den Inhalt derselben auf dem

* Abdruck nach Bulletin des Presse- und Informationsamtes der Bundesregierung Nr. 109, vom 17. August 1970, S. 1095 f. — Gleichlautende Noten wurden an die britische und an die französische Regierung gesandt.

schnellsten Wege der Regierung der Vereinigten Staaten zur Kenntnis zu bringen:

„Die Regierung der Bundesrepublik Deutschland beehrt sich, im Zusammenhang mit der bevorstehenden Unterzeichnung eines Vertrages zwischen der Bundesrepublik Deutschland und der Union der Sozialistischen Sowjetrepubliken folgendes mitzuteilen:

Der Bundesminister des Auswärtigen hat im Zusammenhang mit den Verhandlungen den Standpunkt der Bundesregierung hinsichtlich der Rechte und Verantwortlichkeiten der Vier Mächte in bezug auf Deutschland als Ganzes und Berlin dargelegt.

Da eine friedensvertragliche Regelung noch aussteht, sind beide Seiten davon ausgegangen, daß der beabsichtigte Vertrag die Rechte und Verantwortlichkeiten der Französischen Republik, des Vereinigten Königreichs von Großbritannien und Nordirland, der Union der Sozialistischen Sowjetrepubliken und der Vereinigten Staaten von Amerika nicht berührt.

Der Bundesminister des Auswärtigen hat in diesem Zusammenhang dem sowjetischen Außenminister am 6. August 1970 erklärt:

‚Die Frage der Rechte der Vier Mächte steht in keinem Zusammenhang mit dem Vertrag, den die Bundesrepublik Deutschland und die Union der Sozialistischen Sowjetrepubliken abzuschließen beabsichtigen und wird von diesem auch nicht berührt.'

Der Außenminister der Union der Sozialistischen Sowjetrepubliken hat darauf die folgende Erklärung abgegeben:

‚Die Frage der Rechte der Vier Mächte war nicht Gegenstand der Verhandlungen mit der Bundesrepublik Deutschland.

Die Sowjetregierung ging davon aus, daß die Frage nicht erörtert werden sollte.

Die Frage der Rechte der Vier Mächte wird auch von dem Vertrag, den die UdSSR und die Bundesrepublik Deutschland abzuschließen beabsichtigen, nicht berührt. Dies ist die Stellungnahme der Sowjetregierung zu dieser Frage.'"

Die Botschaft der Bundesrepublik Deutschland benutzt auch diesen Anlaß, die Botschaft der Vereinigten Staaten von Amerika ihrer ausgezeichneten Hochachtung zu versichern.

Gleichlautende Noten wurden ,an die Französische Botschaft Moskau' sowie ,an die Botschaft des Vereinigten Königreichs von Großbritannien und Nordirland Moskau' gesandt.

Note der Regierung der Vereinigten Staaten von Amerika an die Bundesregierung vom 11. August 1970*

Botschaft der
Vereinigten Staaten von Amerika
Bonn-Bad Godesberg

11. August 1970

Die Regierung der Vereinigten Staaten von Amerika beehrt sich, der Regierung der Bundesrepublik Deutschland mitzuteilen, daß sie die Note der Regierung der Bundesrepublik Deutschland vom 7. August 1970 erhalten hat, die folgenden Wortlaut hat:

(hier folgt der oben abgedruckte Wortlaut der Note der Bundesregierung)

Die Regierung der Vereinigten Staaten nimmt diese Note einschließlich der Erklärungen, die der Außenminister der

* Abdruck nach Bulletin des Presse- und Informationsamtes der Bundesregierung Nr. 109, vom 17. August 1970, S. 1096. — Gleichlautende Noten sandten die britische und die französische Regierung an die Bundesregierung.

Bundesrepublik Deutschland und der Außenminister der Union der Sozialistischen Sowjetrepubliken als Teil der Verhandlungen vor der Paraphierung des zwischen der Bundesrepublik Deutschland und der Sowjetunion zu schließenden Vertrags abgegeben haben, in vollem Umfang zur Kenntnis.

Die Regierung der Vereinigten Staaten ist ihrerseits ebenfalls der Auffassung, daß die Rechte und Verantwortlichkeiten der Vier Mächte in bezug auf Berlin und Deutschland als Ganzes, die sich aus dem Ergebnis des Zweiten Weltkrieges herleiten und die im Londoner Übereinkommen vom 14. November 1944, in der Viererklärung vom 5. Juni 1945 sowie in anderen Kriegs- und Nachkriegsübereinkünften ihren Niederschlag gefunden haben, durch einen zweiseitigen Vertrag zwischen der Bundesrepublik Deutschland und der Union der Sozialistischen Sowjetrepubliken, einschließlich dieses Vertrags, nicht berührt werden und nicht berührt werden können.

Vertrag zwischen der Bundesrepublik Deutschland und der Union der Sozialistischen Sowjetrepubliken vom 12. August 1970*

Die Hohen Vertragschließenden Parteien

IN DEM BESTREBEN, zur Festigung des Friedens und der Sicherheit in Europa und in der Welt beizutragen,

IN DER Überzeugung, daß die friedliche Zusammenarbeit zwischen den Staaten auf der Grundlage der Ziele und Grundsätze der Charta der Vereinten Nationen den sehnlichen Wünschen der Völker und den allgemeinen Interessen des internationalen Friedens entspricht,

* Abdruck nach Bulletin des Presse- und Informationsamtes der Bundesregierung Nr. 109, vom 17. August 1970, S. 1094.

IN WÜRDIGUNG der Tatsache, daß die früher von ihnen verwirklichten vereinbarten Maßnahmen, insbesondere der Abschluß des Abkommens vom 13. September 1955 über die Aufnahme der diplomatischen Beziehungen, günstige Bedingungen für neue wichtige Schritte zur Weiterentwicklung und Festigung ihrer gegenseitigen Beziehungen geschaffen haben,

IN DEM WUNSCHE, in vertraglicher Form ihrer Entschlossenheit zur Verbesserung und Erweiterung der Zusammenarbeit zwischen ihnen Ausdruck zu verleihen, einschließlich der wirtschaftlichen Beziehungen sowie der wissenschaftlichen, technischen und kulturellen Verbindungen, im Interesse beider Staaten,

SIND wie folgt übereingekommen:

Artikel 1

Die Bundesrepublik Deutschland und die Union der Sozialistischen Sowjetrepubliken betrachten es als wichtiges Ziel ihrer Politik, den internationalen Frieden aufrechtzuerhalten und die Entspannung zu erreichen.

Sie bekunden ihr Bestreben, die Normalisierung der Lage in Europa und die Entwicklung friedlicher Beziehungen zwischen allen europäischen Staaten zu fördern und gehen dabei von der in diesem Raum bestehenden wirklichen Lage aus.

Artikel 2

Die Bundesrepublik Deutschland und die Union der Sozialistischen Sowjetrepubliken werden sich in ihren gegenseitigen Beziehungen sowie in Fragen der Gewährleistung der europäischen und der internationalen Sicherheit von den Zielsetzungen und Grundsätzen, die in der Charta der Vereinten Nationen niedergelegt sind, leiten lassen. Demgemäß werden sie ihre Streitfragen ausschließlich mit friedlichen Mitteln lösen und übernehmen die Verpflichtung, sich in Fragen, die die Sicherheit in Europa und die internationale Sicherheit berühren, sowie in ihren gegenseitigen Beziehungen gemäß Artikel 2 der Charta der Vereinten Nationen der Drohung mit Gewalt oder der Anwendung von Gewalt zu enthalten.

Artikel 3

In Übereinstimmung mit den vorstehenden Zielen und Prinzipien stimmen die Bundesrepublik Deutschland und die Union der Sozialistischen Sowjetrepubliken in der Erkenntnis überein, daß der Friede in Europa nur erhalten werden kann, wenn niemand die gegenwärtigen Grenzen antastet.

— Sie verpflichten sich, die territoriale Integrität aller Staaten in Europa in ihren heutigen Grenzen uneingeschränkt zu achten;

— sie erklären, daß sie keine Gebietsansprüche gegen irgend jemand haben und solche in Zukunft auch nicht erheben werden;

— sie betrachten heute und künftig die Grenzen aller Staaten in Europa als unverletzlich, wie sie am Tage der Unterzeichnung dieses Vertrages verlaufen, einschließlich der Oder-Neiße-Linie, die die Westgrenze der Volksrepublik Polen bildet, und der Grenze zwischen der Bundesrepublik Deutschland und der Deutschen Demokratischen Republik.

Artikel 4

Dieser Vertrag zwischen der Bundesrepublik Deutschland und der Union der Sozialistischen Sowjetrepubliken berührt nicht die von ihnen früher abgeschlossenen zweiseitigen und mehrseitigen Verträge und Vereinbarungen.

Artikel 5

Dieser Vertrag bedarf der Ratifikation und tritt am Tage des Austausches der Ratifikationsurkunden in Kraft, der in Bonn stattfinden soll.

GESCHEHEN zu Moskau am 12. August 1970 in zwei Urschriften, jede in deutscher und russischer Sprache, wobei jeder Wortlaut gleichermaßen verbindlich ist.

Für die Bundesrepublik Deutschland
Willy Brandt
Walter Scheel

Für die Union der Sozialistischen Sowjetrepubliken
Alexej N. Kossygin
Andrej A. Gromyko

Brief des Bundesministers des Auswärtigen an den sowjetischen Außenminister vom 12. August 1970*

Sehr geehrter Herr Minister,

im Zusammenhang mit der heutigen Unterzeichnung des Vertrages zwischen der Bundesrepublik Deutschland und der Union der Sozialistischen Sowjetrepubliken beehrt sich die Regierung der Bundesrepublik Deutschland festzustellen, daß dieser Vertrag nicht im Widerspruch zu dem politischen Ziel der Bundesrepublik Deutschland steht, auf einen Zustand des Friedens in Europa hinzuwirken, in dem das deutsche Volk in freier Selbstbestimmung seine Einheit wiedererlangt.

Genehmigen Sie, Herr Minister, die Versicherung meiner ausgezeichnetsten Hochachtung.

Walter Scheel

* Abdruck nach Bulletin des Presse- und Informationsamtes der Bundesregierung Nr. 109, vom 17. August 1970, S. 1094.

III. VERTRÄGE ZWISCHEN DER DEUTSCHEN DEMOKRATISCHEN REPUBLIK UND DER SOWJETUNION

Moskauer Protokoll über den Erlaß der deutschen Reparationszahlungen und über andere Maßnahmen zur Erleichterung der finanziellen und wirtschaftlichen Verpflichtungen der Deutschen Demokratischen Republik, die mit den Folgen des Krieges verbunden sind, vom 22. August 1953*

Ausgehend davon, daß Deutschland schon einen bedeutenden Teil seiner finanziellen und wirtschaftlichen Verpflichtungen, die mit den Folgen des Krieges verbunden sind, gegenüber der UdSSR, den USA, Großbritannien und Frankreich erfüllt hat, und der Notwendigkeit Rechnung tragend, die wirtschaftliche Lage Deutschlands zu erleichtern, sowie berücksichtigend, daß die Sowjetregierung in ihrer Note vom 15. August den Regierungen der USA, Großbritanniens und Frankreichs den Vorschlag unterbreitete, die mit den Folgen des Krieges verbundenen finanziellen und wirtschaftlichen Verpflichtungen Deutschlands gegenüber den vier Mächten bedeutend zu ermäßigen, und daß die Annahme dieser Vorschläge durch die Regierungen der genannten Westmächte die Verwirklichung dieser Maßnahmen in bezug auf ganz Deutschland gewährleisten würde, in gleicher Weise anerkennend, daß, unabhängig von dem Beschluß, den die Regierungen der USA, Großbritanniens und Frankreichs in dieser Frage treffen werden, die Verwirklichung dieser Vorschläge in bezug auf die Deutsche Demokratische Republik dem deutschen Volk eine wirkungsvolle Hilfe sein wird, nicht nur in wirtschaftlicher Beziehung, sondern auch bei der Schaffung der Bedingungen, die zur Wiederherstellung der Einheit Deutschlands als friedliebender und demokratischer Staat und zur Beschleunigung des Abschlusses eines Friedensvertrages mit Deutschland erforderlich sind, haben die Regierungen der Deutschen Demokratischen Republik und der UdSSR

* Abdruck nach Dokumente zur Außenpolitik der DDR, Bd. I, S. 286 ff.

Verhandlungen geführt und sind übereingekommen, folgende Maßnahmen durchzuführen:

I.

Die Sowjetregierung wird im Einverständnis mit der Regierung der Volksrepublik Polen (in bezug auf den sie betreffenden Anteil an den Reparationen) ab 1. Januar 1954 die Entnahme von Reparationen aus der Deutschen Demokratischen Republik sowohl in Form von Warenlieferungen als auch in jeder anderen Form vollständig beenden.

Somit wird die Deutsche Demokratische Republik von der Zahlung der nach dem 1. Januar 1954 noch verbleibenden Reparationsverpflichtungen befreit, die in Übereinstimmung mit der Erklärung der Sowjetregierung vom 15. Mai 1950 über die Senkung der Reparationsleistungen Deutschland an die UdSSR 2537 Millionen Dollar, entsprechend den Weltpreisen von 1938, betragen.

II.

Die Sowjetregierung überführt ab 1. Januar 1954 unentgeltlich in das Eigentum der Deutschen Demokratischen Republik die in Deutschland befindlichen 33 Maschinenbaubetriebe, chemische, metallurgische und andere Betriebe, die als Reparationsleistungen in das Eigentum der UdSSR übergegangen waren und einen Gesamtwert von 2700 Millionen DM besitzen.

Zur Durchführung dieser Übergabe wird eine gemischte deutsch-sowjetische Kommission gebildet.

Zugleich befreit die Sowjetregierung die Deutsche Demokratische Republik von den Schulden in Höhe von 430 Millionen DM, die im Zusammenhang mit der 1952 seitens der Sowjetregierung erfolgten Übergabe von 66 sowjetischen Industriebetrieben in Deutschland an die Regierung der Deutschen Demokratischen Republik entstanden waren.

III.

Die Sowjetregierung senkt die Zahlungsverpflichtungen der Deutschen Demokratischen Republik, die mit dem Aufenthalt sowjetischer Truppen auf dem Territorium der Deutschen Demokratischen Republik verbunden sind, so daß die Summe dieser Ausgaben jährlich nicht 5 Prozent der Einnahmen des Staatshaushaltes der Deutschen Demokratischen Republik überschreitet und auf jeden Fall die Höhe der Besatzungskosten von 1949 übersteigt,

In Übereinstimmung hiermit werden im Jahre 1954 die Ausgaben der Deutschen Demokratischen Republik für den Unterhalt der sowjetischen Truppen, die sich in Deutschland befinden, 1600 Millionen DM betragen, an Stelle von 1950 Millionen DM im Jahre 1953 und an Stelle von 2182 Millionen DM im Jahre 1949.

IV.

Die Sowjetregierung erklärt, daß sie die Deutsche Demokratische Republik von der Zahlung der Schulden vollständig befreit, die als Besatzungskosten in ausländischer Währung nach 1945 entstanden sind.

Im Zusammenhang hiermit erklärt die Sowjetregierung ferner, daß Deutschland von der Zahlung staatlicher Nachkriegsschulden an die UdSSR befreit ist.

Ausgefertigt in Moskau am 22. August 1953 in zwei Exemplaren, jedes in deutscher und in russischer Sprache, wobei beide Texte in gleicher Weise rechtskräftig sind.

Im Auftrag der Regierung
der Deutschen Demokratischen Republik
Otto Grotewohl

Im Auftrag der Regierung
der Union der Sozialistischen Sowjetrepubliken
W. M. Molotow

Vertrag über Freundschaft, Zusammenarbeit und gegenseitigen Beistand von Warschau vom 14. Mai 1955*

zwischen der Volksrepublik Albanien, der Volksrepublik Bulgarien, der Ungarischen Volksrepublik, der Deutschen Demokratischen Republik, der Volksrepublik Polen, der Rumänischen Volksrepublik, der Union der Sozialistischen Sowjetrepubliken und der Tschechoslowakischen Republik.

Die Vertragschließenden Seiten haben beschlossen,

Unter erneuter Bekundung ihres Strebens nach Schaffung eines auf der Teilnahme aller europäischen Staaten, unabhängig von ihrer gesellschaftlichen und staatlichen Ordnung, beruhenden Systems der kollektiven Sicherheit in Europa, das es ermöglichen würde, ihre Anstrengungen im Interesse der Sicherung des Friedens in Europa zu vereinigen,

Unter gleichzeitiger Berücksichtigung der Lage, die in Europa durch die Ratifizierung der Pariser Verträge entstanden ist, welche die Bildung neuer militärischer Gruppierungen in Gestalt der „Westeuropäischen Union" unter Teilnahme eines remilitarisierten Westdeutschlands und dessen Einbeziehung in den Nordatlantikpakt vorsehen, wodurch sich die Gefahr eines neuen Krieges erhöht und eine Bedrohung der nationalen Sicherheit der friedlichen Staaten entsteht,

In der Überzeugung, daß unter diesen Bedingungen die friedliebenden Staaten Europas zur Gewährleistung ihrer Sicherheit und im Interesse der Aufrechterhaltung des Friedens in Europa notwendige Maßnahmen ergreifen müssen,

Geleitet von den Zielen und Grundsätzen der Satzung der Organisation der Vereinten Nationen,

* Abdruck nach Gesetzblatt der DDR 1960 I, S. 454 ff.

Im Interesse der weiteren Festigung und Entwicklung der Freundschaft, der Zusammenarbeit und des gegenseitigen Beistandes in Übereinstimmung mit den Grundsätzen der Achtung der Unabhängigkeit und der Souveränität der Staaten, sowie der Nichteinmischung in ihre inneren Angelegenheiten,

Diesen Vertrag über Freundschaft, Zusammenarbeit und gegenseitigen Beistand abzuschließen, und ihre Bevollmächtigten ernannt:

das Präsidium der Volksversammlung der Volksrepublik Albanien — Mehmet Shehu, Vorsitzenden des Ministerrates der Volksrepublik Albanien,

das Präsidium der Volksversammlung der Volksrepublik Bulgarien — Wylkow Tscherwenkoff, Vorsitzenden des Ministerrates der Volksrepublik Bulgarien,

das Präsidium der Ungarischen Volksrepublik — András Hegedüs, Vorsitzenden des Ministerrates der Ungarischen Volksrepublik,

der Präsident der Deutschen Demokratischen Republik — Otto Grotewohl, Ministerpräsident der Deutschen Demokratischen Republik,

der Staatsrat der Volksrepublik Polen — Józef Cyrankiewicz, Vorsitzenden des Ministerrates der Volksrepublik Polen,

das Präsidium der Großen Nationalversammlung der Rumänischen Volksrepublik — Gheorghe Gheorghiu-Dej, Vorsitzenden des Ministerrates der Rumänischen Volksrepublik,

das Präsidium des Obersten Sowjets der Union der Sozialistischen Sowjetrepubliken — Nikolai Alexandrowitsch Bulganin, Vorsitzenden des Ministerrates der Union der Sozialistischen Sowjetrepubliken,

der Präsident der Tschechoslowakischen Republik — Viliam Siroky, Ministerpräsident der Tschechoslowakischen Republik, die ihre in gehöriger Form und in Ordnung befundenen Vollmachten vorlegten und über folgendes übereinkamen:

Artikel 1

Die Vertragschließenden Seiten verpflichten sich in Übereinstimmung mit der Satzung der Organisation der Vereinten Nationen, sich in ihren internationalen Beziehungen der Drohung mit Gewalt oder ihrer Anwendung zu enthalten und ihre internationalen Streitfragen mit friedlichen Mitteln so zu lösen, daß der Weltfrieden und die Sicherheit nicht gefährdet werden.

Artikel 2

Die Vertragschließenden Seiten erklären ihre Bereitschaft, sich im Geiste aufrichtiger Zusammenarbeit an allen internationalen Handlungen zu beteiligen, deren Ziel die Gewährleistung des Weltfriedens und der Sicherheit ist, und werden alle ihre Kräfte für die Verwirklichung dieser Ziele einsetzen.

Hierbei werden sich die Vertragschließenden Seiten dafür einsetzen, in Vereinbarung mit anderen Staaten, die eine diesbezügliche Zusammenarbeit wünschen, wirksame Maßnahmen zur allgemeinen Abrüstung und zum Verbot von Atom-, Wasserstoff- und anderen Massenvernichtungswaffen zu ergreifen.

Artikel 3

Die Vertragschließenden Seiten werden sich in allen wichtigen internationalen Fragen, die ihre gemeinsamen Interessen berühren, beraten und sich dabei von den Interessen der Festigung des Weltfriedens und der Sicherheit leiten lassen.

Sie werden sich im Interesse der Gewährleistung der gemeinsamen Verteidigung und der Erhaltung des Friedens und der Sicherheit untereinander unverzüglich jedes Mal beraten, wenn nach Meinung einer der Seiten die Gefahr eines bewaffneten Überfalls auf einen oder mehrere Teilnehmerstaaten des Vertrages entsteht.

Artikel 4

Im Falle eines bewaffneten Überfalles in Europa auf einen oder mehrere Teilnehmerstaaten des Vertrages seitens irgendeines oder einer Gruppe von Staaten wird jeder Teilnehmerstaat des Vertrages in Verwirklichung des Rechtes auf individuelle oder kollektive Selbstverteidigung in Übereinstimmung mit Artikel 51 der Satzung der Organisation der Vereinten Nationen dem Staat oder den Staaten, die einem solchen Überfall ausgesetzt sind, sofortigen Beistand individuell und in Vereinbarung mit allen Mitteln, die ihnen erforderlich erscheinen, einschließlich der Anwendung von militärischer Gewalt erweisen. Die Teilnehmerstaaten des Vertrages werden sich unverzüglich über gemeinsame Maßnahmen beraten, die zum Zwecke der Wiederherstellung und Aufrechterhaltung des Weltfriedens und der Sicherheit zu ergreifen sind.

Von den Maßnahmen, die auf Grund dieses Artikels ergriffen wurden, wird dem Sicherheitsrat entsprechend den Bestimmungen der Satzung der Organisation der Vereinten Nationen Mitteilung gemacht. Diese Maßnahmen werden eingestellt, sobald der Sicherheitsrat die Maßnahmen ergreift, die zur Wiederherstellung und Erhaltung des Weltfriedens und der Sicherheit erforderlich sind.

Artikel 5

Die Vertragschließenden Seiten kamen überein, ein Vereintes Kommando derjenigen ihrer Streitkräfte zu schaffen, die nach Vereinbarung zwischen den Seiten diesem auf Grund gemeinsam festgelegter Grundsätze handelnden Kommando zur Verfügung gestellt werden. Sie werden auch andere vereinbarte Maßnahmen ergreifen, die zur Stärkung ihrer Wehrfähigkeit notwendig sind, um die friedliche Arbeit ihrer Völker zu beschützen, die Unantastbarkeit ihrer Grenzen und Territorien zu garantieren und den Schutz gegen eine mögliche Aggression zu gewährleisten.

Artikel 6

Zur Durchführung der in diesem Vertrag vorgesehenen Beratungen zwischen den Teilnehmerstaaten des Vertrages und zur Erörterung von Fragen, die im Zusammenhang mit der Verwirklichung dieses Vertrages entstehen, wird ein Politischer Beratender Ausschuß gebildet, in den jeder Teilnehmerstaat des Vertrages ein Regierungsmitglied oder einen anderen besonders ernannten Vertreter delegiert.

Der Ausschuß kann, wenn es erforderlich ist, Hilfsorgane schaffen.

Artikel 7

Die Vertragschließenden Seiten übernehmen die Verpflichtung, sich an keinen Koalitionen oder Bündnissen zu beteiligen und keine Abkommen abzuschließen, deren Zielsetzung den Zielen dieses Vertrages widerspricht.

Die Vertragschließenden Seiten erklären, daß ihre Verpflichtungen aus bestehenden internationalen Verträgen nicht im Widerspruch zu den Bestimmungen dieses Vertrages stehen.

Artikel 8

Die Vertragschließenden Seiten erklären, daß sie im Geiste der Freundschaft und der Zusammenarbeit für die Weiterentwicklung und Festigung der wirtschaftlichen und kulturellen Beziehungen untereinander in Befolgung der Grundsätze der gegenseitigen Achtung ihrer Unabhängigkeit und Souveränität und der Nichteinmischung in ihre inneren Angelegenheiten handeln werden.

Artikel 9

Dieser Vertrag steht anderen Staaten zum Beitritt offen, die, unabhängig von ihrer gesellschaftlichen und staatlichen Ordnung, ihre Bereitschaft bekunden, durch Teilnahme an diesem Vertrag zur Vereinigung der Anstrengungen der friedliebenden Staaten zum Zwecke der Gewährleistung des Friedens und der Sicherheit der Völker beizutragen. Dieser Beitritt wird mit dem Einverständnis der Teilnehmerstaaten des Vertrages, nach der Hinterlegung der Beitrittsurkunde bei der Regierung der Volksrepublik Polen in Kraft treten.

Artikel 10

Dieser Vertrag bedarf der Ratifizierung. Die Ratifikationsurkunden werden bei der Regierung der Volksrepublik Polen hinterlegt.

Der Vertrag tritt am Tage der Hinterlegung der letzten Ratifikationsurkunde in Kraft. Die Regierung der Volksrepublik Polen wird die anderen Teilnehmerstaaten des Vertrages von der Hinterlegung einer jeden Ratifikationsurkunde in Kenntnis setzen.

Artikel 11

Dieser Vertrag bleibt 20 Jahre in Kraft. Für die Vertragschließenden Seiten, die ein Jahr vor Ablauf dieser Frist der Regierung der Volksrepublik Polen keine Erklärung über die Kündigung dieses Vertrages übergeben, bleibt er weitere 10 Jahre in Kraft.

Im Falle der Schaffung eines Systems der kollektiven Sicherheit in Europa und des Abschlusses eines diesem Ziel dienenden Gesamteuropäischen Vertrages über kollektive Sicherheit, den die Vertragschließenden Seiten unentwegt anstreben werden, verliert dieser Vertrag am Tage des Inkrafttretens des Gesamteuropäischen Vertrages seine Gültigkeit.

Ausgefertigt in Warschau am vierzehnten Mai 1955 in einem Exemplar in deutscher, russischer, polnischer und tschechischer Sprache, wobei alle Texte gleiche Gültigkeit haben. Beglaubigte Abschriften dieses Vertrages wird die Regierung der Volksrepublik Polen allen anderen Vertragsteilnehmern übergeben.

Vertrag über die Beziehungen zwischen der Deutschen Demokratischen Republik und der Union der Sozialistischen Sowjetrepubliken vom 20. September 1955*

Der Präsident der Deutschen Demokratischen Republik und das Präsidium des Obersten Sowjets der Union der Sozialistischen Sowjetrepubliken

HABEN,

Geleitet von dem Wunsch nach Entwicklung einer engen Zusammenarbeit und nach der weiteren Festigung der freundschaftlichen Beziehungen zwischen der Deutschen Demokratischen Republik und der Union der Sozialistischen Sowjetrepubliken auf der Grundlage der Gleichberechtigung, der gegenseitigen Achtung der Souveränität und der Nichteinmischung in die inneren Angelegenheiten,

In Anbetracht der neuen Lage, die durch das Inkrafttreten der Pariser Verträge von 1954 entstanden ist,

Überzeugt davon, daß die Vereinigung der Anstrengungen der Deutschen Demokratischen Republik und der Sowjetunion zur Mitwirkung an der Erhaltung und Festigung des Weltfriedens und der Sicherheit in Europa, sowie zur Wiederherstellung der Einheit Deutschlands als friedliebender und demokratischer Staat und zur Herbeiführung einer friedensvertraglichen Regelung mit Deutschland den Interessen des deutschen Volkes und des Sowjetvolkes und gleichermaßen der anderen Völker Europas entspricht,

Unter Berücksichtigung der Verpflichtungen, die die Deutsche Demokratische Republik und die Sowjetunion ge-

* Abdruck nach Gesetzblatt der DDR 1955 I, S. 918.

mäß den bestehenden internationalen Abkommen, die Deutschland als Ganzes betreffen, haben,

BESCHLOSSEN, den vorliegenden Vertrag zu schließen und zu ihren Bevollmächtigten ernannt:

Der Präsident der Deutschen Demokratischen Republik – den Ministerpräsidenten der Deutschen Demokratischen Republik, Otto *Grotewohl;*

das Präsidium des Obersten Sowjets der Union der Sozialistischen Sowjetrepubliken — den Vorsitzenden des Ministerrates der UdSSR, N. A. *Bulganin,*

die nach Austausch ihrer in gehöriger Form und in Ordnung befundenen Vollmachten über Folgendes übereinkamen:

Artikel 1

Die Vertragschließenden Seiten bestätigen feierlich, daß die Beziehungen zwischen ihnen auf völliger Gleichberechtigung, gegenseitiger Achtung der Souveränität und der Nichteinmischung in die inneren Angelegenheiten beruhen.

In Übereinstimmung hiermit ist die Deutsche Demokratische Republik frei in der Entscheidung über Fragen ihrer Innenpolitik und Außenpolitik, einschließlich der Beziehungen zur Deutschen Bundesrepublik, sowie der Entwicklung der Beziehungen zu anderen Staaten.

Artikel 2

Die Vertragschließenden Seiten erklären ihre Bereitschaft, im Geiste aufrichtiger Zusammenarbeit an allen internationalen Handlungen teilzunehmen, deren Ziel die Gewährleistung des Friedens und der Sicherheit in Europa und in der ganzen Welt ist und die mit den Grundsätzen der Satzung der Organiastion der Vereinten Nationen übereinstimmen.

Zu diesem Zwecke werden sie sich gegenseitig über alle wichtigen internationalen Fragen beraten, die die Interessen beider Staaten berühren, und alle ihnen zu Gebote stehenden Maßnahmen ergreifen mit dem Ziel, eine Verletzung des Friedens nicht zuzulassen.

Artikel 3

In Übereinstimmung mit den Interessen beider Länder und die Grundsätze der Freundschaft befolgend, kommen die Vertragschließenden Seiten überein, die zwischen der Deutschen Demokratischen Republik und der Union der Sozialistischen Sowjetrepubliken bestehenden wirtschaftlichen, wissenschaftlich-technischen und kulturellen Verbindungen weiter zu entwickeln und zu festigen, sich gegenseitig jede mögliche wirtschaftliche Hilfe zu erweisen und die erforderliche wirtschaftliche und wissenschaftlich-technische Zusammenarbeit zu verwirklichen.

Artikel 4

Die zum gegenwärtigen Zeitpunkt in Übereinstimmung mit den bestehenden internationalen Abkommen auf dem Gebiet der Deutschen Demokratischen Republik stationierten sowjetischen Truppen verbleiben zeitweilig in der Deutschen Demokratischen Republik mit Zustimmung der Regierung der Deutschen Demokratischen Republik zu Bedingungen, die durch eine zusätzliche Vereinbarung zwischen der Regierung der Deutschen Demokratischen Republik und der Regierung der Sowjetunion festgelegt werden.

Die zeitweilig auf dem Gebiet der Deutschen Demokratischen Republik stationierten sowjetischen Truppen werden sich nicht in die inneren Angelegenheiten der Deutschen Demokratischen Republik und in das gesellschafts-politische Leben des Landes einmischen.

Artikel 5

Zwischen den Vertragschließenden Seiten besteht Übereinstimmung darüber, daß es ihr Hauptziel ist, auf dem Wege entsprechender Verhandlungen eine friedliche Regelung für ganz Deutschland herbeizuführen. In Übereinstimmung hiermit werden sie die erforderlichen Anstrengungen für eine friedensvertragliche Regelung und die Wiederherstellung der Einheit Deutschlands auf friedlicher und demokratischer Grundlage unternehmen.

Artikel 6

Der Vertrag wird bis zur Wiederherstellung der Einheit Deutschlands als friedliebender und demokratischer Staat oder bis die Vertragschließenden Seiten zu einem Übereinkommen über die Änderung oder Außerkraftsetzung dieses Vertrages gelangen Gültigkeit haben.

Artikel 7

Dieser Vertrag bedarf der Ratifizierung und tritt in Kraft am Tage des Austausches der Ratifikationsurkunden, der in nächster Zeit in Berlin erfolgt.

Ausgefertigt in Moskau am 20. September 1955 in zwei Exemplaren, jedes in deutscher und russischer Sprache, wobei beide Texte gleichermaßen gültig sind.

In Vollmacht des Präsidenten
der Deutschen Demokratischen Republik
O. Grotewohl

In Vollmacht des Präsidiums
des Obersten Sowjets der UdSSR
H. Bulganin

Abkommen zwischen der Regierung der Deutschen Demokratischen Republik und der Regierung der Union der Sozialistischen Sowjetrepubliken über Fragen, die mit der zeitweiligen Stationierung sowjetischer Streitkräfte auf dem Territorium der Deutschen Demokratischen Republik zusammenhängen, vom 12. März 1957*

Die Regierung der Deutschen Demokratischen Republik und die Regierung der Union der Sozialistischen Sowjetrepubliken

stellen fest, daß, ungeachtet der Bemühungen der Deutschen Demokratischen Republik, der Sowjetunion und anderer friedliebender Staaten, bis jetzt noch keine friedensvertragliche Regelung mit Deutschland und keine vereinbarte Regelung erzielt wurden, die den europäischen Staaten ausreichende Friedens- und Sicherheitsgarantien bieten,

sind unter Berücksichtigung der Tatsache, daß auf dem Gebiet der Deutschen Bundesrepublik ausländische Truppen stationiert und Militärstützpunkte der Teilnehmerstaaten des aggressiven Nordatlantikblocks errichtet sind,

sind unter Berücksichtigung der Tatsache, daß mit der Wiedergeburt des deutschen Militarismus in Westdeutschland dem Frieden Gefahren drohen,

übereingekommen, daß die mit den internationalen Verträgen und Abkommen im Einklang stehende zeitweilige Stationierung sowjetischer Streitkräfte auf dem Territorium der Deutschen Demokratischen Republik notwendig ist und den Interessen der Gewährleistung des Friedens und der Sicherheit des deutschen und des sowjetischen Volkes wie auch der anderen Völker Europas entspricht,

und haben in Übereinstimmung mit dem Vertrag über die Beziehungen zwischen der Deutschen Demokratischen

* Abdruck nach Gesetzblatt der DDR 1957 I, S. 238 ff.

Republik und der Union der Sozialistischen Sowjetrepubliken vom 20. September 1955 und der am 7. Januar 1957 in Moskau unterzeichneten Gemeinsamen Erklärung beschlossen, dieses Abkommen abzuschließen und haben zu diesem Zweck zu ihren Bevollmächtigten ernannt:

Die Regierung der Deutschen Demokratischen Republik
Dr. Lothar *Bolz*, Stellvertreter des Vorsitzenden des Ministerrates und Minister für Auswärtige Angelegenheiten,
Willy Stoph, Stellvertreter des Vorsitzenden des Ministerrates und Minister für Nationale Verteidigung,

Die Regierung der Union der Sozialistischen Sowjetrepubliken —
A. A. Gromyko, Minister für Auswärtige Angelegenheiten der Union der Sozialistischen Sowjetrepubliken,
G. K. Shukow, Minister für Verteidung der Union der Sozialistischen Sowjetrepubliken,

die nach Austausch ihrer in guter Ordnung und gehöriger Form befundenen Vollmachten folgendes vereinbart haben.

Artikel 1

Die Souveränität der Deutschen Demokratischen Republik wird durch die zeitweilige Stationierung sowjetischer Streitkräfte auf ihrem Territorium nicht beeinträchtigt; die sowjetischen Streitkräfte werden sich nicht in die inneren Angelegenheiten der Deutschen Demokratischen Republik und in das gesellschaftliche Leben des Landes einmischen.

Artikel 2

1. Die Fragen der Veränderung der Stärke und der Standortverteilung der sowjetischen Streitkräfte, die zeitweilig auf dem Territorium der Deutschen Demokratischen Republik stationiert sind, werden Gegenstand von Konsultationen zwischen der Regierung der Deutschen Demokra-

tischen Republik und der Regierung der Union der Sozialistischen Sowjetrepubliken sein.

2. Manövergebiete, die die sowjetischen Streitkräfte außerhalb ihrer Standorte benutzen, sind mit den zuständigen staatlichen Organen der deutschen Demokratischen Republik zu vereinbaren.

Artikel 3

Die auf dem Territorium der Deutschen Demokratischen Republik stationierten Streitkräfte, die ihnen angehörenden Personen und deren Familienangehörige sind verpflichtet, das in der Deutschen Demokratischen Republik geltende Recht zu achten und einzuhalten.

Artikel 4

1. Die den sowjetischen Streitkräften angehörenden Personen, die sich auf dem Territorium der Deutschen Demokratischen Republik befinden, tragen die für sie bestimmten Uniformen, besitzen und tragen Waffen gemäß den in der Sowjetarmee geltenden Vorschriften.

2. Fahrzeuge sowjetischer Streikräfte müssen mit einem deutlichen Kennzeichen versehen sein. Die Kennzeichen werden vom Oberkommando der sowjetischen Streitkräfte festgesetzt und ihre Muster den zuständigen deutschen Organen mitgeteilt.

3. Die deutschen Organe erkennen die Fahrerlaubnisse, die von den zuständigen sowjetischen Organen an Personen ausgegeben werden, die zu den auf dem Territorium der Deutschen Demokratischen Republik stationierten sowjetischen Streitkräften gehören, ohne Eignungsprüfung und Bezahlung als gültig an.

4. Die Organe der sowjetischen Streitkräfte überwachen die Verkehrssicherheit der von ihnen zugelassenen Fahrzeuge.

5. Fahrzeuge der sowjetischen Streitkräfte beachten die in der Deutschen Demokratischen Republik gültigen Verkehrsregeln.

Artikel 5

Bei strafbaren Handlungen, die von Personen, die den sowjetischen Streitkräften angehören, oder von deren Familienangehörigen auf dem Territorium der Deutschen Demokratischen Republik begangen werden, wird grundsätzlich das deutsche Recht von den Organen der Deutschen Demokratischen Republik angewandt.

Artikel 6

Die Bestimmung des Artikels 5 dieses Abkommens findet keine Anwendung:

a) wenn Personen, die den sowjetischen Streitkräften angehören oder deren Familienangehörige strafbare Handlungen gegen die Union der Sozialistischen Sowjetrepubliken, gegen Personen, die den sowjetischen Streitkräften angehören oder deren Familienangehörige begehen;

b) wenn Personen, die den sowjetischen Streitkräften angehören, strafbare Handlungen bei der Ausübung dienstlicher Obliegenheiten begehen.

Für die unter Punkt a) und b) genannten Fälle wird das sowjetische Recht von den Organen der Union der Sozialistischen Sowjetrepubliken angewandt.

Artikel 7

Die zuständigen deutschen und sowjetischen Organe können gegenseitig beantragen, die Rechtsprechung hinsichtlich einzelner Fälle, die in den Artikeln 5 und 6 vorgesehen sind, zu übergeben oder zu übernehmen. Derartige Anträge werden wohlwollend geprüft.

Artikel 8

Bei strafbaren Handlungen gegen die sowjetischen Streitkräfte, die auf dem Territorium der Deutschen Demokratischen Republik stationiert sind sowie gegen Personen, die ihnen angehören, werden die Schuldigen die gleiche Verantwortung vor den Gerichten und den anderen zuständigen Organen der Deutschen Demokratischen Republik tragen, wie für strafbare Handlungen gegen die Streitkräfte der Deutschen Demokratischen Republik und gegen Personen, die ihnen angehören.

Artikel 9

1. Die zuständigen deutschen und sowjetischen Organe werden einander jegliche Unterstützung einschließlich Rechtshilfe bei der Verfolgung von strafbaren Handlungen, die in den Artikeln 5, 6 und 8 dieses Abkommens genannt sind, gewähren.

2. Die Grundsätze und das Verfahren der Unterstützung, von der in Punkt 1 dieses Artikels die Rede ist, wie auch die Hilfe in Zivilsachen, die im Zusammenhang mit dem Aufenthalt sowjetischer Streitkräfte auf dem Territorium der Deutschen Demokratischen Republik entstehen, werden durch Vereinbarung zwischen den zuständigen Organen der Deutschen Demokratischen Republik und der Union der Sozialistischen Sowjetrepubliken festgelegt.

Artikel 10

Auf Ersuchen der zuständigen staatlichen Organe der Deutschen Demokratischen Republik wird eine den sowjetischen Streitkräften angehörende Person, die sich einer Verletzung des deutschen Rechts schuldig gemacht hat, vom Gebiet der Deutschen Demokratischen Republik abberufen.

Artikel 11

Die Regierung der Union der Sozialistischen Sowjetrepubliken erklärt sich bereit, der Regierung der Deutschen

Demokratischen Republik den materiellen Schaden, der Institutionen und Bürger der Deutschen Demokratischen Republik oder auf dem Territorium der Deutschen Demokratischen Republik befindlichen Bürgern dritter Staaten durch Handlungen oder Unterlassungen sowjetischer Truppeneinheiten oder der ihnen angehörenden Personen sowie deren Familienangehörigen zugefügt werden sollte, zu ersetzen. Die Festlegung des Umfangs des Schadens, über den keine Einigung zwischen den interessierten Seiten erzielt wird, erfolgt:

a) wenn dieser Schaden durch Handlungen oder Unterlassungen sowjetischer Truppeneinheiten oder ihnen angehörender Personen bei der Ausübung dienstlicher Obliegenheiten zugefügt wurde — durch Vertreter einer Gemischten Kommission auf der Grundlage der erhobenen Ansprüche und unter Berücksichtigung des deutschen Rechts;

b) wenn dieser Schaden im Ergebnis von Handlungen oder Unterlassungen von den sowjetischen Streitkräften angehörender Personen nicht bei der Ausübung dienstlicher Obliegenheiten sowie infolge von Handlungen oder Unterlassungen von Familienangehörigen dieser Personen zugefügt wurde — durch Gerichte der Deutschen Demokratischen Republik auf der Grundlage der erhobenen Ansprüche und des deutschen Rechts.

Artikel 12

Die Regierung der Deutschen Demokratischen Republik erklärt sich bereit, der Regierung der Union der Sozialistischen Sowjetrepubliken den materiellen Schaden, der den sowjetischen Streitkräften, die sich auf dem Territorium der Deutschen Demokratischen Republik befinden und den sowjetischen Streitkräften angehörenden Personen oder ihren Familienangehörigen durch Handlungen oder Unterlassungen der Institutionen oder der Bürger der

Deutschen Demokratischen Republik zugefügt werden sollte, zu ersetzen. Der Umfang des Schadens, über den keine Einigung zwischen den beiden interessierten Seiten erzielt wird, wird nach dem gleichen Verfahren bestimmt, das im Artikel 11 dieses Abkommens festgelegt ist.

Artikel 13

Die Abkommenspartner leisten den in den Artikeln 11 und 12 geregelten Schadensersatz innerhalb von drei Monaten nach einer entsprechenden Entscheidung der Gemischten Kommission oder einem rechtskräftigen Urteil der zuständigen Gerichte der Deutschen Demokratischen Republik.

Artikel 14

Die Bestimmungen der Artikel 11, 12 und 13 werden auch in bezug auf die Schadensersatzansprüche angewendet, die nach dem Inkrafttreten des Vertrages über die Beziehungen zwischen der Deutschen Demokratischen Republik und der Union der Sozialistischen Sowjetrepubliken vom 20. September 1955 entstanden und bis zum Inkrafttreten dieses Abkommens nicht befriedigt worden sind.

Artikel 15

Die Regierung der Deutschen Demokratischen Republik gewährt den sowjetischen Streitkräften weiterhin das Recht der Benutzung der Kasernenkomplexe, Flugplätze, Übungsgelände, Truppenübungsplätze und Ausstattung der Anlagen, Wohn- und andere Bauten und Einrichtungen, Geländeabschnitte, Eisenbahn-Zufahrtsstrecken, Verkehrsmittel, Post-, Fernmelde- und Funkanlagen sowie die Inanspruchnahme von elektrischem Strom, kommunalen Dienstleistungen, Handelsleistungen, Bauleistungen und sonstigen Sach- und Werkleistungen, die die sowjetischen Streitkräfte zum Zeitpunkt der Unterzeichnung dieses Abkommens in Anspruch nehmen. Die Ordnung und die Bedingungen für die

Inanspruchnahme der obengenannten Objekte und Mittel sowie von Leistungen aller Art durch die sowjetischen Streitkräfte werden durch Sonderabkommen der zuständigen Organe der Abkommenspartner festgelegt.

Artikel 16

Für den Bau von Gebäuden, Flugplätzen, Straßen, Brücken und ständigen Fernmelde- und Funkanlagen für die Bedürfnisse der sowjetischen Streitkräfte ist die Zustimmung der zuständigen staatlichen Organe der Deutschen Demokratischen Republik erforderlich.

Artikel 17

1. Die von den sowjetischen Streitkräften benutzten Objekte und Mittel, die in Artikel 15 dieses Abkommens erwähnt sind, werden, wenn kein Bedarf mehr vorliegt, der Deutschen Demokratischen Republik ohne jegliche Entschädigung der Aufwendungen, die der Union der Sozialistischen Sowjetrepubliken durch die Einrichtung, Renovierung oder den Umbau solcher Objekte und Mittel entstanden sind, übergeben.

2. Die Regelung der Fragen, die in Zusammenhang mit der Übergabe der in Artikel 16 dieses Abkommens genannten Objekte und Mittel stehen, wird auf der Grundlage von besonderen Vereinbarungen erfolgen.

Artikel 18

Im Falle der Bedrohung der Sicherheit der sowjetischen Streitkräfte, die auf dem Territorium der Deutschen Demokratischen Republik stationiert sind, kann das Oberkommando der sowjetischen Streitkräfte in der Deutschen Demokratischen Republik bei entsprechender Konsultation der Regierung der Deutschen Demokratischen Republik und unter Berücksichtigung der entsprechenden Lage und der Maßnahmen, die durch die staatlichen Organe der Deutschen Demokratischen Republik eingeleitet werden, Maßnahmen zur Beseitigung einer derartigen Bedrohung treffen.

Artikel 19

Zur Regelung von Fragen, die mit der Anwendung dieses Abkommens zusammenhängen, wird eine Gemischte deutsch-sowjetische Kommission gebildet, für die jeder Abkommenspartner drei Vertreter benennt, wobei das Prinzip der Einstimmigkeit beider Seiten bei der Annahme von Beschlüssen gelten wird.

Die Gemischte Kommission gibt sich ein Statut.

Sitz der Gemischten Kommission wird Berlin sein.

Sollte die Gemischte Kommission eine ihr übergebene Frage nicht lösen können, so wird diese Frage auf diplomatischem Wege in möglichst kurzer Frist geklärt.

Artikel 20

1. „Personen, die den sowjetischen Streitkräften angehören", sind:
   a) Militärpersonen der Sowjetarmee,
   b) Zivilpersonen, die sowjetische Staatsbürger sind und in den Einheiten der sowjetischen Streitkräfte in der Deutschen Demokratischen Republik arbeiten.
2. „Familienangehörige der den sowjetischen Streitkräften angehörenden Personen" sind:
   a) Ehegatten,
   b) unverheiratete Kinder,
   c) nahe Verwandte, die von ihnen unterhalten werden,
   soweit die genannten Ehegatten, Kinder oder Verwandten Bürger der Union der Sozialistischen Sowjetrepubliken sind.
3. „Standort" ist das den sowjetischen Streitkräften zur Verfügung gestellte Territorium, das die Stationierungsbereiche der Truppeneinheiten mit Übungsgelände, Schießplätzen, Truppenübungsplätzen und an-

deren Objekten, die von diesen Einheiten benutzt werden, umfaßt.

Artikel 21

Dieses Abkommen bedarf der Bestätigung in Übereinstimmung mit der Gesetzgebung der Abkommenspartner. Es tritt am Tage des Notenaustausches über die erfolgte Bestätigung in Kraft.

Artikel 22

Dieses Abkommen bleibt in Übereinstimmung mit dem Vertrag über die Beziehungen zwischen der Deutschen Demokratischen Republik und der Union der Sozialistischen Sowjetrepubliken vom 20. September 1955 für die Zeit der Stationierung sowjetischer Streitkräfte auf dem Territorium der Deutschen Demokratischen Republik in Kraft und kann von den Abkommenspartnern in gegenseitigem Einverständnis abgeändert werden.

Dieses Abkommen wurde in Berlin am 12. März 1957 in zwei Exemplaren, jedes in Deutscher und russischer Sprache, ausgefertigt, wobei beide Texte gleiche Gültigkeit besitzen.

Zur Beglaubigung dessen haben die oben genannten Bevollmächtigten dieses Abkommen unterzeichnet und mit Siegeln versehen.

In Vollmacht der Regierung der
Deutschen Demokratischen Republik

Dr. *Lothar Bolz*
Stoph

In Vollmacht der Regierung der
Union der Sozialistischen Sowjetrepubliken

A. Gromyko
G. Shukow

Konsularvertrag zwischen der Deutschen Demokratischen Republik und der Union der Sozialistischen Sowjetrepubliken vom 10. Mai 1957*

Der Präsident der Deutschen Demokratischen Republik und das Präsidium des Obersten Sowjets der Union der Sozialistischen Sowjetrepubliken haben, von dem Wunsch geleitet, auch auf konsularischem Gebiet die Beziehungen zwischen beiden Staaten enger zu gestalten, beschlossen, den folgenden Vertrag abzuschließen, und zu ihren Bevollmächtigten ernannt:

Der Präsident der Deutschen Demokratischen Republik:
Dr. Lothar *Bolz*,
Stellvertreter des Ministerrats und Minister für Auswärtige Angelegenheiten;

das Präsidium des Obersten Sowjets der Union der Sozialistischen Sowjetrepubliken:
A. A. Gromyko,
Minister für Auswärtige Angelegenheiten der Union der Sozialistischen Sowjetrepubliken,

die nach Austausch ihrer in guter und gehöriger Form befundenen Vollmachten folgendes festgelegt haben:

I. Zulassung der Konsuln

Artikel 1

Der Vertragspartner werden in ihrem Gebiet gegenseitig Generalkonsuln, Konsuln, Vizekonsuln und Konsularagenten (im folgenden Konsuln genannt) zulassen. Vor ihrer Ernennung durch den Entsendestaat ist das Einverständnis des anderen Vertragspartners hinsichtlich der Personen der Konsuln und ihrer Konsularbezirke einzuholen.

* Abdruck nach Gesetzblatt der DDR 1957 I, S. 436 ff.

Artikel 2

(1) Die Konsuln nehmen ihre Tätigkeit nach Ernennung durch die Regierung des Entsendestaates und nach Erteilung des Exequaturs durch die Regierung des Empfangsstaates auf. In der Ernennungsurkunde muß der Konsularbezirk bezeichnet sein.

(2) Die Tätigkeit der Konsuln endet durch Abberufung, durch Widerruf des Exequaturs und durch Todesfall.

Artikel 3

Bei Todesfall, Abberufung, vorübergehender Abwesenheit oder anderweitiger Verhinderung der Tätigkeit eines Konsuls ist sein Stellvertreter befugt, die Dienstobliegenheiten des Konsuls wahrzunehmen, vorausgesetzt, daß seine amtliche Eigenschaft vorher der zuständigen Behörde des Empfangsstaates zur Kenntnis gebracht worden ist. Der mit der vorübergehenden Leitung des Konsulats beauftragte Stellvertreter wird alle Rechte und Vorrechte genießen, die der vorliegende Vertrag dem Konsul gewährt.

II. Befreiungen und Vorrechte der Konsuln

Artikel 4

(1) Der Empfangsstaat garantiert den Konsuln und ihren Mitarbeitern einen reibungslosen Verlauf ihrer Amtstätigkeit. Die Behörden des Empfangsstaates werden den Konsuln und ihren Mitarbeitern jede erforderliche Unterstützung bei der Ausübung ihrer Tätigkeit gewähren.

(2) Der amtliche Schriftwechsel ist unverletzlich und keiner Durchsicht unterworfen. Das gleiche gilt für Telegramme und Fernschreiben.

(3) Die Amtsräume der Konsulate sind unverletzlich. In den Amtsräumen sowie in den Wohnungen der Konsuln werden die Behörden des Empfangsstaates keinerlei Zwangsmaßnahmen vornehmen.

(4) Die Konsulararchive sind in jedem Falle unantastbar. Privatpapiere dürfen im Konsulararchiv nicht enthalten sein.

(5) Die Konsuln haben beim Verkehr mit den Behörden des Entsendestaates das Chiffrerecht und können für die Übermittlung den diplomatischen Kurierweg benutzen. Bei der Benutzung allgemeiner Verbindungsmittel gelten für die Konsuln die gleichen Tarife wie für die diplomatischen Vertreter.

Artikel 5

Den Konsuln wird gestattet, das Wappen ihres Staates und eine ihr Amt bezeichnende Inschrift am Amtsgebäude anzubringen. Sie dürfen die Flagge ihres Entsendestaates auf dem Amtsgebäude und auf ihrem Wohnhaus aufziehen und an den von ihnen dienstlich benutzten Fahrzeugen anbringen.

Artikel 6

Die Konsuln und die Mitarbeiter, die Staatsangehörigen des Entsendestaates sind, unterliegen bezüglich ihrer dienstlichen Tätigkeit nicht der Gerichtsbarkeit des Empfangsstaates.

Artikel 7

(1) Die Konsuln und ihre Mitarbeiter werden einer Ladung der Gerichtsorgane des Empfangsstaates als Zeuge nachkommen.

(2) Sind die Konsuln und ihre Mitarbeiter durch dienstliche Obliegenheiten, wegen Krankheit oder aus anderen Gründen am Erscheinen vor den Gerichtsorganen verhindert, so haben sie die Zeugenaussage in schriftlicher Form zu machen.

(3) Die Konsuln und ihre Mitarbeiter können Zeugenaussagen über dienstliche Obliegenheiten verweigern.

Artikel 8

(1) Die Konsuln und die Mitarbeiter, die Staatsangehörige des Entsendestaates sind, werden von militärischen und

anderen Dienstleistungen sowie von direkten Steuern befreit.

(2) Grundstücke und Gebäude sind von militärischen und anderen Dienstleistungen nur dann befreit, wenn sie von den Konsuln und ihren Mitarbeitern als Amts- oder Wohnraum benutzt werden.

(3) Hinsichtlich der Zölle werden den Konsuln und ihren Mitarbeitern auf der Grundlage der Gegenseitigkeit die gleichen Befreiungen gewährt, wie sie die Mitarbeiter der diplomatischen Vertretungen genießen.

Artikel 9

Die Bestimmungen des Artikels 8 finden auf die mit den Konsuln zusammenlebenden Ehegatten und ihre minderjährigen Kinder entsprechend Anwendung.

III. Amtsbefugnisse der Konsuln

Artikel 10

(1) Die Konsuln nehmen die Rechte und Interessen des Entsendestaates sowie seiner Staatsangehörigen (Bürger und juristischen Personen) wahr.

(2) Die Konsuln können sich in Ausübung ihrer Amtsbefugnisse an die Behörden in ihrem Konsularbezirk wenden; sie können bei diesen wegen Verletzung der Rechte und Interessen des Entsendestaates sowie seiner Staatsangehörigen Einspruch erheben.

Artikel 11

Den Konsuln wird das Recht zuerkannt, die Staatsangehörigen des Entsendestaates, die sich ständig oder vorübergehend in ihrem Konsularbezirk aufhalten, zu registrieren.

Artikel 12

(1) Die Konsuln sind befugt, den Staatsangehörigen des Entsendestaates Pässe auszustellen.

(2) Die Konsuln erteilen eigenen und fremden Staatsangehörigen sowie Staatenlosen die erforderlichen Visa zum Betreten oder Verlassen des Entsendestaates.

Artikel 13

Die Konsuln nehmen Anträge von fremden Staatsangehörigen und Staatenlosen auf Verleihung der Staatsangehörigkeit des Entsendestaates entgegen.

Artikel 14

Die Konsuln haben das Recht, die Staatsangehörigen des Entsendestaates vor den Behörden des Empfangsstaates zu vertreten, wenn diese wegen Abwesenheit oder aus anderen triftigen Gründen außerstande sind, ihre Rechte und Interessen rechtzeitig wahrzunehmen. Diese Vertretung erfolgt so lange, bis die Vertretenen ihre Bevollmächtigten bestimmen oder die Wahrung ihrer Rechte und Interessen selbst übernehmen.

Artikel 15

Die Konsuln haben das Recht, in den Konsulaten, in ihren Wohnungen oder in den Wohnungen der Staatsangehörigen des Entsendestaates sowie an Bord der die Flagge dieses Staates führenden Schiffe oder Flugzeuge folgende Handlungen durchzuführen:

1. Erklärungen von Staatsangehörigen des Entsendestaates aufzunehmen oder zu beglaubigen;
2. letztwillige Verfügungen oder einseitige Erklärungen der Staatsangehörigen des Entsendestaates aufzunehmen, zu beglaubigen und zu verwahren sowie deren Vermögen und Schriftstücke in Verwahrung zu nehmen;
3. Rechtsgeschäfte zwischen Staatsangehörigen des Entsendestaates aufzunehmen oder zu beglaubigen, soweit diese Rechtsgeschäfte den Gesetzen des Empfangsstaates nicht widersprechen. Rechtsgeschäfte über

die Begründung oder Veräußerung von Rechten an im Empfangsstaat gelegenen Gebäuden und Grundstücken kann der Konsul nicht aufnehmen oder beglaubigen;

4. Rechtsgeschäfte zwischen Staatsangehörigen des Entsendestaates und solchen des Empfangstaates aufzunehmen oder zu beglaubigen, wenn diese Rechtsgeschäfte ausschließlich auf dem Gebiet des Entsendestaates oder Angelegenheiten betreffen, die auf dem Gebiet dieses Staates erfüllt werden müssen, und diese Rechtsgeschäfte den Gesetzen des Entsendestaates nicht widersprechen;
5. Unterschriften von Staatsangehörigen des Entsendestaates auf jeder Art von Schriftstücken zu beglaubigen; Schriftstücke, die von den Behörden oder Amtspersonen des Entsendestaates oder des Empfangsstaates ausgehen, zu legalisieren sowie die Abschriften dieser Schriftstücke zu beglaubigen;
6. Übersetzungen von Schriftstücken, die von Behörden und Amtspersonen des Entsendestaates oder des Empfangsstaates ausgehen, zu beglaubigen;
7. Geld und Wertgegenstände von Staatsangehörigen des Entsendestaates oder für diese vorgesehene Gelder und Wertgegenstände in Verwahrung zu nehmen;
8. andere Handlungen, die ihnen übertragen werden und die nicht im Widerspruch zu den Gesetzen des Empfangsstaates stehen.

Artikel 16

Die im Artikel 15 genannten Schriftstücke, ihre Abschriften, Übersetzungen oder Auszüge aus ihnen, die vom Konsul aufgenommen oder beglaubigt worden sind, haben im Empfangsstaat dieselbe rechtliche Bedeutung und Beweiskraft, wie wenn sie von den zuständigen Behörden und Amtspersonen des Empfangsstaates aufgenommen, übersetzt oder beglaubigt worden sind.

(1) Stirbt ein Staatsangehöriger des Entsendestaates im Konsularbezirk, so wacht der Konsul darüber, daß alle Maßnahmen getroffen werden, die geeignet sind, die berechtigten Interessen der Erben zu wahren.

(2) Die Konsuln sind von den Behörden ihres Konsularbezirks über Todesfälle von Staatsangehörigen des Entsendestaates und von bereits eingeleiteten und noch vorgesehenen Maßnahmen zur Nachlaßregelung zu unterrichten.

Artikel 18

(1) Die Feststellung, Sicherstellung und Versiegelung des Nachlasses obliegt den örtlichen Behörden. Auf Ersuchen des Konsuls haben sie die erforderlichen Maßnahmen zur Erhaltung des Nachlasses zu treffen. Der Konsul kann zugegen sein, wenn die örtlichen Behörden Maßnahmen zur Feststellung und Sicherstellung des Nachlasses treffen, und an der Aufnahme des Nachlaßverzeichnisses sowie an der Siegelung teilnehmen. Er hat das Recht, sich den beweglichen Nachlaß, einschließlich der Schriftstücke des Verstorbenen, von den örtlichen Behörden aushändigen zu lassen, auch wenn sie von diesen sichergestellt worden sind.

(2) Bis zur Übergabe des Nachlasses an die Erben oder bis zu seiner Absendung ins Ausland sind aus dem Nachlaß die festgelegten Gebühren zu begleichen und andere gegenüber dem Nachlaß erhobene und bewiesene Ansprüche einzelner Erben oder anderer Personen, die im Empfangsstaat des Konsuls leben, zu löschen, wenn nicht im Verlauf von sechs Monaten nach dem Todestag des Erblassers dem Konsul nachgewiesen wird, daß die Ansprüche anerkannt oder eingeklagt worden sind.

(3) Der unbewegliche Nachlaß wird nach den Gesetzen des Staates behandelt, in dem er sich befindet.

Artikel 19

(1) Die Konsuln können entsprechend dem Recht des Entsendestaates Eheschließungen vornehmen, wenn beide

Eheschließenden Staatsangehörige des Entsendestaates sind.

(2) Die zuständige Behörde des Empfangsstaates ist über die Eheschließung zu unterrichten.

Artikel 20

(1) Die Konsuln haben das Recht, entsprechend den Vorschriften des Entsendestaates Geburten und Todesfälle von Staatsangehörigen des Entsendestaates zu beurkunden.

(2) Die zuständige Behörde des Empfangsstaates ist über Geburten und Todesfälle zu unterrichten.

Artikel 21

Die Konsuln können Vormünder und Pfleger für Staatsangehörige des Entsendestaates bestellen. Sie sind befugt, die Führung der Vormund- und Pflegschaft zu beaufsichtigen. Gelangt den Konsuln zur Kenntnis, daß das Vermögen eines Staatsangehörigen des Entsendestaates ohne Verwaltung ist, so können sie dafür einen Vermögenspfleger einsetzen.

Artikel 22

(1) Die Konsuln sind befugt, den Schiffen des Entsendestaates jedmöglichen Beistand zu leisten. Insbesondere können sie sich mit der Schiffsbesatzung und den Fahrgästen in Verbindung setzen, die Schiffspapiere überprüfen, Protokolle über die Ladung und den Zweck der Reise und über besondere Zwischenfälle aufnehmen.

(2) Beabsichtigen die Behörden des Empfangsstaates die Durchführung von Zwangsmaßnahmen auf Handelsschiffen des Entsendestaates, so können diese Maßnahmen nicht ohne vorherige Benachrichtigung des zuständigen Konsuls erfolgen, damit dieser bei den Maßnahmen anwesend sein kann. Das gilt nicht für Zoll-, Paß- und Gesundheitskontrollen des Schiffes, der Besatzungsmitglieder und der Fahrgäste.

Artikel 23

(1) Die Konsuln haben das Recht, den unter der Flagge des Entsendestaates fahrenden Schiffen sowie den Besatzungsmitgliedern und Fahrgästen bei einem Schiffbruch oder einer anderen Havarie jegliche Hilfe zu erweisen.

(2) Die örtlichen Behörden benachrichtigen unverzüglich den zuständigen Konsul über die erfolgte Havarie und über die von ihnen getroffenen Maßnahmen zur Rettung der Menschen, des Schiffes und der Fracht. Sie erweisen dem Konsul bei von ihm im Zusammenhang mit der Havarie eingeleiteten Maßnahmen die erforderliche Unterstützung.

Artikel 24

(1) Die Konsuln sind befugt, den Flugzeugen des Entsendestaates jedmöglichen Beistand zu leisten. Insbesondere können sie im Falle einer Notlandung die Besatzungsmitglieder und Fahrgäste beim Verkehr mit den örtlichen Behörden unterstützen und geeignete Maßnahmen zur Fortsetzung der Reise ergreifen.

(2) Bei Katastrophen oder Havarien der Flugzeuge des Entsendestaates sind die Konsuln befugt, Maßnahmen zur Hilfeleistung für die geschädigten Besatzungsmitglieder und Fahrgäste des Flugzeuges, zur Sicherstellung der Frachten und zur Reparatur der Flugzeuge zu ergreifen oder darum zu ersuchen.

(3) Bestimmungen über gegenseitige Hilfeleistungen bei Flugzeugkatastrophen oder Havarien in anderen Übereinkommen bleiben von diesem Artikel unberührt.

IV. Schlußbestimmungen

Artikel 25

Die Bestimmungen dieses Vertrages über die Rechte und Pflichten der Konsuln finden auf die Mitarbeiter der diplomatischen Vertretungen, die mit der Ausübung konsularischer Befugnisse beauftragt worden sind, entsprechende Anwendung. Dadurch werden die diplomatischen Vorrechte und die Immunität dieser Mitarbeiter der diplomatischen Vertretungen nicht berührt.

Artikel 26

Der Vorliegende Vertrag wird für die Dauer von fünf Jahren abgeschlossen. Wenn der Vertrag sechs Monate vor Ablauf dieser Frist durch einen der Vertragspartner nicht gekündigt worden ist, bleibt er jeweils für weitere fünf Jahre in Kraft.

Artikel 27

Der vorliegende Vertrag bedarf der Ratifikation. Er tritt am Tage des in Berlin erfolgenden Austausches der Ratifikationsurkunden in Kraft.

Ausgefertigt in Moskau, am 10. Mai 1957 in zwei Exemplaren, jedes in deutscher und russischer Sprache, wobei beide Texte gleichermaßen gültig sind.

In Vollmacht des Präsidenten der
Deutschen Demokratischen Republik
Dr. *Lothar Bolz*

In Vollmacht des Präsidiums des Obersten Sowjets
der Union der Sozialistischen Sowjetrepubliken
A. Gromyko

Abkommen zwischen der Regierung der Deutschen Demokratischen Republik und der Regierung der Union der Sozialistischen Sowjetrepubliken über gegenseitige Rechtshilfe in Angelegenheiten, die mit der zeitweiligen Stationierung sowjetischer Streitkräfte auf dem Territorium der Deutschen Demokratischen Republik zusammenhängen, vom 2. August 1957*

Die Regierung der Deutschen Demokratischen Republik und die Regierung der Sozialistischen Sowjetrepubliken haben in Übereinstimmung mit Artikel 9 des Abkommens vom 12. März 1957 über Fragen, die mit der zeitweiligen Stationierung sowjetischer Streitkräfte auf dem Territorium der Deutschen Demokratischen Republik zusammenhängen, beschlossen, dieses Abkommen abzuschließen und haben zu diesem Zweck zu ihren Bevollmächtigten ernannt:

Die Regierung der Deutschen Demokratischen Republik: Dr. Helmut Ostmann, Hauptabteilungsleiter im Ministerium der Justiz der DDR;

die Regierung der Union der Sozialistischen Sowjetrepubliken: W. N. Suchodrew, Stellvertreter des Vorsitzenden der juristischen Kommission beim Ministerrat der UdSSR, die nach Austausch ihrer in guter Ordnung und gehöriger Form befundenen Vollmachten folgendes vereinbart haben:

Abschnitt I

Allgemeine Bestimmungen

Artikel 1

(1) Die Justiz-, Polizei- und Verwaltungsorgane der Deutschen Demokratischen Republik und die Justizorgane

* Abdruck nach Gesetzblatt der DDR 1957 I, S. 534 ff.

der sowjetischen Streitkräfte, die zeitweilig auf dem Territorium der Deutschen Demokratischen Republik stationiert sind, gewähren einander Rechtshilfe in straf-, zivil- und verwaltungsrechtlichen Angelegenheiten, die mit der zeitweiligen Stationierung sowjetischer Streikräfte auf dem Territorium der Deutschen Demokratischen Republik zusammenhängen.

(2) Rechtshilfe ist auch der Gemischten deutsch-sowjetischen Kommission zu gewähren, die gemäß Artikel 19 des Abkommens vom 12. März 1957 über Fragen, die mit der zeitweiligen Stationierung sowjetischer Streitkräfte auf dem Territorium der Deutschen Demokratischen Republik zusammenhängen, gebildet wurde.

Artikel 2

Die Rechtshilfe umfaßt die Erledigung von Zustellungsersuchen, die Vornahme einzelner Prozeßhandlungen, insbesondere die Durchführung von Durchsuchungen und Beschlagnahmen, die Durchführung von Beweisaufnahmen, die Zusendung und Herausgabe von Beweisstücken, Akten und Schriftstücken.

Artikel 3

(1) Bei der Gewährung von Rechtshilfe verkehren die Gerichte und Staatsanwaltschaften der Deutschen Demokratischen Republik unmittelbar mit dem Militärgericht und dem Militärstaatsanwalt der Gruppe der sowjetischen Streitkräfte in der Deutschen Demokratischen Republik. Die Militärgerichte und Militärstaatsanwälte der sowjetischen Streitkräfte verkehren unmittelbar mit den zuständigen Gerichten und Staatsanwaltschaften der Deutschen Demokratischen Republik.

(2) Die Polizei- und Verwaltungsorgane der Deutschen Demokratischen Republik leiten ihre Rechtshilfeersuchen über die Gerichte und Staatsanwaltschaften der Deutschen Demokratischen Republik an das Militärgericht und den

Militärstaatsanwalt der Gruppe der sowjetischen Streitkräfte in der Deutschen Demokratischen Republik.

(3) In dringenden Fällen können sich die Staatsanwaltschaften und die Polizeiorgane der Deutschen Demokratischen Republik unmittelbar an den nächsten Militärkommandanten der sowjetischen Streitkräfte wenden.

Artikel 4

(1) Bei der Durchführung der Rechtshilfe wendet das ersuchte Organ die Gesetze seines Landes an. Auf besonderes Verlangen des ersuchenden Organs können auch dessen Verfahrensvorschriften angewandt werden, soweit dies nicht im Widerspruch zu den gesetzlichen Vorschriften des ersuchten Organs steht.

(2) Nach der Erledigung des Ersuchens gibt das ersuchte Organ die Akten unmittelbar an das ersuchende Organ zurück. Artikel 3, Abs. 2 und Abs. 3 finden entsprechende Anwendung.

Artikel 5

(1) Das ersuchte Organ veranlaßt die Zustellung von Schriftstücken nach den in seinem Lande geltenden Vorschriften.

(2) Kann die Zustellung an die Anschrift, die im Ersuchen angegeben ist, nicht bewirkt werden oder ist die Anschrift nicht bekannt, so trifft das ersuchte Organ von Amts wegen die notwendigen Maßnahmen zur Feststellung der Anschrift. Ist die Feststellung der Anschrift nicht möglich, so wird das ersuchende Organ unter Rückgabe des zuzustellenden Schriftstückes hiervon benachrichtigt.

Artikel 6

Die Gewährung der Rechtshilfe erfolgt ohne Erstattung der Kosten. Die deutschen und sowjetischen Organe tragen alle durch die Rechtshilfe entstandenen Kosten selbst.

Artikel 7

(1) Die Organe der Rechtshilfe bedienen sich im gegenseitigen Verkehr der deutschen oder der russischen Sprache.

(2) Dem Ersuchen um Rechtshilfe wird eine Übersetzung in der Sprache des ersuchten Organs beigefügt.

Artikel 8

Personen, die den sowjetischen Streitkräften angehören, und ihre Familienangehörigen haben in Verfahren vor den Gerichten, Staatsanwaltschaften, Polizei- und Verwaltungsorganen der Deutschen Demokratischen Republik in allen Verfahrensabschnitten und insbesondere bei der Strafvollstreckung die gleichen Rechte und Pflichten wie die Bürger der Deutschen Demokratischen Republik.

Artikel 9

(1) Die Organe der sowjetischen Streitkräfte gewährleisten, daß den Anordnungen der Gerichte, Staatsanwaltschaften, Polizei- und Verwaltungsorganen der Deutschen Demokratischen Republik, die sich auf straf-, zivil- und verwaltungsrechtliche Angelegenheiten beziehen, von den Personen, die den sowjetischen Streitkräften angehören, und ihren Familienangehörigen Folge geleistet wird.

(2) Sie sind den Organen der Deutschen Demokratischen Republik im Rahmen der Rechtshilfe bei der Ermittlung des Aufenthaltes von Personen, die den sowjetischen Streitkräften angehören, und ihren Familienangehörigen behilflich.

Artikel 10

Bestehen Zweifel darüber, ob nach den Bestimmungen des Abkommens vom 12. März 1957 die Entscheidung einer Angelegenheit den Organen der Deutschen Demokratischen Republik oder den Organen der sowjetischen Streitkräfte obliegt, so entscheidet hierüber die Gemischte deutsch-sowjetische Kommission. Die Entscheidung der Gemischten deutsch-sowjetischen Kommission ist bindend.

Abschnitt II

Rechtshilfe in Strafsachen

Artikel 11

Unter dem Begriff „strafbare Handlungen" im Sinne des Artikels 5 des Abkommens vom 12. März 1957 sind auch solche Handlungen zu verstehen, die nach dem Recht der Deutschen Demokratischen Republik im Wege der Privatklage, der polizeilichen Strafverfügung und im Verwaltungswege verfolgt werden.

Artikel 12

(1) Die Justizorgane der sowjetischen Streitkräfte werden alle ihnen zur Kenntnis gelangten strafbaren Handlungen von Personen, die den sowjetischen Streitkräften angehören, und ihren Familienangehörigen, die der Gerichtsbarkeit der Deutschen Demokratischen Republik unterliegen, unverzüglich den zuständigen Justizorganen der Deutschen Demokratischen Republik mitteilen. Sie werden gleichzeitig alle Maßnahmen treffen, um die Person des Täters festzustellen und nach Möglichkeit die Beweismittel zu sichern.

(2) Die Organe der sowjetischen Streitkräfte werden den Justizorganen der Deutschen Demokratischen Republik die zur ordnungsgemäßen Durchführung des Ermittlungsverfahrens notwendige Unterstützung gewähren.

Artikel 13

Die Justizorgane der Deutschen Demokratischen Republik werden den Justizorganen der sowjetischen Streitkräfte Unterstützung bei der Verfolgung strafbarer Handlungen gewähren, die von Personen, die den sowjetischen Streitkräften angehören, oder von ihren Familienangehörigen begangen wurden und die der sowjetischen Gerichtsbarkeit unterliegen. Sie werden insbesondere den Justizorganen der sowjetischen Streitkräfte alle ihnen bekannt gewordenen strafbaren Handlungen, die der sowjetischen Gerichtsbarkeit unterliegen, mitteilen, alle Maßnahmen treffen, um die Person des Täters festzustellen, nach Möglichkeit die Beweismittel sichern, sowie den Justizorganen der sowjetischen Streitkräfte bei der Beschaffung von Zeugenaussagen von Bürgern der Deutschen Demokratischen Republik behilflich sein.

Artikel 14

Auch soweit die Gerichtsbarkeit der Deutschen Demokratischen Republik nicht gegeben ist, haben die zuständigen Organe der Deutschen Demokratischen Republik das Recht, alle nach dem Recht der Deutschen Demokratischen Republik zulässigen Maßnahmen durchzuführen, um Personen, die den sowjetischen Streitkräften angehören, und ihre Familienangehörigen festzunehmen, wenn diese auf frischer Tat angetroffen werden. Die festgenommene Person wird unverzüglich dem nächsten Militärstaatsanwalt oder dem nächsten Militärkommandanten der sowjetischen Streitkräfte übergeben.

Artikel 15

(1) Bei der Übergabe oder Übernahme der Rechtsprechung in einzelnen Fällen gemäß Artikel 7 des Abkommens vom 12. März 1957 verkehren, soweit es sich um Personen handelt, die den sowjetischen Streitkräften angehören, der Militäroberstaatsanwalt der Deutschen Demokratischen Republik und der Militärstaatsanwalt der Gruppe der sowjetischen Streitkräfte in der Deutschen Demokratischen Republik miteinander.

(2) Handelt es sich um Familienangehörige von Personen, die den sowjetischen Streitkräften angehören, so ist auf deutscher Seite der Generalstaatsanwalt der Deutschen Demokratischen Republik zuständig.

Artikel 16

(1) In Angelegenheiten, die der Gerichtsbarkeit der Deutschen Demokratischen Republik unterliegen, obliegt die Verhaftung auf Grund eines richterlichen Haftbefehls, mit dem von einem Gericht der Deutschen Demokratischen Republik die Untersuchungshaft gegen Personen, die den sowjetischen Streitkräften angehören, und ihre Familienangehörigen angeordnet wurde, sowie die Verhaftung dieser Personen auf Grund eines rechtskräftigen Urteils eines Gerichtes der Deutschen Demokratischen Republik den zuständigen Organen der Deutschen Demokratischen Republik.

(2) Innerhalb der gemäß Artikel 15 des Abkommens vom 12. März 1957 von den sowjetischen Streitkräften benutzten Objekten wird die Verhaftung der in Abs. 1 genannten Personen durch den zuständigen Militärstaatsanwalt der sowjetischen Streitkräfte auf Ersuchen des zuständigen Staatsanwalts der Deutschen Demokratischen Republik durchgeführt. Dem Ersuchen ist eine Ausfertigung des Haftbefehls und eine kurze Schilderung des Sachverhalts unter Angabe von Ort und Zeit der strafbaren Handlung bzw. eine Ausfertigung des rechtskräftigen Strafurteils beizufügen.

Artikel 17

(1) Die Vollstreckung der Untersuchungshaft und der Strafvollzug gegen Personen, die den sowjetischen Streitkräften angehören, und ihre Familienangehörigen, wegen Handlungen, die der Gerichtsbarkeit der Deutschen Demokratischen Republik unterliegen, obliegt den Organen der Deutschen Demokratischen Republik.

(2) Auf Ersuchen des zuständigen Staatsanwalts der Deutschen Demokratischen Republik übernehmen die Organe der sowjetischen Streitkräfte die Vollstreckung.

Artikel 18

Die Organe der sowjetischen Streitkräfte werden Personen, die den sowjetischen Streitkräften angehören, die zur Aussage vor den Justizorganen der Deutschen Demokratischen Republik erforderlichen Aussagegenehmigungen erteilen, soweit es die Sicherheit der sowjetischen Streitkräfte, die zeitweilig auf dem Territorium der Deutschen Demokratischen Republik stationiert sind, gestatten.

Artikel 19

(1) Die Staatsanwaltschaften und Polizeiorgane der Deutschen Demokratischen Republik werden dem Militärstaatsanwalt der Gruppe der sowjetischen Streitkräfte und dem nächsten Militärkommandanten der sowjetischen Streitkräfte die Einleitung eines Ermittlungsverfahrens, die vorläufige Festnahme und die Verhaftung der Personen, die den sowjetischen Streitkräften angehören, und ihren Familienangehörigen unverzüglich mitteilen.

(2) Die Staatsanwaltschaften der Deutschen Demokratischen Republik werden dem Militärstaatsanwalt der Gruppe der sowjetischen Streitkräfte alle Bestrafungen bekanntgeben, die gegen die in Abs. 1 genannten Personen ausgesprochen worden sind.

Artikel 20

Die Gewährung von Rechtshilfe in Strafsachen umfaßt auch die Erteilung von gebührenfreien Auskünften durch den Militärstaatsanwalt der Gruppe der sowjetischen Streitkräfte über die Vorstrafen der Personen, die den sowjetischen Streitkräften angehören, und ihrer Familienangehörigen, wenn diese in Fällen, die der Gerichtsbarkeit der Deutschen Demokratischen Republik unterliegen, zur strafrechtlichen Verantwortung gezogen werden.

Artikel 21

(1) Soweit Handlungen von Personen, die den sowjetischen Streitkräften angehören, und ihrer Familienangehörigen der Gerichtsbarkeit der Deutschen Demokratischen Republik unterliegen, haben die Vertreter des Militärstaatsanwalts der Gruppe der sowjetischen Streitkräfte das Recht, im Verfahren die Akten einzusehen, den Prozeßhandlungen beizuwohnen und den Verhafteten zu sprechen.

(2) Bei der Anwendung des Rechts der Deutschen Demokratischen Republik über die Öffentlichkeit der Gerichtsverhandlung werden auch die Interessen der Sicherheit der sowjetischen Streitkräfte, die sich vorübergehend in der Deutschen Demokratischen Republik befinden, berücksichtigt.

Abschnitt III

Rechtshilfe in Zivilsachen

Artikel 22

(1) Der Ersatz des materiellen Schadens in der in Artikel 11 bis 14 des Abkommens vom 12. März 1957 festgelegten Art und Weise umfaßt die Befriedigung aller Ansprüche

1. aus Schadenszufügung durch unerlaubte Handlungen und aus Gefährdungshaftung, für die sowjetische Truppeneinheiten, militärische Dienststellen, Personen, die den sowjetischen Streitkräften angehören, und ihre Familienangehörigen oder Institutionen und Bürger der Deutschen Demokratischen Republik verantwortlich sind,
2. aus Verpflichtungen auf Grund von Verträgen, die zwischen sowjetischen Truppeneinheiten und militäri-

schen Dienststellen einerseits mit Institutionen und Bürgern der Deutschen Demkoratischen Republik andererseits abgeschlossen worden sind,

3. aus sonstigen Handlungen oder Unterlassungen, durch die sowjetische Truppeneinheiten in Ausübung dienstlicher Obliegenheiten den Institutionen und Bürgern der Deutschen Demokratischen Republik Schaden zugefügt haben.

(2) Ebenfalls sind die Gerichtskosten und die dem obsiegenden Teil durch die Rechtsverfolgung entstandenen notwendigen Auslagen zu erstatten.

Artikel 23

Über Ansprüche aus vertraglichen Beziehungen von Personen, die den sowjetischen Streitkräften angehören, und ihren Familienangehörigen mit Institutionen und Bürgern der Deutschen Demokratischen Republik entscheiden die Gerichte der Deutschen Demokratischen Republik nach deutschem Recht. Die Vollstreckung der gerichtlichen Entscheidungen in diesen Angelegenheiten gegen Personen, die den sowjetischen Streitkräften angehören, und ihre Familienangehörigen, erfolgt durch das Militärgericht der Gruppe der sowjetischen Streitkräfte im Wege der Rechtshilfe. Dem Ersuchen um Vollstreckung ist eine vollstreckbare Ausfertigung der gerichtlichen Entscheidung beizufügen.

Artikel 24

(1) Personen, die den sowjetischen Streitkräften angehören, und ihre Familienangehörigen, die vor den Gerichten der Deutschen Demokratischen Republik auftreten, sind nicht verpflichtet, Sicherheit für die Prozeßkosten allein aus dem Grunde zu leisten, daß sie Ausländer sind.

(2) Gleichfalls wird den in Abs. 1 genannten Personen in Verfahren vor den Gerichten der Deutschen Demokratischen Republik Befreiung von Gebühren und Vorschüssen

unter denselben Voraussetzungen und in demselben Umfang wie Bürgern der Deutschen Demokratischen Republik gewährt. Die Bescheinigung über die persönlichen Verhältnisse sowie über die Familien-, Einkommens- und Vermögensverhältnisse erteilen die dafür zuständigen Organe der sowjetischen Streitkräfte.

Artikel 25

(1) Der Ersatz des Schadens gemäß Artikel 11 bis 14 des Abkommens vom 12. März 1957 erfolgt auf deutscher Seite durch das Ministerium der Finanzen der Deutschen Demokratischen Republik und auf sowjetischer Seite durch das Ministerium der Verteidigung der Union der Sozialistischen Sowjetrepubliken über das Oberkommando der sowjetischen Streitkräfte in der Deutschen Demokratischen Republik.

(2) Das Verfahren bei der Ersatzleistung wird zwischen dem Ministerium der Finanzen der Deutschen Demokratischen Republik und dem Oberkommando der sowjetischen Streitkräfte in der Deutschen Demokratischen Republik geregelt.

Abschnitt IV

Schlußbestimmungen

Artikel 26

Dieses Abkommen bedarf der Bestätigung in Übereinstimmung mit der Gesetzgebung der Abkommenspartner. Es tritt am Tage des Notenaustausches über die erfolgte Bestätigung in Kraft.

Artikel 27

Dieses Abkommen bleibt für die Dauer der Gültigkeit des Abkommens zwischen der Regierung der Deutschen Demokratischen Republik und der Regierung der Union der

Sozialistischen Sowjetrepubliken vom 12. März 1957 über Fragen, die mit der zeitweiligen Stationierung sowjetischer Streitkräfte auf dem Territorium der Deutschen Demokratischen Republik zusammenhängen, in Kraft und kann von den Abkommenspartnern im gegenseitigen Einverständnis abgeändert werden.

Dieses Abkommen wurde in Berlin am 2. August 1957 in zwei Exemplaren, jedes in deutscher und russischer Sprache, ausgefertigt, wobei beide Texte gleiche Gültigkeit besitzen.

Zur Beglaubigung dessen haben die oben genannten Bevollmächtigten dieses Abkommen unterzeichnet und mit Siegeln versehen.

In Vollmacht der Regierung der
Deutschen Demokratischen Republik
gez. Dr. *Ostmann*

In Vollmacht der Regierung der
Union der Sozialistischen Sowjetrepubliken
gez. *W. Suchodrew*

Vertrag über Handel und Seeschiffahrt zwischen der Deutschen Demokratischen Republik und der Union der Sozialistischen Sowjetrepubliken von Berlin vom 27. September 1957*

Der Präsident der Deutschen Demokratischen Republik und das Präsidium des Obersten Sowjets der Union der Sozialistischen Sowjetrepubliken

HABEN,

Geleitet von den Prinzipien des Vertrages vom 20. September 1955 über die Beziehungen zwischen der Deutschen

* Abdruck nach Gesetzblatt der DDR 1958 I, S. 18 ff.

Demokratischen Republik und der Union der Sozialistischen Sowjetrepubliken und

Getragen von dem Wunsche, zur weiteren Entwicklung und Festigung der wirtschaftlichen Beziehungen zwischen beiden Staaten in Übereinstimmung mit Artikel 3 des genannten Vertrages beizutragen und in einem Vertrage die Grundbedingungen, die diese Beziehungen regeln, festzulegen,

BESCHLOSSEN,

Diesen Handels- und Seeschiffahrtsvertrag zu schließen und haben zu diesem Zweck zu ihren Bevollmächtigten ernannt:

Der Präsident der Deutschen Demokratischen Republik: Herrn Heinrich *Rau*, Minister für Außenhandel und Innerdeutschen Handel der Deutschen Demokratischen Republik;

Das Präsidium des Obersten Sowjets der Union der Sozialistischen Sowjetrepubliken: Herrn Pawel Nikolajewitsch *Kumykin*, Stellvertreter des Ministers für Außenhandel der Union der Sozialistischen Sowjetrepubliken;

die nach Austausch ihrer in gehöriger Form und in voller Ordnung befundenen Vollmachten folgendes vereinbart haben:

Artikel 1

Die Vertragsschließenden Seiten werden alle notwendigen Maßnahmen zur Entwicklung und Festigung der Handelsbeziehungen zwischen beiden Staaten im Geiste freundschaftlicher Zusammenarbeit und gegenseitiger Hilfe sowie auf der Grundlage der Gleichberechtigung und des gegenseitigen Vorteiles ergreifen.

Zu diesem Zweck werden die Regierungen der Vertragsschließenden Seiten Vereinbarungen treffen, darunter auch langfristige, die die gegenseitigen Warenlieferungen und andere Bedingungen bestimmen, die die Entwicklung des

Warenverkehrs in Übereinstimmung mit den Bedürfnissen der Volkswirtschaften beider Staaten gewährleisten.

Artikel 2

Die Vertragsschließenden Seiten gewähren sich gegenseitig die Meistbegünstigung in allen Fragen, die den Handel, die Seeschiffahrt sowie alle sonstigen Wirtschaftsbeziehungen zwischen beiden Staaten betreffen.

Artikel 3

In Übereinstimmung mit den Bestimmungen des Artikels 2 gewähren sich die Vertragsschließenden Seiten gegenseitig die Meistbegünstigung in allen Zollangelegenheiten, insbesondere hinsichtlich der Zölle, Steuern und sonstigen Abgaben, der Lagerung der Waren unter Zollkontrolle, der Vorschriften und Förmlichkeiten, die für die Zollabfertigung der Waren maßgebend sind.

Artikel 4

Die Boden- und Gewerbeerzeugnisse, die aus dem Gebiet der einen Vertragsschließenden Seite in das Gebiet der anderen Vertragsschließenden Seite eingeführt werden, unterliegen keinen anderen oder höheren Zöllen, Steuern oder sonstigen Abgaben oder anderen Vorschriften oder beschwerlicheren Förmlichkeiten als denjenigen, denen gleichartige Boden- oder Gewerbeerzeugnisse irgendeines dritten Staates unterliegen.

Ebenso werden die Boden- und Gewerbeerzeugnisse der einen Vertragsschließenden Seite bei der Ausfuhr nach dem Gebiet der anderen Vertragsschließenden Seite keinen anderen oder höheren Zöllen, Steuern oder sonstigen Abgaben oder anderen Vorschriften oder beschwerlicheren Förmlichkeiten unterworfen als denjenigen, denen gleichartige Boden- und Gewerbeerzeugnisse bei der Ausfuhr nach dem Gebiet irgendeines dritten Staates unterworfen sind.

Artikel 5

Die Boden- und Gewerbeerzeugnisse der einen Vertragsschließenden Seite, die durch das Gebiet eines dritten Staates oder dritter Staaten in das Gebiet der anderen Vertragsschließenden Seite eingeführt werden, werden bei ihrer Einfuhr keinen anderen oder höheren Zöllen, Steuern oder sonstigen Abgaben oder anderen Vorschriften oder beschwerlichen Förmlichkeiten unterworfen als denjenigen, denen sie unterworfen sein würden, wenn sie unmittelbar aus dem Ursprungslande eingeführt worden wären.

Diese Bestimmung findet auch auf Erzeugnisse Anwendung, die während der Durchfuhr durch das Gebiet eines dritten Staates oder dritter Staaten einer Umladung, Umpackung oder Lagerung unterzogen wurden.

Artikel 6

Unter der Bedingung der Wiederausfuhr beziehungsweise Wiedereinfuhr innerhalb der von der Zollverwaltung festgesetzten angemessenen Frist und des Nachweises der Nämlichkeit werden folgende Gegenstände bei der Ein- und Ausfuhr von Zöllen, Steuern oder sonstigen Abgaben befreit:

a) Gegenstände, die für Messen, Ausstellungen oder Ausschreibungen bestimmt sind;

b) Gegenstände, die für die Durchführung von Versuchen oder Prüfungen bestimmt sind;

c) Gegenstände, die zwecks Reparatur eingeführt und im reparierten Zustand wieder ausgeführt werden;

d) Montagewerkzeuge und -instrumente, die von Monteuren ein- bzw. ausgeführt werden oder die ihnen nachgesandt werden;

c) Boden- und Gewerbeerzeugnisse, die zur Verarbeitung oder Veredelung eingeführt werden und im verarbeiteten beziehungsweise veredelten Zustand wieder ausgeführt werden;

f) markierte Behältnisse, die zum Zwecke der Füllung eingeführt werden sowie Behältnisse, in denen Einfuhrgegenstände enthalten sind und die nach Ablauf der festgesetzten Frist wieder ausgeführt werden.

Warenmuster, die nur als solche verwendet werden und in handelsüblichen Mengen versandt werden, sind von Zöllen, Steuern oder sonstigen Abgaben ohne weiteres befreit.

Artikel 7

Die Inlandsabgaben, die im Gebiet der einen Vertragsschließenden Seite auf der Erzeugung, der Bearbeitung, dem Umlauf oder dem Verbrauch irgendeines Erzeugnisses ruhen, werden unabhängig davon, auf wessen Rechnung und in wessen Namen sie auch erhoben werden, die Boden- und Gewerbeerzeugnisse der anderen Vertragsschließenden Seite keinesfalls stärker belasten als die gleichartigen Erzeugnisse irgendeines dritten Staates.

Artikel 8

Keine der Vertragsschließenden Seiten wird bezüglich der Einfuhr aus dem Gebiet der anderen Vertragsschließenden Seite oder bezüglich der Ausfuhr in das Gebiet der anderen Vertragsschließenden Seite irgendwelche Beschränkungen oder Verbote anwenden, soweit solche nicht gegenüber allen anderen Staaten angewandt werden.

Die Vertragsschließenden Seiten behalten sich jedoch das Recht vor, aus Gründen der Sicherheit des Staates, der Aufrechterhaltung der gesellschaftlichen Ordnung, des Gesundheitsschutzes, des Tier- und Pflanzenschutzes, der Erhaltung von Kunstwerken sowie archäologischer und historischer Werte Ein- und Ausfuhrverbote oder -beschränkungen zu erlassen, soweit solche Verbote oder Beschränkungen unter gleichartigen Umständen auch gegenüber jedem dritten Staate angewandt werden.

Artikel 9

Den Schiffen der einen Vertragsschließenden Seite und ihren Ladungen wird beim Ein- und Auslaufen sowie während ihres Aufenthaltes in den Häfen der anderen Vertragsschließenden Seite die Meistbegünstigung gewährt. Die Meistbegünstigung findet insbesondere Anwendung hinsichtlich:

a) der Abgaben und Gebühren jeder Art, die im Namen oder für Rechnung des Staates, der Gemeinden, der Behörden oder anderer Organisationen erhoben werden;

b) des Anlegens, der Beladung und Löschung der Schiffe in den Häfen und Reeden;

c) der Inanspruchnahme von Lotsendiensten, Kanälen, Schleusen, Brücken, Signalen und Beleuchtungen des Fahrwassers;

d) der Benutzung von Hebekrähnen, Waagen, Lägern, Werften, Trockendocks und Reparaturwerkstätten;

e) der Versorgung mit Brenn- und Kraftstoffen, Schmiermitteln, Wasser und Proviant;

f) der Anwendung aller Vorschriften einschließlich der sanitären und Quarantäne-Formalitäten.

Die Bestimmungen dieses Artikels erstrecken sich nicht auf die Ausübung der Hafendienste einschließlich der Lotsenbegleitung und des Bugsierdienstes sowie auf die Ausübung der Küstenschiffahrt (Kabotage).

Als Kabotage gilt jedoch nicht die Fahrt der Schiffe der einen Vertragsschließenden Seite aus einem Hafen der anderen Vertragsschließenden Seite in einen ihrer anderen Häfen, um dort eine aus dem Ausland herbeigebrachte Ladung zu löschen oder um eine Ladung an Bord zu nehmen, deren Bestimmungsort im Ausland liegt.

Artikel 10

Wenn ein Schiff der einen Vertragsschließenden Seite an den Küsten der anderen Vertragsschließenden Seite strandet oder Schiffbruch leidet, so werden Schiff und Ladung dieselben Vergünstigungen und Vorrechte genießen, welche die Landesgesetzgebung den eigenen Schiffen in gleicher Lage gewährt. Dem Kapitän, der Mannschaft und den Passagieren als auch dem Schiff und seiner Ladung werden jederzeit die notwendige Hilfe und Unterstützung in dem Maße zuteil werden, in dem sie den nationalen Schiffen in gleicher Lage gewährt werden.

Artikel 11

Die Nationalität der Schiffe beider Vertragsschließenden Seiten wird gegenseitig anerkannt aufgrund der an Bord befindlichen Urkunden, die von den zuständigen Behörden entsprechend den Gesetzen und Bestimmungen der Vertragsschließenden Seite, unter deren Flagge das Schiff fährt, ausgestellt worden sind.

Die an Bord des Schiffes befindlichen Schiffsmessbriefe und sonstigen Schiffspapiere, die von den zuständigen Behörden der einen Vertragsschließenden Seite ausgestellt worden sind, werden von den Behörden der anderen Vertragsschließenden Seite anerkannt.

In Übereinstimmung hiermit werden die Schiffe der einen Vertragsschließenden Seite, die mit rechtmäßig ausgestellten Messbriefen versehen sind, in den Häfen der anderen Vertragsschließenden Seite von einer nochmaligen Ausmessung befreit und das reine Volumen des Schiffes, das in dem Brief angegeben ist, wird der Berechnung der Hafengebühren zugrunde gelegt.

Artikel 12

Die Boden- und Gewerbeerzeugnisse der einen Vertragsschließenden Seite werden bei ihrer Durchfuhr durch das Gebiet der anderen Vertragsschließenden Seite nach dem Gebiet eines dritten Staates nicht mit Zöllen, Steuern oder anderen Abgaben belegt. Hinsichtlich der Transitvorschriften und -förmlichkeiten für die angeführten Erzeugnisse werden keine geringeren Vergünstigungen gewährt als bei den Transitladungen irgendeines dritten Staates.

Artikel 13

Jede der Vertragsschließenden Seiten kann in der Hauptstadt der anderen Vertragsschließenden Seite ihre Handelsvertretung unterhalten, deren rechtlicher Status durch die Bestimmungen der Anlage zu diesem Vertrag, welche einen untrennbaren Bestandteil desselben bildet, bestimmt wird.

Artikel 14

Juristische Personen, die ihren Sitz im Gebiet der einen Vertragsschließenden Seite haben und nach den Gesetzen dieser Seite zu Recht bestehen, werden auch im Gebiet der anderen Vertragsschließenden Seite als zu Recht bestehend anerkannt. Ihre Zulassung zur geschäftlichen Tätigkeit auf dem Gebiete der anderen Vertragsschließenden Seite geschieht in Übereinstimmung mit deren Gesetzgebung.

Artikel 15

Die juristischen Personen sowie die Bürger der einen Vertragsschließenden Seite werden auf dem Gebiet der anderen Vertragsschließenden Seite in allen Beziehungen dieselben Vorrechte und Vergünstigungen genießen, die den juristischen Personen und Bürgern irgendeines dritten Staates zuerkannt werden.

Artikel 16

Die Vertragsschließenden Seiten gewährleisten die Vollstreckung von Schiedssprüchen in Streitigkeiten, die sich aus den von ihren juristischen Personen oder Behörden getätigten Handels- oder sonstigen Geschäften ergeben, vorausgesetzt, daß die Beilegung der Streitigkeit durch das betreffende Schiedsgericht, welches speziell zu diesem Zweck gebildet worden ist bzw. ständig arbeitet, von den Parteien rechtsgültig vereinbart wurde.

Die Bewilligung der Vollstreckung wie auch die Vollstreckung des Schiedsspruches selbst geschieht in Übereinstimmung mit der Gesetzgebung des Staates, in dem der Schiedsspruch vollstreckt werden soll.

Artikel 17

Dieser Vertrag soll so bald wie möglich ratifiziert werden und tritt am Tage des Austausches der Ratifikationsurkunden, der in Moskau stattfindet, in Kraft.

Der Vertrag bleibt in Kraft bis nach Ablauf einer sechsmonatigen Frist, gerechnet von dem Tage ab, an dem eine der Vertragsschließenden Seiten ihre Absicht bekannt gibt, seine Gültigkeitsdauer zu beenden.

Zu Urkund dessen haben die Bevollmächtigten beider Vertragsschließenden Seiten diesen Vertrag unterzeichnet und mit ihren Siegeln versehen.

Ausgefertigt in Berlin am 27. September 1957 in zwei Exemplaren, jedes in deutscher und russischer Sprache, wobei beide Texte gleichermaßen gültig sind.

Rau *P. Kumykin*

Anlage

zum Vertrag über Handel und Seeschiffahrt zwischen der Deutschen Demokratischen Republik und der Union der Sozialistischen Sowjetrepubliken vom 27. September 1957 *über den rechtlichen Status der Handelsvertretung der Deutschen Demokratischen Republik in der Union der Sozialistischen Sowjetrepubliken und der Handelsvertretung der Union der Sozialistischen Sowjetrepubliken in der Deutschen Demokritischen Republik*

Artikel 1

Die Handelsvertretung der Deutschen Demokratischen Republik in der Union der Sozialistischen Sowjetrepubliken und entsprechend die Handelsvertretung der Union der Sozialistischen Sowjetrepubliken in der Deutschen Demokratischen Republik werden folgende Funktionen erfüllen:

a) Förderung der Handelsbeziehungen zwischen den beiden Staaten;
b) Vertretung der Interessen ihres Staates im anderen in allem, was den Außenhandel betrifft;
c) Regulierung der Außenhandelstätigkeit mit dem anderen Staat im Namen ihres Staates;
d) Durchführung der Außenhandelstätigkeit im anderen Staat im Namen ihrer Regierung.

Artikel 2

Die Handelsvertretung ist ein Bestandteil der Botschaft ihres Staates.

Der Handelsvertreter und seine Stellvertreter genießen alle Rechte und Vergünstigungen, die den Mitgliedern diplomatischer Vertretungen zuerkannt werden.

Die von der Handelsvertretung belegten Räumlichkeiten genießen die Exterritorialität. Die Handelsvertretung hat das Recht, Chiffren zu benutzen.

Die Handelsvertretung unterliegt nicht der Eintragung in das Handelsregister.

Die Angestellten der Handelsvertretung, die Bürger des Staates der Handelsvertretung sind, werden im Aufenthaltsstaat von den Steuern für Einkünfte, die sie für den Dienst bei ihrer Regierung erhalten, befreit.

Artikel 3

Die Handelsvertretung handelt im Namen ihrer Regierung. Die Regierung haftet lediglich für diejenigen Außenhandelsverträge, die im Namen der Handelsvertretung in ihrem Aufenthaltsstaate abgeschlossen oder garantiert und von den vertretungsberechtigten Personen unterzeichnet werden.

Die Namen derjenigen Personen, die zur Vornahme von Rechtshandlungen im Namen der Handelsvertretung bevollmächtigt sind, sowie der Umfang der Vertretungsbefugnis jeder dieser Personen bezüglich der Übernahme von Verbindlichkeiten im Namen der Handelsvertretung werden in einem offiziellen Organ des Aufenthaltsstaates bekannt gemacht.

Artikel 4

Die Handelsvertretung genießt alle einem souveränen Staat zustehenden Immunitäten, die sich ebenfalls auf die Tätigkeit des Staates auf dem Gebiet des Außenhandels erstrecken, mit folgenden Ausnahmen, zu denen die Vertragsschließenden Seiten ihr Einverständnis erteilen:

a) Streitigkeiten aus Außenhandelsverträgen, die von der Handelsvertretung im Gebiet des Aufenthaltsstaates entsprechend Artikel 3 dieser Anlage abgeschlossen oder garantiert wurden, unterliegen der Gerichtsbarkeit des Aufenthaltsstaates der Handelsvertretung, es sei denn, daß die Zuständigkeit eines anderen Gerichtes oder ein Schiedsgericht vereinbart wurde. Dabei sind gerichtliche Anordnungen auf Bestellung einer prozessualichen Sicherheit (Sicherheitsleistungen) nicht zugelassen.

b) Zwangsvollstreckung aus rechtskräftigen Endurteilen, die in den erwähnten Streitigkeiten gegen die Handelsvertretung erlassen wurden, kann angeordnet werden, jedoch nur bezüglich der Waren und Forderungen der Handelsvertretung.

Rau *P. Kumykin*

Vertrag zwischen der Deutschen Demokratischen Republik und der Union der Sozialistischen Sowjetrepubliken über die Rechtshilfe in Zivil-, Familien- und Strafsachen vom 28. November 1957*

(Auszug)

Der Präsident der Deutschen Demokratischen Republik und das Präsidium des Obersten Sowjets der Union der Sozialistischen Sowjetrepubliken haben sich, in dem Wunsche, die brüderliche Freundschaft und Zusammenarbeit zwischen beiden Staaten auch auf dem Gebiete des Rechtsverkehrs weiter zu festigen, entschlossen, zur Sicherung des sozialistischen Aufbaus und zum Schutze der persönlichen Rechte und Interessen der Bürger beider Länder, einen Vertrag über die Rechtshilfe in Zivil-, Familien- und Strafsachen abzuschließen.

Zu diesem Zweck haben sie zu ihren Bevollmächtigten ernannt:

Der Präsident der Deutschen Demokratisenen Republik

Dr. *Hilde Benjamin,* Minister der Justiz

Das Präsidium des Obersten Sowjets der Union der Sozialistischen Sowjetrepubliken

Sorin, Valerian Alexandrowitsch,

Stellvertreter des Ministers für Auswärtige Angelegenheiten der UdSSR

die nach Austausch ihrer in guter und gehöriger Form befundenen Vollmachten folgendes vereinbart haben:

* Abdruck nach Gesetzblatt der DDR 1958 I, S. 242 f.

Teil I
Allgemeine Bestimmungen

Artikel 1
Rechtsschutz

(1) Die Angehörigen des einen Vertragspartners genießen für ihre Person und ihr Vermögen auf dem Gebiete des anderen Vertragspartners den gleichen Rechtsschutz wie die eigenen Angehörigen. Das gleiche gilt für juristische Personen, die nach den Rechtsvorschriften des einen Vertragspartners gegründet worden sind.

(2) Sie haben das Recht des freien und ungehinderten Zutritts zu den Organen des anderen Vertragspartners, die in zivil-, familien- und strafrechtlichen Angelegenheiten tätig werden; sie können dort auftreten und unter den gleichen Bedingungen wie die Angehörigen des anderen Vertragspartners Anträge einbringen und Klagen erheben.

Artikel 2
Umfang der Rechtshilfe

Die Vertragspartner gewähren einander Rechtshilfe durch Vornahme einzelner Prozeßhandlungen, insbesondere durch Beschaffung und Übersendung von Akten und Schriftstücken, durch Durchsuchung und Beschlagnahme, durch Übersendung und Herausgabe von Beweisgegenständen, durch Beweisaufnahlme in der Form von Vernehmungen der Beschuldigten, der Zeugen, der Sachverständigen, der Parteien und anderen Personen, durch Einnahme eines gerichtlichen Augenscheins sowie durch die Erledigung von Zustellungsersuchen.

Artikel 3
Gewährung der Rechtshilfe

(1) Die Gerichte, Staatsanwaltschaften und Staatlichen Notariate beider Vertragspartner gewähren einander Rechtshilfe in Zivil-, Familien- und Strafsachen.

(2) Die in Abs. 1 genannten Organe gewähren Rechtshilfe auch anderen Organen, die in Zivil-, Familien- und Strafsachen tätig sind.

Artikel 4

Art des Verkehrs

Bei der Gewährung von Rechtshilfe verkehren die in Artikel 3 Abs. 1 genannten Organe der Vertragspartner über ihre zentralen Organe der Justiz und der Staatsanwaltschaft, soweit durch den vorliegenden Vertrag keine andere Regelung getroffen worden ist.

. . . . .

Artikel 14

Ablehnung der Rechtshilfe

Die Rechtshilfe kann abgelehnt werden, wenn ihre Gewährung die Souveränität oder die Sicherheit des ersuchten Vertragspartners gefährden könnte.

Artikel 15

Informationen über Rechtsfragen

Das Ministerium der Justiz oder die Oberste Staatsanwaltschaft der Deutschen Demokratischen Republik und die juristische Kommission beim Ministerrat der UdSSR oder die Staatsanwaltschaft der UdSSR erteilen einander auf Wunsch Auskunft über Rechtsfragen.

Teil II

Besondere Bestimmungen

. . . . .

2. Abschnitt

Rechtshilfe in Strafsachen

Artikel 56

Auslieferungsstraftaten

(1) Die Vertragspartner liefern einander nach Maßgabe dieses Vertrages auf Ersuchen Personen aus, gegen die

eine Strafverfolgung oder eine Strafvollstreckung durchgeführt werden soll.

(2) Die Auslieferung erfolgt nur wegen solcher Handlungen, die nach dem Recht beider Vertragspartner strafbar und mit einer Freiheitsstrafe, deren Höchstgrenze nach dem Gesetz mehr als ein Jahr beträgt, oder mit einer schwereren Strafe bedroht sind (Auslieferungsstraftat).

Artikel 57
Ablehnung der Auslieferung

Die Auslieferung erfolgt nicht, wenn

a) die Person, um deren Auslieferung ersucht wird, Angehöriger des ersuchten Vertragspartners ist;

b) die strafbare Handlung auf dem Territorium des ersuchten Vertragspartners begangen ist;

c) die Strafverfolgung oder Strafvollstreckung nach dem Recht des ersuchten Vertragspartners wegen Verjährung oder aus einem anderen Grunde unzulässig sein würde;

d) gegen den Täter wegen derselben strafbaren Handlung bereits ein Urteil oder eine andere das Verfahren abschließende Entscheidung eines Gerichts oder eines anderen Organs des ersuchten Vertragspartners ergangen ist;

c) die strafbare Handlung nach dem Recht der beiden Vertragspartner im Wege der Privatklage verfolgt wird.

Artikel 58
Übernahme der Strafverfolgung

(1) Jeder Vertragspartner verpflichtet sich, auf Ersuchen des anderen Vertragspartners die Strafverfolgung nach den eigenen Gesetzen gegen seine Staatsangehörigen einzuleiten, wenn diese auf dem Territorium des anderen Vertragspartners eine Auslieferungsstraftat begangen haben.

(2) Dem Ersuchen werden alle Beweisgegenstände beigefügt, die über die strafbare Handlung zur Verfügung stehen.

(3) Der ersuchte Vertragspartner ist verpflichtet, dem ersuchenden Vertragspartner von dem Ausgang des Verfahrens zu benachrichtigen. Ist ein rechtskräftiges Urteil ergangen, so ist der Benachrichtigung eine Abschrift dieses Urteils beizufügen.

Artikel 59

Art des Verkehrs

In Sachen der Auslieferung und der Übernahme der Strafverfolgung verkehren das Ministerium der Justiz oder die Oberste Staatsanwaltschaft der Deutschen Demokratischen Republik und die Staatsanwaltschaft der Union der Sozialistischen Sowjetrepubliken miteinander.

Artikel 60

Auslieferungsersuchen

(1) Dem Ersuchen um Auslieferung sind beizufügen:

a) bei einem Ersuchen um Auslieferung zur Strafvollstreckung eine Ausfertigung des Urteils mit Begründung und mit der Bestätigung, daß es rechtskräftig geworden ist;

b) bei anderen Ersuchen eine beglaubigte Abschrift des Haftbefehls und die Beschreibung der strafbaren Handlung unter Darlegung des Sachverhalts und der Wortlaut der Gesetze, nach denen diese Handlung beurteilt wird. Bei strafbaren Handlungen gegen das Vermögen ist außerdem die Höhe des durch die strafbare Handlung entstandenen oder zu erwartenden Schadens anzugeben.

(2) Nach Möglichkeit sind dem Ersuchen um Auslieferung eine Beschreibung des Auszuliefernden. Angaben über seine persönlichen Verhältnisse, seine Staatsangehörigkeit

und seinen Aufenthaltsort sowie seine Fotografie und Fingerabdrücke beizufügen.

(3) Der ersuchende Vertragspartner ist nicht verpflichtet, dem Ersuchen Beweise für die Schuld der angeforderten Person beizufügen.

Artikel 61

Ergänzung des Auslieferungsersuchens

(1) Reichen die übersandten Unterlagen nicht zur Entscheidung über das Auslieferungsersuchen aus, so kann der ersuchte Vertragspartner deren Ergänzung verlangen. Er kann dem ersuchenden Vertragspartner eine angemessene Frist setzen, die nicht mehr als zwei Monate betragen soll. Auf entsprechendes Ersuchen kann die Frist verlängert werden.

(2) Gibt der ersuchende Vertragspartner innerhalb der ihm gesetzten Frist die zur Ergänzung des Ersuchens erforderlichen Erklärungen nicht ab, so kann der ersuchte Staat die Person, um deren Auslieferung ersucht wird, aus der Haft entlassen.

Auslieferungshaft

Artikel 62

Geht ein Auslieferungsersuchen ein, so hat der ersuchte Vertragspartner unverzüglich Maßnahmen zur Verhaftung der Person zu treffen, um deren Auslieferung ersucht wird.

Artikel 63

(1) Schon vor Eingang des Auslieferungsersuchens sind Personen in Haft zu nehmen, um deren Verhaftung von einem Vertragspartner unter Berufung auf einen Haftbefehl, ein rechtskräftiges Urteil oder eine entsprechende andere gerichtliche Entscheidung und unter gleichzeitiger Ankündigung des Auslieferungsersuchens ersucht wird. Das Ersuchen um Verhaftung kann von den zuständigen Or-

ganen auf dem Postwege, telegrafisch, telefonisch oder durch Funkspruch gestellt werden.

(2) Auch ohne ein Ersuchen nach Abs. 1 kann in Haft genommen werden, wer dringend verdächtig ist, auf dem Territorium des anderen Vertragspartners eine Auslieferungsstraftat begangen zu haben.

(3) Von der Verhaftung (Abs. 1 und 2) ist der andere Vertragspartner unverzüglich zu benachrichtigen.

Artikel 64

(1) Eine nach Artikel 63 Abs. 1 verhaftete Person kann freigelassen werden, wenn nicht innerhalb zweier Monate nach Absendung der Benachrichtigung über die Verhaftung ein Ersuchen um Auslieferung eingeht.

(2) Eine nach Artikel 63 Abs. 2 verhaftete Person kann freigelassen werden, wenn nicht innerhalb eines Monats nach der Absendung der Benachrichtigung von der Verhaftung ein Ersuchen nach Artikel 63 Abs. 1 eingeht. Das gleiche gilt, wenn nicht innerhalb eines weiteren Monats ein ordnungsgemäßes Ersuchen um Auslieferung eingeht.

Artikel 65

Aufschub der Auslieferung

Wird die Person, um deren Auslieferung ersucht worden ist, von einem Gericht oder einer Staatsanwaltschaft des ersuchten Vertragspartners wegen einer anderen strafbaren Handlung ~~verfolgt oder~~ ist ~~sie von~~ einem Gericht dieses Staates wegen einer anderen strafbaren Handlung verurteilt worden, so kann die Auslieferung aufgeschoben werden bis zur Einstellung des Verfahrens oder Verbüßung oder Erlaß der Strafe.

Artikel 66

Auslieferung auf Zeit

(1) Im Falle des Artikels 65 kann auf Ersuchen eine zeitweilige Auslieferung erfolgen, wenn durch den Aufschub

der Auslieferung eine Verjährung oder eine erhebliche Gefährdung der Strafverfolgung eintreten würde.

(2) Die auf Zeit ausgelieferte Person wird nach Durchführung der Strafverfolgung, wegen der sie ausgeliefert wurde, wieder zurückgeführt.

Artikel 67
Mehrheit von Auslieferungsersuchen

Liegen Auslieferungsersuchen mehrerer Staaten vor, so entscheidet der ersuchte Staat darüber, welchem Ersuchen entsprochen wird.

Artikel 68
Grenzen der Strafverfolgung

(1) Der Ausgelieferte darf ohne Zustimmung des ersuchten Vertragspartners nicht wegen einer vor der Auslieferung begangenen Tat, wegen der die Auslieferung nicht erfolgt ist, verfolgt, bestraft oder einem dritten Staat ausgeliefert werden.

(2) Die Zustimmung nach Abs. 1 ist nicht erforderlich, wenn der Ausgelieferte innerhalb eines Monats nach Beendigung des Strafverfahrens und im Falle der Verurteilung nach Beendigung der Vollstreckung oder des Erlasses der Strafe das Territorium des ersuchenden Vertragspartners nicht verläßt oder wenn er dorthin zurückkehrt. In diese Frist wird die Zeit nicht eingerechnet, in der der Ausgelieferte ohne sein Verschulden am Verlassen des Territoriums des ersuchenden Vertagspartners verhindert wird.

Artikel 69
Übergabe

Der ersuchte Vertragspartner ist verpflichtet, dem ersuchenden Vertragspartner den Ort und die Zeit der Auslieferung bekanntzugeben. Übernimmt der ersuchende Vertragspartner die auszuliefernde Person nicht innerhalb eines Monats nach dem festgesetzten Auslieferungszeitpunkt, so kann diese aus der Haft entlassen werden.

Artikel 70

Wiederholte Auslieferung

Entzieht sich der Ausgelieferte der Strafverfolgung und begibt er sich wieder auf das Territorium des ersuchten Vertragspartners, so ist er auf Ersuchen zu verhaften und auszuliefern, ohne daß es der Vorlage der in Artikel 60 und 61 genannten Unterlagen bedarf.

Artikel 71

Bekanntgabe des Ergebnisses der Strafverfolgung

Der ersuchende Vertragspartner hat dem ersuchten Vertragspartner das Ergebnis der Strafverfolgung gegen den Ausgelieferten bekanntzugeben. Ist in der Sache ein rechtskräftiges Urteil ergangen, so ist eine Abschrift dieses Urteils zu übersenden. Dies gilt auch für die in Artikel 68 angeführten Fälle.

Artikel 72

Durchleitung

(1) Jeder Vertragspartner hat auf Ersuchen des anderen Vertragspartners den Transport solcher Pesonen durch sein Territorium vorzunehmen, die ein dritter Staat dem anderen Vertragspartner ausliefert. Das gilt nicht, wenn nach den Bestimmungen dieses Vertrages keine Auslieferungspflicht bestehen würde.

(2) Ein Ersuchen nach Abs. 1 ist wie ein Auslieferungsersuchen zu stellen und zu behandeln.

Artikel 73

Ablehnung der Rechtshilfe

Rechtshilfe in Strafsachen wird außer in den in Artikel 14 genannten Fällen auch dann nicht gewährt, wenn

a) die Rechtshilfe wegen einer Tat begehrt wird, die nach dem Recht des ersuchten Vertragspartners nicht strafbar ist;

b) Rechtshilfe wegen einer strafbaren Handlung begehrt wird, die nicht der Auslieferung unterliegt.

Artikel 74

Vorübergehende Überführung verhafteter Personen

(1) Werden Zeugen vorgeladen, die sich im Gebiet des ersuchten Vertragspartners in Haft befinden, so können die in Artikel 59 genannten Organe des Vertragspartners ihre Überführung auf das Territorium des ersuchenden Vertagspartners unter der Bedingung anordnen, daß sie in Haft gehalten und nach ihrer Vernehmung baldmöglichst zurückgeführt werden.

(2) Werden Personen, die sich in einem dritten Staat in Haft befinden, von den Organen des ersuchenden Staates als Zeugen vorgeladen, so genehmigen die in Artikel 59 genannten Organe des ersuchten Vertragspartners den Hin- und Rücktransport durch das Territorium ihres Staates unter Beachtung der Bestimmungen des Artikels 7.

Artikel 75

Herausgabe von Gegenständen

(1) Die Vertragspartner geben auf Ersuchen einander heraus:

a) Gegenstände, die durch die Auslieferungsstraftat erlangt worden sind;

b) Gegenstände, die sich auf die Auslieferungsstraftat beziehen;

c) Gegenstände, die als Beweismittel für ein Strafverfahren von Bedeutung sein können, und zwar auch dann, wenn die Auslieferung des Täters wegen seines Todes, seiner Flucht oder aus anderen Gründen nicht vorgenommen werden kann.

(2) Werden die Gegenstände, um deren Herausgabe ersucht wird, von einem Gericht oder einer Staatsanwaltschaft des ersuchten Vertragspartners in einem Strafver-

fahren als Beweismittel benötigt, so kann die Herausgabe bis zur Beendigung dieses Verfahrens ausgesetzt werden.

(3) Die Rechte Dritter an den herauszugebenden Gegenständen bleiben unberührt. Gegenstände, an denen solche Rechte bestehen, sind nach Beendigung des Verfahrens dem ersuchten Vertragspartner zur Weitergabe an den Berechtigten zurückzugeben.

Artikel 76

Mitteilung von Verurteilungen

(1) Die Vertragspartner werden einander jährlich Mitteilung über rechtskräftige Verurteilungen geben, die von den Gerichten des einen Vertragspartners gegen Angehörige des anderen Vertragspartners gefällt wurden. Gleichzeitig werden sie Maßnahmen zur Übersendung von vorhandenen Fingerabdrücken der Verurteilten treffen.

(2) Die Vertragspartner erteilen einander auf Ersuchen Auskünfte über die Vorstrafen von Personen, die früher auf dem Territorium des ersuchten Vertragspartners wohnhaft waren, wenn diese auf dem Territorium des ersuchenden Vertragspartners strafrechtlich verfolgt werden.

Teil III

Schlußbestimmungen

Artikel 77

Dieser Vertag wird ratifiziert. Die Ratifikationsurkunden werden in kürzester Zeit in Moskau ausgetauscht.

Artikel 78

Dieser Vertrag tritt einen Monat nach Austausch der Ratifikationsurkunden in Kraft und bleibt fünf Jahre vom Tage des Inkrafttretens an gültig.

Wenn nicht einer der Partner mindestens sechs Monate vor Ablauf dieser Frist den Vertrag kündigt, bleibt der Vertrag jeweils weitere fünf Jahre in Kraft.

Dieser Vertrag ist in zwei Originalen, jedes in deutscher und in russischer Sprache ausgefertigt worden. Beide Texte sind authentisch.

Zum Beweis dessen haben die Bevollmächtigten beider Vertragspartner diesen Vertrag unterzeichnet und gesiegelt.

Geschehen in
Berlin, am 28. November 1957

In Vollmacht des Präsidenten der
Deutschen Demokratischen Republik
Sign. Dr. *Benjamin*

In Vollmacht des Präsidiums des Obersten Sowjets der
Union der Sozialistischen Sowjetrepubliken
Sign. *Sorin*

Statut des Rates für gegenseitige Wirtschaftshilfe vom 14. Dezember 1959*

Die Regierungen der Volksrepublik Albanien, der Volksrepublik Bulgarien, der Ungarischen Volksrepublik, der Deutschen Demokratischen Republik, der Volksrepublik Polen, der Rumänischen Volksrepublik, der Union der Sozialistischen Sowjetrepubliken und der Tschechoslowakischen Republik sind

IM HINBLICK DARAUF, daß die wirtschaftliche Zusammenarbeit, die zwischen ihren Ländern erfolgreich durchgeführt wird, zur rationellsten Entwicklung der Volkswirtschaft, zur Hebung des Lebensstandards der Bevölkerung

* Abdruck nach Gesetzblatt der DDR 1960 I, S. 284 ff.

und zur Festigung der Einheit und Geschlossenheit ihrer Länder beiträgt;

ERFÜLLT VON DER ENTSCHLOSSENHEIT, auch weiterhin die allseitige wirtschaftliche Zusammenarbeit auf der Grundlage der konsequenten Verwirklichung der internationalen sozialistischen Arbeitsteilung im Interesse des Aufbaus des Sozialismus und Kommunismus in ihren Ländern und der Sicherung eines dauerhaften Friedens in der ganzen Welt zu entwickeln;

ÜBERZEUGT DAVON, daß die Entwicklung der wirtschaftlichen Zusammenarbeit zwischen ihren Ländern dazu beiträgt, die in der Charta der Vereinten Nationen festgelegten Ziele zu erreichen;

UNTER BEKRÄFTIGUNG ihrer Bereitschaft, die Wirtschaftsbeziehungen zu allen Ländern unabhängig von ihrer gesellschaftlichen und staatlichen Ordnung auf der Grundlage der Gleichheit, des gegenseitigen Vorteils und der Nichteinmischung in die inneren Angelegenheiten zu entwickeln;

IN ANERKENNUNG der ständig wachsenden Rolle des Rates für gegenseitige Wirtschaftshilfe bei der Organisierung der wirtschaftlichen Zusammenarbeit zwischen ihren Ländern

ÜBEREINGEKOMMEN, zu diesem Zweck das vorliegende Statut anzunehmen.

Artikel I

Ziele und Prinzipien

(1) Der Rat für gegenseitige Wirtschaftshilfe hat zum Ziel, durch Vereinigung und Koordinierung der Bemühungen der Mitgliedsländer des Rates zur planmäßigen Entwicklung der Volkswirtschaft, zur Beschleunigung des wirtschaftlichen und technischen Fortschritts in diesen Ländern, zur Hebung des Standes der Industrialisierung in den Ländern mit einer weniger entwickelten Industrie, zur

ununterbrochenen Steigerung der Arbeitsproduktivität und ständigen Hebung des Wohlstandes der Völker der Mitgliedsländer des Rates beizutragen.

(2) Der Rat für gegenseitige Wirtschaftshilfe beruht auf den Grundlagen der souveränen Gleichheit aller Mitgliedsländer des Rates. Die wirtschaftliche und technisch-wissenschaftliche Zusammenarbeit der Mitgliedsländer des Rates wird in Übereinstimmung mit den Prinzipien der vollen Gleichberechtigung, der Achtung der Souveränität und der nationalen Interessen, des gegenseitigen Vorteils und der kameradschaftlichen gegenseitigen Hilfe verwirklicht.

Artikel II
Mitgliedschaft

(1) Ursprüngliche Mitglieder des Rates für gegenseitige Wirtschaftshilfe sind die Länder, die das vorliegende Statut unterzeichnet und ratifiziert haben.

(2) Die Aufnahme als Mitglied des Rates steht anderen Ländern Europas offen, die sich den Zielen und Prinzipien des Rates anschließen und ihr Einverständnis äußern, die im vorliegenden Statut enthaltenen Pflichten zu übernehmen.

Die Aufnahme neuer Mitglieder erfolgt durch Beschluß der Ratstagung auf der Grundlage offizieller Anträge der Länder.

(3) Jedes Mitgliedsland des Rates kann aus dem Rat austreten, nachdem es den Depositär des vorliegenden Statuts davon in Kenntnis gesetz hat. Der Austritt wird sechs Monate nach dem Eingang der Mitteilung beim Depositär wirksam. Der Depositär setzt die Mitgliedsländer des Rates vom Eingang einer solchen Mitteilung in Kenntnis.

(4) Die Mitgliedsländer des Rates kommen überein,

a) die Erfüllung der von ihnen angenommenen Empfehlungen der Organe des Rates zu gewährleisten;

b) dem Rat und seinen Amtspersonen bei der Ausübung

der im vorliegenden Statut vorgesehenen Funktionen die notwendige Unterstützung zuteil werden zu lassen;

c) dem Rat die für die Durchführung der ihm obliegenden Aufgaben notwendigen Unterlagen und Informationen zur Verfügung zu stellen;

d) den Rat über den Verlauf der Erfüllung der im Rat angenommenen Empfehlungen zu informieren.

Artikel III

Funktionen und Vollmachten

(1) In Übereinstimmung mit den im Artikel I des vorliegenden Statuts genannten Zielen und Prinzipien

a) organisiert der Rat für gegenseitige Wirtschaftshilfe

die allseitige wirtschaftliche und technisch-wissenschaftliche Zusammenarbeit der Mitgliedsländer des Rates mit dem Ziel der rationellsten Ausnutzung ihre natürlichen Ressourcen und der Beschleunigung der Entwicklung der Produktivkräfte,

die Vorbereitung von Empfehlungen zu den wichtigsten Fragen der sich aus den Plänen für die Entwicklung der Volkswirtschaft der Mitgliedsländer des Rates ergebenden Wirtschaftsbeziehungen zwecks Koordinierung dieser Pläne,

das Studium ökonomischer Probleme, die für die Mitgliedsländer des Rates von Interesse sind;

b) unterstützt der Rat für gegenseitige Wirtschaftshilfe die Mitgliedsländer des Rates bei der Ausarbeitung und Verwirklichung gemeinsamer Maßnahmen auf den Gebieten

der Entwicklung der Industrie und der Landwirtschaft der Mitgliedsländer des Rates auf der Grundlage der konsequenten Durchführung der Internationalen sozialistischen Arbeitsteilung, der Spezialisierung und Kooperation der Produktion,

der Entwicklung des Verkehrswesens zur vorrangigen Sicherung des zunehmenden Transports von Export-, Import- und Transitgütern der Mitgliedsländer des Rates,
der Entwicklung des Warenumsatzes und des Austausches von Dienstleistungen der Mitgliedsländer des Rates untereinander und mit anderen Ländern, des Austausches von technisch-wissenschaftlichen Errungenschaften und von fortschrittlichen Produktionserfahrungen;

c) ergreift der Rat für gegenseitige Wirtschaftshilfe andere Maßnahmen, die für die Erreichung der Ziele des Rates notwendig sind.

(2) Der Rat für gegenseitige Wirtschaftshilfe, vertreten durch seine im Rahmen ihrer Zuständigkeit handelnden Organe, ist bevollmächtigt, in Übereinstimmung mit dem vorliegenden Statut Empfehlungen anzunehmen und Beschlüsse zu fassen.

Artikel IV

Empfehlungen und Beschlüsse

(1) Empfehlungen werden zu Fragen der wirtschaftlichen und technisch-wissenschaftlichen Zusammenarbeit angenommen. Die Empfehlungen werden den Mitgliedsländern des Rates zur Behandlung mitgeteilt.

Die Verwirklichung der von ihnen angenommenen Empfehlungen durch die Mitgliedsländer des Rates erfolgt auf Grund von Beschlüssen der Regierungen oder anderer zuzuständiger Organe dieser Länder in Übereinstimmung mit ihrer Gesetzgebung.

(2) Beschlüsse des Rates werden zu organisatorischen und Verfahrensfragen gefaßt. Die Beschlüsse treten, soweit sie nichts anderes vorsehen, am Tage der Unterzeichnung des Tagungsprotokolls des entsprechenden Ratsorgans in Kraft.

(3) Alle Empfehlungen und Beschlüsse werden im Rat nur mit Einverständnis der interessierten Mitgliedsländer des Rates angenommen, wobei jedes Land das Recht hat, sein Interesse an einer beliebigen im Rat zu behandelnden Frage zu erklären.

Empfehlungen und Beschlüsse gelten nicht für die Länder, die erklärt haben, daß sie an der betreffenden Angelegenheit nicht interessiert sind. Jedes dieser Länder kann sich jedoch in der Folge den von den anderen Mitgliedsländern des Rates angenommenen Empfehlungen und Beschlüssen anschließen.

Artikel V
Organe

(1) Zur Verwirklichung der im Artikel III des vorliegenden Statuts genannten Funktionen und Vollmachten hat der Rat für gegenseitige Wirtschaftshilfe folgende Hauptorgane:

die Ratstagung,
die Tagung der Ländervertreter im Rat,
die Ständigen Kommissionen,
das Sekretariat.

(2) Andere Organe, die sich als notwendig erweisen, können in Übereinstimmung mit diesem Statut gebildet werden.

Artikel VI
Die Ratstagung

(1) Die Ratstagung ist das höchste Organ des Rates für gegenseitige Wirtschaftshilfe. Sie ist ermächtigt, alle in die Zuständigkeit des Rates fallenden Fragen zu beraten sowie Empfehlungen und Beschlüsse gemäß diesem Statut anzunehmen.

(2) Die Ratstagung besteht aus den Delegationen aller Mitgliedsländer des Rates. Die Zusammensetzung der De-

legationen eines jeden Landes wird von der Regierung des betreffenden Landes bestimmt.

(3) Ordentliche Tagungen des Rates werden zweimal im Jahre abwechselnd in die Hauptstädte der Mitgliedsländer des Rates unter dem Vorsitz des Leiters der Delegation des Landes einberufen, in dem die Ratstagung stattfindet.

(4) Eine außerordentliche Ratstagung kann auf Ersuchen oder mit Zustimmung von mindestens einem Drittel der Mitgliedsländer des Rates einberufen werden.

(5) Die Ratstagung

a) behandelt die Vorschläge zu Fragen der wirtschaftlichen und technisch-wissenschaftlichen Zusammenarbeit, die von den Mitgliedsländern des Rates sowie von der Tagung der Ländervertreter im Rat, den Ständigen Kommissionen und dem Sekretariat des Rates eingebracht werden,
den Bericht des Sekretariats des Rates über die Tätigkeit des Rates;

b) legt die Richtung der Tätigkeit der anderen Organe des Rates und die Hauptfragen der Tagesordnung der nächsten Ratstagung fest;

c) übt andere Funktionen aus, die sich für die Erreichung der Ziele des Rates als notwendig erweisen.

(6) Die Ratstagung ist bevollmächtigt, solche Organe zu bilden, die sie zur Ausübung der dem Rat obliegenden Funktionen für notwendig erachtet.

(7) Die Ratstagung legt ihre Verfahrensregeln fest.

Artikel VII

Die Tagung der Ländervertreter im Rat

(1) Die Tagung der Ländervertreter im Rat für gegenseitige Wirtschaftshilfe besteht aus den Vertretern aller Mitgliedsländer des Rates, und zwar je einem aus jedem Land.

Der Vertreter des Landes im Rat hat am Sitz des Sekretariats des Rates einen Stellvertreter, die notwendige Anzahl von Beratern und anderen Mitarbeitern. In Vollmacht des Vertreters übt dieser Stellvertreter die Funktionen des Vertreters auf der Tagung aus.

(2) Die Tagung führt ihre Sitzungen nach Bedarf durch.

(3) Die Tagung hat im Rahmen ihrer Zuständigkeit das Recht, Empfehlungen und Beschlüsse gemäß diesem Statut anzunehmen. Die Tagung kann Vorschläge zur Behandlung auf der Ratstagung unterbreiten.

(4) Die Tagung

a) behandelt die Vorschläge der Mitgliedsländer des Rates, der Ständigen Kommissionen und des Sekretariats des Rates zur Sicherung der Durchführung der Empfehlungen und Beschlüsse der Ratstagungen sowie andere Fragen der wirtschaftlichen und technisch-wissenschaftlichen Zusammenarbeit, die in der Zeit zwischen den Ratstagungen einer Lösung bedürfen;

b) behandelt, soweit erforderlich, die Vorschläge der Mitgliedsländer des Rates sowie der Ständigen Kommissionen und des Sekretariats des Rates zu Fragen der Tagesordnung der nächsten Ratstagung;

c) koordiniert die Arbeit der Ständigen Kommissionen des Rates und behandelt deren Berichte über die geleistete Arbeit und die weitere Tätigkeit;

d) bestätigt
den Stellen- und Haushaltsplan des Sekretariats des Rates sowie den Bericht des Sekretariats des Rates über die Erfüllung des Haushaltsplanes,
die Statuten der Ständigen Kommissionen und des Sekretariats des Rates;

e) schafft Kontrollorgane zur Revision der Finanztätigkeit des Sekretariats des Rates;

f) übt andere Funktionen aus, die sich aus diesem Statut sowie aus den Empfehlungen und Beschlüssen der Ratstagung ergeben.

(5) Die Tagung kann zur Vorbereitung von Fragen Hilfsorgane schaffen.

(6) Die Tagung legt ihre Verfahrensregeln fest.

Artikel VIII

Ständige Kommissionen

(1) Die Ständigen Kommissionen des Rates für gegenseitige Wirtschaftshilfe werden von der Ratstagung geschaffen, um zur Weiterentwicklung der Wirtschaftsbeziehungen zwischen den Mitgliedsländern des Rates beizutragen und die mehrseitige wirtschaftliche und technisch-wissenschaftliche Zusammenarbeit auf einzelnen Gebieten der Volkswirtschaft dieser Länder zu organisieren.

Die Statuten der Ständigen Kommissionen werden durch die Tagung der Ländervertreter im Rat bestätig.

(2) Jedes Mitgliedsland des Rates ernennt seine Vertreter in die Ständigen Kommissionen.

(3) Die Ständigen Kommissionen haben im Rahmen ihrer Zuständigkeit das Recht, entsprechend dem vorliegenden Statut Empfehlungen anzunehmen und Beschlüsse zu fassen. Die Kommissionen können ferner der Ratstagung und der Tagung der Ländervertreter Vorschläge zur Behandlung unterbreiten.

(4) Die Ständigen Kommissionen arbeiten Maßnahmen aus und bereiten Vorschläge zur Verwirklichung der im Absatz 1 dieses Artikels genannten wirtschaftlichen und technisch-wissenschaftlichen Zusammenarbeit vor und üben andere Funktionen aus, die sich aus dem vorliegenden Statut, den Empfehlungen und Beschlüssen der Ratstagung und der Tagung der Ländervertreter im Rat ergeben.

Die Ständigen Kommissionen legen der Tagung der Ländervertreter im Rat Jahresberichte über die geleistete Arbeit und ihre weitere Tätigkeit vor.

(5) Die Tagungen der Ständigen Kommissionen werden in der Regel an ihrem ständigen Sitz, der von der Ratstagung festgelegt wird, durchgeführt.

(6) Die Ständigen Kommissionen können, soweit erforderlich, Hilfsorgane schaffen. Die Zusammensetzung und die Zuständigkeit dieser Organe sowie ihr Tagungsort werden von den Kommissionen selbst bestimmt.

(7) Jede Ständige Kommission hat ein Sekretariat, das vom Sekretär der Kommission geleitet wird. Der Apparat des Sekretariats der Kommission gehört zu dem Sekretariat des Rates und wird aus dessen Haushaltsmitteln unterhalten.

8) Die Ständigen Kommissionen legen ihre Verfahrensregeln fest.

Artikel IX
Das Sekretariat

(1) Das Sekretariat des Rates für gegenseitige Wirtschaftshilfe besteht aus dem Sekretär des Rates, seinen Stellvertretern und dem für die Durchführung der dem Sekretariat obliegenden Funktionen erforderlichen Personal.

Der Sekretär und seine Stellvertreter werden von der Ratstagung ernannt und leiten die Arbeit des Sekretariats des Rates. Das Sekretariat wird mit Bürgern der Mitgliedsländer des Rates entsprechend dem Statut des Sekretariats besetzt.

Der Sekretär des Rates ist die oberste Amtsperson des Rates. Er vertritt den Rat gegenüber offiziellen Persönlichkeiten und Organisationen der Mitgliedsländer des Rates und anderer Länder sowie gegenüber internationalen Organisationen. Der Sekretär des Rates kann seine Stellvertreter sowie Mitarbeiter des Sekretariats bevollmächtigen, in seinem Namen aufzutreten.

Der Sekretär und seine Stellvertreter können an allen Sitzungen der Organe des Rates teilnehmen.

(2) Das Sekretariat des Rates

a) legt der ordentlichen Ratstagung den Bericht über die Tätigkeit des Rates vor;

b) trägt zur Vorbereitung und Durchführung der Ratstagung, der Tagung der Ländervertreter im Rat, der Tagungen der Ständigen Kommissionen sowie der Tagungen, die auf Beschluß dieser Organe des Rates einberufen werden, bei;

c) bereitet im Auftrage der Ratstagung oder der Tagung der Ländervertreter im Rat ökonomische Übersichten und Untersuchungen anhand des Materials der Mitgliedsländer des Rates vor und veröffentlicht Materialien über Fragen der wirtschaftlichen und technisch-wissenschaftlichen Zusammenarbeit dieser Länder;

d) bereitet Vorschläge zu Fragen der Arbeit des Rates zwecks deren Behandlung in den entsprechenden Organen des Rates, Informations- und Nachschlagematerial zu Fragen der wirtschaftlichen und technisch-wissenschaftlichen Zusammenarbeit der Mitgliedsländer des Rates vor;

e) organisiert gemeinsam mit den Ständigen Kommissionen des Rates die Vorbereitung von Entwürfen mehrseitiger Abkommen zu Fragen der wirtschaftlichen und technisch-wissenschaftlichen Zusammenarbeit auf der Grundlage der Empfehlungen und Beschlüsse der Ratstagung und der Tagung der Ländervertreter im Rat;

f) ergreift andere Maßnahmen, die sich aus dem vorliegenden Statut, den im Rat angenommenen Empfehlungen und Beschlüssen sowie aus dem Statut des Sekretariats des Rates ergeben.

(3) Der Sekretär des Rates, seine Stellvertreter und das Personal des Sekretariats handeln bei der Ausübung ihrer dienstlichen Obliegenheiten als internationale Amtspersonen.

(4) Sitz des Sekretariats des Rates ist Moskau.

Artikel X

Teilnahme anderer Länder an der Arbeit des Rates

Der Rat für gegenseitige Wirtschaftshilfe kann Länder, die nicht Mitglieder des Rates sind, zur Teilnahme an der Arbeit der Organe des Rates einladen.

Die Bedingungen, unter denen die Vertreter dieser Länder an der Arbeit der Ratsorgane teilnehmen können, werden vom Rat in Vereinbarung mit den entsprechenden Ländern festgelegt.

Artikel XI

Beziehungen zu internationalen Organisationen

Der Rat für gegenseitige Wirtschaftshilfe kann Beziehungen zu Wirtschaftsorganisationen der Organisation der Vereinten Nationen und zu anderen internationalen Organisationen aufnehmen und unterhalten.

Der Charakter und die Formen dieser Beziehungen werden vom Rat in Vereinbarungen mit den entsprechenden internationalen Organisationen festgelegt.

Artikel XII

Finanzfragen

(1) Die Mitgliedsländer des Rates für gegenseitige Wirtschaftshilfe tragen die Kosten für den Unterhalt des Sekretariats des Rates und die Finanzierung seiner Tätigkeit. Die Höhe des Anteils eines jeden Mitgliedslandes an diesen Kosten wird von der Ratstagung festgelegt; andere Finanzfragen werden von der Tagung der Ländervertreter im Rat geregelt.

(2) Das Sekretariat des Rates legt der Tagung der Ländervertreter im Rat einen Bericht über die Erfüllung des Haushaltsplanes für jedes Kalenderjahr vor.

(3) Die Kosten für den Unterhalt der Teilnehmer der Ratstagung, der Tagung der Ländervertreter im Rat, der Tagungen der Ständigen Kommissionen des Rates sowie der Konferenzen, die im Rahmen des Rates durchgeführt

werden, trägt das Land, das seine Vertreter zu diesen Tagungen und Konferenzen entsendet.

(4) Die Kosten, die mit der Betreuung der im Absatz 3 dieses Artikels genannten Tagungen und Konferenzen zusammenhängen, trägt das Land, in dem diese Tagungen und Beratungen stattfinden.

Artikel XIII
Verschiedene Bestimmungen

(1) Der Rat für gegenseitige Wirtschaftshilfe genießt auf dem Territorium eines jeden Mitgliedslandes des Rates die für die Ausübung seiner Funktionen und für die Erreichung seiner Ziele notwendige Rechtsfähigkeit.

(2) Der Rat sowie die Vertreter der Mitgliedsländer des Rates und die Amtspersonen des Rates genießen auf dem Territorium eines jeden dieser Länder die zur Ausübung der Funktionen und zur Erreichung der im vorliegenden Statut vorgesehenen Ziele notwendigen Privilegien und Immunitäten.

(3) Die Rechtsfähigkeit, die Privilegien und Immunitäten, die in diesem Artikel genannt sind, werden in einer speziellen Konvention festgelegt.

(4) Die Bestimmungen des vorliegenden Statuts berühren nicht die Rechte und Pflichten der Mitgliedsländer des Rates, die sich aus ihre Mitgliedschaft in anderen internationalen Organisationen sowie aus den von ihnen abgeschlossenen internationalen Verträgen ergeben.

Artikel XIV
Sprachen

Offizielle Sprachen des Rates für gegenseitige Wirtschaftshilfe sind die Sprachen aller Mitgliedsländer des Rates.

Arbeitssprache des Rates ist die russische Sprache.

Artikel XV

Ratifikation und Inkrafttreten des Statuts

(1) Das vorliegende Statut unterliegt der Ratifikation durch die Unterzeichnerländer entsprechend ihrem verfassungsmäßigen Verfahren.

(2) Die Ratifikationsurkunden werden beim Depositär des vorliegenden Statuts hinterlegt.

(3) Das Statut tritt am Tage der Hinterlegung der Ratifikationsurkunden durch alle Mitgliedsländer, die das vorliegende Statut unterzeichnet haben, in Kraft, wovon der Depositär jedes Mitgliedsland in Kenntnis setzt.

(4) Für jedes Land, das in den Rat für gegenseitige Wirtschaftshilfe gemäß Artikel II Abs. 2 aufgenommen wird und dieses Statut ratifiziert, tritt es am Tage der Hinterlegung seiner Ratifikationsurkunde in Kraft, wovon der Depositär die anderen Mitgliedsländer des Rates in Kenntnis setzt.

Artikel XVI

Verfahren bei Änderung des Statuts

Jedes Mitgliedsland des Rates für gegenseitige Wirtschaftshilfe kann Vorschläge zur Änderung des vorliegenden Status einbringen.

Änderungen des Statuts, die von der Ratstagung gebilligt wurden, treten in Kraft, sobald alle Mitgliedsländer des Rates die Urkunden über die Ratifikation dieser Änderungen beim Depositär hinterlegt haben.

Artikel XVII

Schlußbestimmungen

Das vorliegende Statut wurde in einem Exemplar in russischer Sprache ausgefertigt. Das Statut wird bei der Regierung der Union der Sozialistischen Sowjetrepubliken hinterlegt, die den Regierungen aller anderen Mitgliedsländer des Rates beglaubigte Abschriften des Statuts zusendet sowie diesen Regierungen und dem Sekretär des

Rates die Hinterlegung der Ratifikationsurkunden bei der Regierung der UdSSR mitteilt.

Zur Bestätigung dessen haben die Verteter der Regierungen der Mitgliedsländer des Rates für gegenseitige Wirtschaftshilfe das vorliegende Statut unterzeichnet.

Ausgefertigt in Sofia am 14. Dezember 1959

In Vollmacht
der Regierung der Volksrepublik Albanien
gez. *Kellesi*

In Vollmacht
der Regierung der Volksrepublik Bulgarien
gez. *Damjanow*

In Vollmacht
der Regierung der Ungarischen Volksrepublik
gez. *Apro*

In Vollmacht
der Regierung der Deutschen Demokratischen Republik
gez. *Leuscher*

In Vollmacht
der Regierung der Volksrepublik Polen
gez. *Jaroszewicz*

In Vollmacht
der Regierung der Rumänischen Volksrepublik
gez. *Birladeanu*

In Vollmacht
der Regierung der Union der Sozialistischen Sowjetrepubliken
gez. *Kossygin*

In Vollmacht
der Regierung der Tschechoslowakischen Republik
gez. *Simunek*

Vertrag zwischen der Deutschen Demokratischen Republik und der Union der Sozialistischen Sowjetrepubliken über die Zusammenarbeit auf dem Gebiet des Sozialwesens vom 24. Mai 1960*

(Auszug)

Der Präsident der Deutschen Demokratischen Republik und das Präsidium des Obersten Sowjets der Union der Sozialistischen Sowjetrepubliken haben, geleitet von dem Wunsche, die freundschaftliche Zusammenarbeit zwischen beiden Staaten auf dem Gebiet des Sozialwesens weiter zu entwickeln und zu vertiefen, beschlossen, diesen Vertrag abzuschließen und haben zu diesem Zweck als Bevollmächtigte ernannt:

der Präsident der Deutschen Demokratischen Republik —
Walter *Heinicke,*
Vorsitzender des Komitees für Arbeit und Löhne der Deutschen Demokratischen Republik,

das Präsidium des Obersten Sowjets der Union der Sozialistischen Sowjetrepubliken —
M. G. *Perwuchin,*

Außerordentlicher und Bevollmächtigter Botschafter der Union der Sozialistischen Sowjetrepubliken in der Deutschen Demokratischen Republik,

die nach Austausch ihrer in guter und gehöriger Form befundenen Vollmachten folgendes vereinbarten:

* Abdruck nach Gesetzblatt der DDR 1960 I, S. 454 ff. — Weitere Einzelheiten regelt das zu diesem Vertrag vereinbarte Protokoll vom 24. Mai 1960, Gesetzblatt der DDR 1960 I, S. 459 f.

Erster Abschnitt

Allgemeine Bestimmungen

Artikel 1

(1) Dieser Vertrag umfaßt alle Arten der sozialen Versorgung der Bürger, die die Gesetzgebung der Vertragspartner vorsieht.

(2) Die soziale Versorgung umfaßt alle Arten von Leistungen, die den Bürgern von den staatlichen Organen, den genossenschaftlichen und anderen gesellschaftlichen Organisationen der Deutschen Demokratischen Republik und der Union der Sozialistischen Sowjetrepubliken im Falle von Krankheit, Schwangerschaft und Entbindung, im Alter und bei Invalidität sowie beim Tod des Ernährers oder in anderen Fällen, die die Gesetzgebung der Vertragspartner vorsieht, gewährt werden.

Artikel 2

Die Bürger des einen Vertragspartners, die ständig auf dem Territorium des anderen Vertragspartners wohnen, werden in allen Fragen der sozialen Versorgung und des Arbeitsrechts den Bügern dieses Vertragspartners in vollem Umfang gleichgestellt, soweit durch diesen Vertrag nichts anderes festgelegt wird.

Zweiter Abschnitt

Durchführung der sozialen Versorgung

Artikel 3

(1) Bei der Durchführung der sozialen Versorgung wird, soweit in diesem Vertrag nichts anderes festgelegt ist, die Gesetzgebung des Vertagspartners angewandt, auf dessen Territorium sich der Bürger aufhält.

(2) Die soziale Versorgung wird von den zuständigen Organen des Vertragspartners durchgeführt, auf dessen

Territorium sich der Bürger aufhält und den Antrag auf Gewährung von Leistungen der sozialen Versorgung gestellt hat, soweit in diesem Vertrag nichts anderes festgelegt ist.

. . . . .

Artikel 5

(1) Renten gewähren die zuständigen Organe des Vertragspartners, auf dessen Territorium der Berechtigte zur Zeit des Rentenantrages seinen Wohnsitz hat, nach den gesetzlichen Bestimmungen dieses Vertragspartners.

(2) Verlegt ein Rentner seinen Wohnsitz in das Territorium des anderen Vertragspartners, so wird die Auszahlung der Rente mit Ablauf des Monats der Übersiedlung eingestellt.

(3) Die zuständigen Organe des Vertragspartners, auf dessen Territorium der Rentner übersiedelt, gewähren dem Rentner nach dessen Übersiedlung die Rente nach dessen gesetzlichen Bestimmungen. Über den Anspruch auf Rente wird in den Fällen, wo die Gesetzgebung dieses Vertragspartners Renten gleicher Art vorsieht, nicht erneut entschieden. Der Beginn der Zahlung der Altersrente richtet sich nach den Altersgrenzen entsprechend den gesetzlichen Bestimmungen des Vertragspartners, auf dessen Territorium der Rentner übergesiedelt ist.

(4) Für Bürger, die vom Territorium des einen Vertragspartners auf das Territorium des anderen Vertragspartners übergesiedelt sind und die nach der Übersiedlung gearbeitet haben, werden die Renten und Unterstützungen nach dem Arbeitseinkommen berechnet, das sie nach der Übersiedlung erzielten. Erforderlichenfalls wird für das vor der Übersiedlung erzielte Arbeitseinkommen bei der Berechnung der Leistungen das durchschnittliche Arbeitseinkommen zugrunde gelegt, das ein Werktätiger mit einer entsprechenden Qualifikation und Tätigkeit des Landes erzielt, in das die berechtigten Personen übergesiedelt sind.

(5) Für Bürger, die vom Territorium des einen Vertragspartners auf das Territorium des anderen Vertragspartners übergesiedelt sind und die nach der Übersiedlung nicht gearbeitet haben, werden die Renten und Unterstützungen nach dem durchschnittlichen Einkommen berechnet, das ein Werktätiger mit einer entsprechenden Qualifikation und Tätigkeit des Landes, in das sie übergesiedelt sind, zum Zeitpunkt der Rentengewährung erzielt.

Artikel 6

(1) Die sonstigen Geldleistungen der sozialen Versorgung, insbesondere Geldleistungen wegen vorübergehender Arbeitsunfähigkeit, Unterstützungen für den Unterhalt und die Erziehung der Kinder, Unterstützungen bei Schwangerschaft und Niederkunft und einmalige Beihilfe bei der Geburt gewähren die zuständigen Organe des Vertragspartners, auf dessen Territorium der Bürger ständig wohnt, nach den gesetzlichen Bestimmungen dieses Vertragspartners.

(2) Siedelt ein Bürger, der sonstige Geldleistungen der sozialen Versorgung erhielt, auf das Territorium des anderen Vertragspartnes über, wird die Auszahlung dieser Leistungen mit dem Tag der Übersiedlung eingestellt. Die zuständigen Organe des Vertragspartners, auf dessen Territorium der Bürger übersiedelt, gewähren in diesem Fall die sonstigen Geldleistungen nach dessen gesetzlichen Bestimmungen.

Artikel 7

Bürger des einen Vertragspartners, die ständig auf dem Territorium des anderen Vertragspartners wohnen, erhalten von dessen zuständigen Organen außer den in den Artikeln 5 und 6 dieses Vertrages genannten Geldleistungen alle anderen Leistungen der sozialen Versorgung, der medizinischen Versorgung und sonstige Vergünstigungen im gleichen Umfang wie die eigenen Bürger. Das gilt auch für die Unterbringung in Feierabend- und Pflegeheimen.

Artikel 8

(1) Den Bürgern des einen Vertragspartners, die sich vorübergehend auf dem Territorium des anderen Vertragspartners aufhalten, wird die medizinische Versorgung in erforderlichen Fällen zu den gleichen Bedingungen wie den eigenen Bürgern gewährt.

....

Artikel 10

Alle mit der Durchführung der sozialen Versorgung nach diesem Vertrag verbundenen Kosten trägt der Vertragspartner, der die Leistungen der sozialen Versorgung gewährt. Eine gegenseitige Verrechnung dieser Kosten zwischen den Vertragspartnern erfolgt nicht.

....

Dritter Abschnitt

Zusammenarbeit zwischen den Organen der sozialen Versorgung

....

Vierter Abschnitt

Schlußbestimmungen

Artikel 17

(1) Bei der Gewährung von Leistungen nach diesem Vertrag berücksichtigen die zuständigen Organe die vor dem Inkrafttreten dieses Vertrages zurückgelegten Versicherungszeiten (Beschäftigungszeiten).

(2) Die Bestimmungen dieses Vertrages gelten auch für die Fälle, in denen der Anspruch auf Rentenleistung vor dem Inkrafttreten des Vertrages entstanden ist.

(3) Renten, die vor dem Inkrafttreten dieses Vertrages von den zuständigen Organen eines Vertragspartners gewährt und in den anderen Staat überwiesen wurden, bleiben aufrechterhalten und werden von den zuständigen Organen des Vertragspartners weiter gewährt, auf dessen Territorium der Rentner wohnt.

Artikel 18

(1) Dieser Vertrag bedarf der Ratifikation und tritt mit dem 1. Tag des Monats, der dem in Moskau stattfindenden Austausch der Ratifikationsurkunden folgt, in Kraft.

(2) Dieser Vertrag wird für die Dauer von fünf Jahren abgeschlossen. Seine Gültigkeit verlängert sich auf je weitere fünf Jahre, wenn keiner der Vertragspartner den Vertrag spätestens sechs Monate vor Ablauf der Frist kündigt.

(3) Im Falle der Kündigung dieses Vertrages werden die Renten, die auf Grund des vorliegenden Vertrages gewährt wurden, den Renten gleichgestellt, die nach den innerstaatlichen Bestimmungen des Vertragspartners, auf dessen Territorium der Rentner seinen Wohnsitz hat, gewährt werden. Die gemäß diesem Vertrag entstandenen Rechte bleiben auch im Falle seiner Kündigung weiter bestehen.

Dieser Vertrag wurde in Berlin am 24. Mai 1960 in zwei Exemplaren, jedes in deutscher und in russischer Sprache, ausgefertigt, wobei beide Texte gleichermaßen gültig sind.

Zum Beweis dessen haben die Bevollmächtigten diesen Vertrag unterschrieben und gesiegelt.

In Vollmacht
des Präsidenten der Deutschen Demokratischen Republik
Heinicke

In Vollmacht
des Präsidiums des Obersten Sowjets
der Union der Sozialistischen Sowjetrepubliken
M. R. Perwuchin

Vertrag über Freundschaft, gegenseitigen Beistand und Zusammenarbeit zwischen der Deutschen Demokratischen Republik und der Union der Sozialistischen Sowjetrepubliken vom 12. Juni 1964*

Die Deutsche Demokratische Republik und die Union der Sozialistischen Sowjetrepubliken

HABEN,

geleitet von dem Wunsch, die brüderliche Freundschaft zwischen der Deutschen Demokratischen Republik und der Union der Sozialistischen Sowjetrepubliken weiter zu entwickeln und zu festigen, was den Grundinteressen der Völker beider Länder und der gesamten sozialistischen Gemeinschaft entspricht,

aufbauend auf der brüderlichen und allseitigen Zusammenarbeit, die ein Grundpfeiler der Politik ist, welche die Beziehungen zwischen beiden Staaten bestimmt, und die sich seit dem Abschluß des Vertrages über die Beziehungen zwischen der Deutschen Demokratischen Republik und der Union der Sozialistischen Sowjetrepubliken vom 20. September 1955 noch enger und herzlicher gestaltet hat,

in der festen Absicht, die Sicherung des Friedens in Europa und in der ganzen Welt zu fördern und unbeirrt eine Politik der friedlichen Koexistenz von Staaten mit unterschiedlicher Gesellschaftsordnung zu befolgen,

von der Entschlossenheit erfüllt, ihre Anstrengungen zu vereinen, um — gestützt auf den Warschauer Vertrag über Freundschaft, Zusammenarbeit und gegenseitigen Beistand vom 14. Mai 1955 — der Bedrohung der internationalen Sicherheit und des Friedens durch die eine Revision der Ergebnisse des zweiten Weltkrieges anstrebenden revanchistischen und militaristischen Kräfte wirksam entge-

* Abdruck nach Gesetzblatt der DDR 1964 I, S. 132 ff.

genzutreten und die territoriale Integrität und Souveränität beider Staaten gegen jeden Angriff zu verteidigen,
in der übereinstimmenden Auffassung, daß der erste Arbeiter-und-Bauern-Staat in der Geschichte Deutschlands — die Deutsche Demokratische Republik, die die Grundsätze des Potsdamer Abkommens verwirklicht hat — den Weg des Friedens geht und ein wichtiger Faktor zur Gewährleistung der Sicherheit in Europa und zur Abwendung der Kriegsgefahr ist,
in dem Wunsch, den Abschluß eines deutschen Friedensvertrages zu erleichtern und die Verwirklichung der Einheit Deutschlands auf friedlicher und demokratischer Grundlage zu fördern,
geleitet von den Zielen und den Grundsätzen der Satzung der Organisation der Vereinten Nationen,
folgendes vereinbart:

Artikel 1

Die Hohen Vertragschließenden Seiten werden, ausgehend von der vollen Gleichberechtigung, der gegenseitigen Achtung der staatlichen Souveränität, der Nichteinmischung in die inneren Angelegenheiten sowie von den hohen Prinzipien des sozialistischen Internationalismus, indem sie die Prinzipien des gegenseitigen Vorteils und der gegenseitigen brüderlichen Hilfe verwirklichen, auch künftig die Beziehungen der Freundschaft und engen Zusammenarbeit auf allen Gebieten entwickeln und festigen.

Artikel 2

Die Hohen Vertragschließenden Seiten werden im Interesse des Friedens und der friedlichen Zukunft der Völker, darunter des deutschen Volkes, unbeirrt für die Beseitigung der Überreste des zweiten Weltkrieges, für den Abschluß eines deutschen Friedensvertrages und die Normalisierung der Lage in Westberlin auf seiner Grundlage eintreten.

Beide Seiten gehen davon aus, daß bis zum Abschluß eines deutschen Friedensvertrages die Vereinigten Staaten von Amerika, Großbritannien und Frankreich nach wie vor ihre Verantwortung für die Verwirklichung der Forderungen und Verpflichtungen auf dem Territorium der Bundesrepublik Deutschland tragen, die die Regierungen der vier Mächte gemeinsam im Potsdamer und in anderen internationalen Abkommen zur Ausrottung des deutschen Militarismus und Nazismus und zur Verhinderung einer deutschen Aggression übernommen haben.

Artikel 3

Die Hohen Vertragsschließenden Seiten vereinen ihre Anstrengungen zur Gewährleistung des Friedens und der Sicherheit in Europa und in der ganzen Welt in Übereinstimmung mit den Zielen und den Grundsätzen der Satzung der Organisation der Vereinten Nationen. Sie werden alle von ihnen abhängigen Maßnahmen treffen, um auf der Grundlage der Prinzipien der friedlichen Koexistenz die Lösung grundlegender internationaler Probleme zu fördern, wie die allgemeine und vollständige Abrüstung einschließlich solcher Teilmaßnahmen, die zur Einstellung des Wettrüstens und zur Minderung der internationalen Spannungen beitragen, sowie die Beseitigung des Kolonialismus, die Beilegung territorialer und Grenzstreitigkeiten zwischen den Staaten mit friedlichen Mitteln und andere.

Artikel 4

Angesichts der bestehenden Gefahr eines Aggressionskrieges seitens militaristischer und revanchistischer Kräfte erklären die Hohen Vertragschließenden Seiten feierlich, daß die Unantastbarkeit der Staatsgrenzen der Deutschen Demokratischen Republik einer der Grundfaktoren der europäischen Sicherheit ist. Sie bekäftigen ihre feste Entschlossenheit, in Übereinstimmung mit dem Warschauer

Vertrag über Freundschaft, Zusammenarbeit und gegenseitigen Beistand, die Unantastbarkeit dieser Grenzen gemeinsam zu gewährleisten.

Die Hohen Vertagschließenden Seiten werden auch alle notwendigen Maßnahmen ergreifen, um eine Aggression der Kräfte des Militarismus und Revanchismus, die eine Revision der Ergebnisse des zweiten Weltkrieges anstreben, zu verhindern.

Artikel 5

Im Falle eines bewaffneten Überfalls irgendeines Staates oder irgendeiner Staatengruppe auf eine der Hohen Vertragschließenden Seiten in Europa wird die andere Hohe Vertragschließende Seite dieser in Übereinstimmung mit den Bestimmungen des Warschauer Vertrages über Freundschaft, Zusammenarbeit und gegenseitigen Beistand sofortigen Beistand erweisen.

Von den ergriffenen Maßnahmen wird dem Sicherheitsrat in Übereinstimmung mit den Bestimmungen der Satzung der Organisation der Vereinten Nationen Mitteilung gemacht werden. Diese Maßnahmen werden eingestellt, sobald der Sicherheitsrat die Maßnahmen ergreift, die zur Wiederherstellung und Erhaltung des Weltfriedens und der Sicherheit erforderlich sind.

Artikel 6

Die Hohen Vertragschließenden Seiten werden Westberlin als selbständige politische Einheit betrachten.

Artikel 7

Die Hohen Vertragschließenden Seiten bekräftigen ihren Standpunkt, daß angesichts der Existenz zweier souveräner deutschen Staaten — der Deutschen Demokratischen Republik und der Bundesrepublik Deutschland — die Schaffung eines friedliebenden, demokratischen, einheitlichen deutschen Staates nur durch gleichberechtigte Verhandlungen und eine Verständigung zwischen beiden souveränen deutschen Staaten erreicht werden kann.

Artikel 8

Die Hohen Vertragschließenden Seiten werden auf der Grundlage des gegenseitigen Vorteils und der uneigennützigen brüderlichen Zusammenarbeit, in Übereinstimmung mit den Grundsätzen des Rates für Gegenseitige Wirtschaftshilfe, die wirtschaftlichen und wissenschaftlich-technischen Beziehungen zwischen beiden Staaten maximal entwickeln und festigen, in Übereinstimmung mit den Grundsätzen der internationalen sozialistischen Arbeitsteilung die Koordinierung der Volkswirtschaftspläne, die Spezialisierung und Kooperaton der Produktion verwirklichen und durch die Annäherung und Abstimmung der nationalen Wirtschaften beider Staaten ein Höchstmaß an Produktivität sichern.

Beide Seiten werden auch weiterhin ihre Beziehungen auf kulturellem, gesellschaftlichem und sportlichem Gebiet wie auf dem Gebiet des Touristenverkehrs entwickeln.

Artikel 9

Dieser Vertrag berührt nicht Rechte und Pflichten der beiden Seiten aus geltenden zweiseitigen und anderen internationalen Abkommen einschließlich des Potsdamer Abkommens.

Artikel 10

Dieser Vertrag wird für die Dauer von zwanzig Jahren vom Tage des Inkrafttretens gültig sein. Wenn ihn nicht eine der Hohen Vertragschließenden Seiten zwölf Monate vor Ablauf der Geltungsdauer des Vertrages kündigt, bleibt der Vertrag weitere zehn Jahre in Kraft.

Im Falle der Schaffung eines einheitlichen, demokratischen und friedliebnden deutschen Staates oder des Abschlusses eines deutschen Friedensvertrages kann dieser

Vertrag vor Ablauf der Frist von zwanzig Jahren auf Wunsch jeder der Hohen Vertragschließenden Seiten überprüft werden.

Artikel 11

Dieser Vertrag bedarf der Ratifizierung und tritt in Kraft mit dem Austausch der Ratifikationsurkunden, der in nächster Zeit in Berlin erfolgt.

Ausgefertigt in Moskau am 12. Juni 1964 in zwei Exemplaren, jedes in deutscher und russischer Sprache, wobei beide Texte gleichermaßen gültig sind.

Für die Deutsche Demokratische Republik
Vorsitzender des Staatsrates
der Deutschen Demokratischen Republik
W. Ulbricht

Für die Union der Sozialistischen
Sowjetrepubliken
N. Chruschtschow

Vertrag zwischen der Deutschen Demokratischen Republik und der Union der Sozialistischen Sowjetrepubliken zur Regelung von Fragen der doppelten Staatsbürgerschaft vom 11. April 1969*

Die Deutsche Demokratische Republik
und
die Union der Sozialistischen Sowjetrepubliken
sind, unter Berücksichtigung dessen, daß es auf ihren Hoheitsgebieten eine Reihe von Personen gibt, die jede Seite entsprechend ihrer Gesetzgebung als ihre Bürger betrach-

* Abdruck nach Gesetzblatt der DDR 1969 I, S. 108 ff.

tet, und geleitet von dem Wunsch, die doppelte Staatsbürgerschaft von Bürgern durch freiwillige Wahl zu beseitigen sowie zu verhindern, daß künftige Fälle einer doppelten Staatsbürgerschaft entstehen, übereingekommen, diesen Vertrag zu schließen.

Zu diesem Zweck haben als Bevollmächtigte ernannt:

der Vorsitzende des Staatsrates
der Deutschen Demokratischen Republik
Oskar *Fischer*
Stellvertreter des Ministers für Auswärtige Angelegenheiten der Deutschen Demokratischen Republik
das Präsidium des Obersten Sowjets
der Union der Sozialistischen Sowjetrepubliken
Pjotr Andrejewitsch *Abrassimow*
Außerordentlicher und Bevollmächtigter Botschafter der Union der Sozialistischen Sowjetrepubliken in der Deutschen Demokratischen Republik

die nach Austausch ihrer in guter und gehöriger Form befundenen Vollmachten folgendes vereinbarten:

Artikel 1

Personen, die beide Vertragspartner auf Grund ihrer Gesetzgebung als ihre Bürger betrachten, können sich entsprechend diesem Vertrag für die Staatsbürgerschaft einer der beiden Seiten entscheiden.

Artikel 2

(1) Die im Artikel 1 bezeichneten Personen haben das Recht, sich innerhalb einer Frist von einem Jahr nach Inkrafttreten dieses Vertrages für die Staatsbürgerschaft eines der beiden Vertragspartner zu entscheiden.

(2) Personen, die ihren Wohnsitz auf dem Hoheitsgebiet eines der beiden Vertragspartner haben und sich für die Staatsbürgerschaft des anderen Vertragspartners entscheiden, geben darüber eine Erklärung in zweifache Aus-

fertigung bei der diplomatischen oder konsularischen Vertretung des Vertragspartners ab, für dessen Staatsbürgerschaft sie sich entschieden haben.

(3) Personen, die auf dem Hoheitsgebiet eines dritten Staates ihren Wohnsitz haben, geben ihre Erklärung zugunsten einer Staatsbürgerschaft bei der diplomatischen oder konsularischen Vertretung beziehungsweise dem Ministerium für Auswärtige Angelegenheiten des Staates ab, für dessen Staatsbürgerschaft sie sich entschieden haben.

(4) Personen, die eine Erklärung abgegeben haben, sind Bürger des Vertragspartners, für dessen Staatsbürgerschaft sie sich entschieden haben.

Artikel 3

(1) Personen, die keine Erklärung zugunsten einer Staatsbürgerschaft gegenüber den im Artikel 2 genannten Organen abgegeben haben, sind nach Ablauf einer Frist von einem Jahr nach Inkrafttreten dieses Vertrages Staatsbürger des Vertragspartners, auf dessen Hoheitsgebiet sie zu diesem Zeitpunkt ihren Wohnsitz haben.

(2) Haben die im Absatz 1 genannten Personen ihren Wohnsitz außerhalb des Hoheitsgebietes der Vertragspartner, sind sie nach Ablauf einer Frist von einem Jahr nach Inkrafttreten dieses Vertrages Staatsbürger des Vertragspartners, auf dessen Hoheitsgebiet sie vor der Ausreise in den dritten Staat ihren Wohnsitz hatten.

Artikel 4

(1) Für Minderjährige, die vor Inkrafttreten des Vertrages geboren wurden und die Staatsbürgerschaft beider Vertragspartner besitzen, können sich die Eltern innerhalb einer Frist von einem Jahr nach Inkrafttreten des Vertrages übereinstimmend für eine der beiden Staatsbürgerschaften entscheiden. Haben Minderjährige zu diesem Zeitpunkt bereits das 14. Lebensjahr vollendet, ist deren Einwilligung zur Entscheidung der Eltern erforderlich.

(2) Für Minderjährige, die nach Inkrafttreten des Vertrages geboren werden, können sich die Eltern, von denen der eine Teil die Staatsbürgerschaft des einen und der andere Teil die Staatsbürgerschaft des anderen Vertragspartners besitzt, innerhalb einer Frist von einem Jahr nach deren Geburt übereinstimmend für eine der beiden Staatsbürgerschaften entscheiden.

Artikel 5

(1) Wählen die Eltern für ihr minderjähriges Kind die Staatsbürgerschaft des Staates, auf dessen Hoheitsgebiet sie ihren gemeinsamen Wohnsitz haben, ist eine Erklärung innerhalb der im Artikel 4 genannten Frist gegenüber dem für ihren gemeinsamen Wohnsitz zuständigen staatlichen Organ abzugeben.

(2) Wird die Staatsbürgerschaft des Vertragspartners gewählt, auf dessen Hoheitsgebiet die Eltern nicht ihren gemeinsamen Wohnsitz haben, ist die Erklärung gegenüber der diplomatischen oder konsularischen Vertretung des betreffenden Vertragspartners abzugeben.

(3) Haben die Eltern auf dem Hoheitsgebiet eines dritten Staates ihren gemeinsamen Wohnsitz, ist ihre Erklärung über die für das minderjährige Kind gewählte Staatsbürgerschaft gegenüber der diplomatischen oder konsularischen Vertretung beziehungsweise gegenüber dem Ministerium für Auswärtige Angelegenheiten des Vertragspartners abzugeben, für dessen Staatsbürgerschaft sich die Eltern entschieden haben.

(4) Die Erklärung zugunsten einer Staatsbürgerschaft hat in zweifacher Ausfertigung zu erfolgen. Wenn die Erklärung nicht persönlich abgegeben wird, müssen die Unterschriften der Eltern in gehöriger Form beglaubigt sein.

Artikel 6

Wird von den Eltern keine oder keine übereinstimmende schriftliche Erklärung über die für das minderjährige

Kind gewählte Staatsbürgerschaft innerhalb der im Artikel 4 genannten Frist abgegeben oder wird seitens des Kindes nicht gemäß Artikel 4 Absatz 1 eingewilligt, ist dieses, sofern es

— vor Inkraftreten des Vertages geboren wurde, Staatsbürger des Vertragspartners, auf dessen Hoheitsgebiet es nach Ablauf der im Artikel 4 genannten Frist seinen Wohnsitz hat;
— nach Inkrafttreten des Vertrages geboren wird, Staatsbürger des Vertragspartners, auf dessen Hoheitsgebiet es geboren wurde;
— auf dem Hoheitsgebiet eines dritten Staates geboren wurde oder seinen Wohnsitz hat, Staatsbürger des Vertragspartners, auf dessen Hoheitsgebiet die Eltern vor der Ausreise ihren letzten gemeinsamen Wohnsitz hatten;
— in einem dritten Staat geboren wurde oder dort seinen Wohnsitz hat und dessen Eltern vor der Ausreise keinen gemeinsamen Wohnsitz auf dem Hoheitsgebiet eines der Vertragspartner hatten, Staatsbürger des Vertragsstaates, dessen Staatsbürgerschaft die Mutter besitzt.

Artikel 7

(1) Sind die Eltern nicht miteinander verheiratet oder wurde ihre Ehe vor Inkrafttreten des Vertrages geschieden oder für nichtig erklärt und geben sie innerhalb der im Artikel 4 genannten Frist keine oder keine übereinstimmende Erklärung über die für das minderjährige Kind gewählte Staatsbürgerschaft ab, ist das Kind Staatsbürger des Vertragspartners, dessen Staatsbürgerschaft der Elternteil besitzt, dem das Erziehungsrecht obliegt.

(2) Wird die Ehe der Eltern nach Inkrafttreten des Vertrages vor Ablauf der im Artikel 4 genannten Frist geschieden oder für nichtig erklärt und geben die Eltern keine oder keine übereinstimmende Erklärung über die für das

minderjährige Kind gewählte Staatsbürgerschaft innerhalb der im Artikel 4 genannten Frist ab, ist das Kind Staatsbürger des Vertragspartners, dessen Staatsbürgerschaft der Elternteil besitzt, dem das Erziehungsrecht übertragen worden ist.

(3) Leben die Eltern bei bestehender Ehe getrennt und wird von ihnen keine oder keine übereinstimmende Erklärung über die für das minderjährige Kind gewählte Staatsbürgerschaft innerhalb der im Artikel 9 genannten Frist abgegeben, ist das Kind Staatsbürger des Vertragspartners, dessen Staatsbürgerschaft der Elternteil besitzt, der das Erziehungsrecht ausübt.

Artikel 8

(1) Minderjährige, deren Eltern verstorben sind oder deren Aufenthaltsort unbekannt ist oder deren Eltern das Erziehungsrecht entzogen wurde, behalten die Staatsbürgerschaft des Vertragspartners, auf dessen Hoheitsgebiet sie nach Ablauf der im Artikel 4 genannten Frist ihren Wohnsitz haben.

(2) Minderjährige, denen ein Elternteil verstorben ist oder bei denen der Aufenthaltsort eines Elternteils zum Zeitpunkt der in diesem Vertrag festgelegten Frist zur Abgabe der Erklärung nicht bekannt ist, behalten die Staatsbürgerschaft, die der andere Elternteil besitzt.

Artikel 9

(1) Die nach den Bestimmungen des vorliegenden Vertrages gewählte Staatsbürgerschaft gilt

— für Personen, die vor Inkraftreten dieses Vertrages geboren wurden, von dem Tage an, an dem die Erklärung bei den im Vertrag genannten zuständigen Organen eingegangen ist;

— für Personen, die nach Inkrafttreten dieses Vertrages geboren werden, vom Tage der Geburt an.

(2) In den Fällen, in denen keine oder keine übereinstimmende Erklärung abgegeben wurde, wird die gemäß diesem Vertrag festgelegte Staatsbürgerschaft nach Ablauf der in den Artikeln 2 und 4 genannten Frist von einem Jahr wirksam.

Artikel 10

Für alle gemäß diesem Vertrag abgegebenen Erklärungen und für die sich aus dem Vertrag ergebenden Maßnahmen der zuständigen staatlichen Organe der Vertragspartner werden keine Gebühren erhoben.

Artikel 11

(1) Die Vertragspartner tauschen

— spätestens sechs Monate nach Ablauf der in den Artikeln 2 und 4 dieses Vertrages genannten Frist auf diplomatischem Wege Listen mit Angabe der Personalien und Wohnanschriften der Personen aus, die eine Erklärung zugunsten ihrer Staatsbürgerschaft abgegeben haben;

— innerhalb der ersten drei Monate jeden Jahres auf diplomatischem Wege Listen mit Angabe der Personalien und Wohnanschriften der Minderjährigen aus, die nach Inkrafttreten des Vertrages geboren wurden und für die von den Eltern im Verlauf des vorangegangenen Jahres eine übereinstimmende Erklärung über die gewählte Staatsbürgerschaft abgegeben worden ist.

(2) Den Listen ist jeweils ein Exemplar der Erklärungen beizufügen.

Artikel 12

Personen, die auf dem Hoheitsgebiet des einen Vertragspartners ihren Wohnsitz haben und sich für die Staatsbürgerschaft des anderen Vertragspartners entscheiden oder diese gemäß den Bestimmungen dieses Vertrages besitzen, tragen den Status von Ausländern.

Artikel 13

Nach Inkrafttreten dieses Vertrages wird jeder Vertragspartner die Verleihung der Staatsbürgerschaft an Personen des anderen Vertragspartners von der Zustimmung der zuständigen staatlichen Organe zum Erwerb beziehungsweise von der Entlassung aus der Staatsbürgerschaft des anderen Vertragspartners abhängig machen.

Artikel 14

Fragen, die zwischen den Vertragspartnern im Zusammenhang mit der Anwendung und Auslegung des vorliegenden Vertrages auftreten, sind auf diplomatischem Wege zu klären.

Artikel 15

(1) Der vorliegende Vertrag bedarf der Ratifikation. Er tritt nach Ablauf von dreißig Tagen nach Austausch der Ratifikationsurkunden in Kraft, der in nächster Zeit in Moskau erfolgen wird.

(2) Dieser Vertrag wird auf unbestimmte Zeit abgeschlossen und behält seine Gültigkeit bis zum Ablauf von sechs Monaten nach seiner Kündigung durch einen der beiden Vertragspartner.

(3) Dieser Vertrag wird von den Vertragspartnern veröffentlicht.

Der vorliegende Vertrag wurde am 11. April 1969 in Berlin in zwei Exemplaren, jedes in deutscher und russischer Sprache, ausgefertigt, wobei beide Texte gleichermaßen gültig sind.

Für die Deutsche Demokratische Republik
gez. Oskar *Fischer*

Für die Union der Sozialistischen
Sowjetrepubliken
gez. P. A. *Abrassimow*

Abkommen über die Bildung der Internationalen Investitionsbank vom 10. Juli 1970*

Die Regierungen der Volksrepublik Bulgarien, der Ungarischen Volksrepublik, der Deutschen Demokratischen Republik, der Mongolischen Volksrepublik, der Volksrepublik Polen, der Union der Sozialistischen Sowjetrepubliken und der Tschechoslowakischen Sozialistischen Republik haben,
geleitet von den Interessen der Entwicklung der Volkswirtschaften der Abkommenspartner,
folgendes vereinbart:

Artikel I

Die Internationale Investitionsbank, nachfolgend als Bank bezeichnet, wird gegründet.

Gründungsmitglieder der Bank sind die Abkommenspartner.

Als Mitglieder der Bank können auch andere Länder aufgenommen werden. Das Verfahren für die Aufnahme anderer Länder als Mitglied der Bank wird im Artikel XXIII dieses Abkommens festgelegt.

Die Tätigkeit der Bank beruht auf der völligen Gleichberechtigung und der Achtung der Souveränität aller Mitgliedsländer der Bank.

Die Bank hat ihren Sitz in Moskau.

Die Bildung und Tätigkeit der Bank erfolgen in Übereinstimmung mit den nachstehenden Bestimmungen.

Artikel II

Die Hauptaufgabe der Bank ist die Gewährung lang- und mittelfristiger Kredite

* Abdruck nach Gesetzblatt der DDR 1971 I, S. 14 ff.

in erster Linie für die Verwirklichung von Vorhaben im Zusammenhang mit

der internationalen sozialistischen Arbeitsteilung, der Spezialisierung und Kooperation der Produktion,

Aufwendungen für die Erweiterung der Roh- und Brennstoffbasis im gemeinsamen Interesse,

dem Bau von Objekten in anderen Wirtschaftszweigen, die für die ökonomische Entwicklung der Mitgliedsländer der Bank von gemeinsamem Interesse sind,

sowie

für den Bau von Objekten zur Entwicklung der nationalen Wirtschaften der Länder

und für andere Zwecke, die in Übereinstimmung mit den Aufgaben der Bank vom Bankrat festgelegt werden.

In ihrer Tätigkeit muß die Bank von der Notwendigkeit der Sicherung einer effektiven Verwendung der Mittel, der Gewährung der Liquidität und der strengen Verantwortlichkeit für den Rückfluß der von der Bank ausgereichten Kreditmittel ausgehen.

Die von der Bank zu kreditierenden Objekte müssen dem wissenschaftlich-technischen Höchststand entsprechen und die Herstellung von Erzeugnissen höchster Qualität bei niedrigsten Kosten und zu Preisen, die dem Weltmarkt entsprechen, gewährleisten.

Die Bank gewährt für die Durchführung von Maßnahmen und den Bau von Objekten, die für mehrere Mitgliedsländer von Interesse sind, Kredite, wenn über die Verwirklichung der Maßnahmen und den Bau der Objekte sowie über den Absatz der damit produzierten Erzeugnisse im gegenseitigen Interesse der Mitgliedsländer langfristige Abkommen oder anderweitige Vereinbarungen vorliegen. Dabei sind die Empfehlungen zur Koordinierung der

Volkswirtschaftspläne der Mitgliedsländer der Bank zu berücksichtigen. Die Tätigkeit der Bank ist organisch mit dem System von Maßnahmen zur Weiterentwicklung der sozialistischen ökonomischen Zusammenarbeit, zur Annäherung und allmählichen Angleichung des ökonomischen Entwicklungsniveaus der Mitgliedsländer unter Einhaltung der Prinzipien einer hohen Effektivität bei der Verwendung der Kreditmittel der Bank zu verbinden. Die Bank nimmt im Einvernehmen mit dem Rat für Gegenseitige Wirtschaftshilfe an der Arbeit der entsprechenden Organe des RGW bei der Beratung von Fragen der Koordinierung der Volkswirtschaftspläne der Mitgliedsländer des Rates für Gegenseitige Wirtschaftshilfe auf dem Gebiet gemeinsam interessierender Investitionen teil.

Artikel III

1. Das Grundkapital der Bank beträgt eine Milliarde transferable Rubel. Es wird in der kollektiven Währung (transferable Rubel) und in freikonvertierbaren Währungen oder in Gold gebildet.
   Der Goldgehalt des transferablen Rubels beträgt 0,987412 Gramm Feingold.
2. Die Anteile (Quoten) der Abkommenspartner am Grundkapital werden ausgehend vom Exportvolumen in ihrem gegenseitigen Warenumsatz festgelegt und betragen für die
   Volksrepublik Bulgarien
   85,1 Millionen transferable Rubel
   Ungarische Volksrepublik
   83,7 Millionen transferable Rubel
   Deutsche Demokratische Republik
   176,1 Millionen transferable Rubel
   Mongolische Volksrepublik
   4,5 Millionen transferable Rubel

Volksrepublik Polen
121,4 Millionen transferable Rubel
Union der Sozialistischen Sowjetrepubliken
399,3 Millionen transferable Rubel
Tschechoslowakische Sozialistische Republik
129,9 Millionen transferable Rubel

In der Höhe der Anteile (Quoten) der Mitgliedsländer übergeben die bevollmächtigten Banken dieser Länder der Bank Verpflichtungen.

3. Das Grundkapital wird in Höhe von 70 % in transferablen Rubeln und in Höhe von 30 % in freikonvertierbaren Währungen oder Gold gebildet.
4. Die Abkommenspartner nehmen die erste Einzahlung in das Grundkapital in Höhe von 175 Millionen transferablen Rubeln bei Bildung der Bank vor. Die zweite Einzahlung in Höhe von 175 Millionen transferablen Rubeln erfolgt im Verlaufe des zweiten Geschäftsjahres der Bank.
   Der verbleibende Teil des Kapitals wird unter Berücksichtigung der Entwicklung der Geschäfte der Bank und ihres Mittelbedarfes entsprechend der vom Bankrat festgelegten Ordnung und Termine eingezahlt.
5. Das Grundkapital der Bank kann auf Empfehlung des Bankrates mit Zustimmung der Regierungen der Mitgliedsländer erhöht werden. Das Verfahren und die Termine für die entsprechenden Einzahlungen werden vom Bankrat festgelegt.
6. Das Grundkapital erhöht sich bei Aufnahme eines neuen Mitglieds der Bank um den Betrag seines Anteils (Quote) an diesem Kapital. Höhe, Verfahren und Termine der Einzahlung werden vom Bankrat nach Abstimmung mit dem betreffenden Land festgelegt.

Artikel IV

Die Bank bildet ein Reservekapital.

Die Bank kann eigene Sonderfonds bilden.

Zweck, Höhe, Termine und Bedingungen für die Bildung und Verwendung des Reservekapitals und der eigenen Sonderfonds werden vom Bankrat bestimmt.

Artikel V

In der Bank können Sonderfonds aus Mitteln interessierter Länder gebildet werden.

Artikel VI

Die Bank kann durch Aufnahme von Finanz- und Bankkrediten sowie Anleihen, durch Annahme von mittel- und langfristigen Einlagen und in anderen Formen Mittel in der kollektiven Währung (transferable Rubel), in nationalen Währungen interessierter Länder und in freikonvertierbaren Währungen mobilisieren.

Der Bankrat kann Beschlüsse über die Ausgabe verzinslicher Obligationen durch die Bank fassen, die auf internationalen Kapitalmärkten aufgelegt werden.

Die Bedingungen für die Ausgabe von Obligationen werden vom Bankrat festgelegt.

Artikel VII

1. Die Bank gewährt lang- und mittelfristige Kredite für Zwecke, die im Artikel II des vorliegenden Abkommens vorgesehen sind.

2. Kredite werden gewährt:
   a) Banken, Wirtschaftsorganisationen und Betrieben der Mitgliedsländer der Bank, die offiziell von den Mitgliedsländern zur Aufnahme von Krediten bevollmächtigt sind;
   b) internationalen Organisationen und Betrieben der Mitgliedsländer der Bank, die eine wirtschaftliche Tätigkeit ausüben;

c) Banken und Wirtschaftsorganisationen anderer Länder nach einem vom Bankrat festgelegten Verfahren.

3. Die Bank kann nach dem vom Bankrat festgelegten Verfahren Garantien übernehmen.

Artikel VIII

Das Verfahren der Kreditplanung, die maximalen Kreditlaufzeiten, die Bedingungen für die Gewährung, Verwendung und Tilgung von Krediten, die Übernahme von Garantien sowie die Anwendung von Sanktionen bei Verletzung der Kredit- und Garantiebedingungen werden durch das Statut und durch Beschlüsse des Bankrates geregelt.

Artikel IX

Die Bank kann bei anderen Banken zeitweilig freie Mittel anlegen, Devisen und Sorten, Gold und Wertpapiere kaufen und verkaufen sowie andere Bankgeschäfte durchführen, die den Zielen der Bank entsprechen.

Artikel X

Die Bank übt ihre Geschäftstätigkeit bei Sicherung ihrer Rentabilität aus.

Artikel XI

Die Bank hat das Recht, mit den Organen des Rates für Gegenseitige Wirtschaftshilfe, der Internationalen Bank für Wirtschaftliche Zusammenarbeit und anderen Wirtschaftsorganisationen der Mitgliedsländer zusammenzuarbeiten.

Die Bank kann zu internationalen Finanz-, Kredit- und anderen Instituten sowie zu anderen Banken auf gleichberechtigter Grundlage Kontakte aufnehmen und Geschäftsbeziehungen herstellen.

Charakter und Formen dieser Beziehungen werden vom Bankrat festgelegt.

Artikel XII

Die Mitgliedschaft der Länder in der Bank und die Tätigkeit der Bank dürfen nicht die Durchführung und Entwicklung unmittelbarer Finanz- und anderer Geschäftsbeziehungen der Mitgliedsländer der Bank untereinander, mit anderen Ländern und internationalen Finanzorganisationen und Banken behindern.

Die Kreditoperationen der Bank ersetzen nicht die in der Praxis angewandten Grundsätze und das Verfahren der Kreditgewährung auf der Grundlage zweiseitiger Regierungsabkommen über die wirtschaftliche Zusammenarbeit und gegenseitige Hilfe.

Artikel XIII

1. Die Bank ist juristische Person.
   Die Bank genießt die zur Ausübung ihrer Funktionen und zur Erreichung ihrer Ziele notwendige Rechtsfähigkeit in Übereinstimmung mit den Bestimmungen des vorliegenden Abkommens und des Statuts der Bank.

2. Auf dem Territorium jedes Mitgliedslandes genießen die Bank sowie die Vertreter der Länder im Bankrat und die Amtspersonen der Bank die zur Ausübung ihrer Funktionen und zur Erreichung der im vorliegenden Abkommen und im Statut der Bank vorgesehenen Ziele notwendigen Privilegien und Immunitäten. Die obengenannten Privilegien und Immunitäten werden in den Artikeln XV, XVI und XVII des vorliegenden Abkommens festgelegt.

3. Die Bank kann auf dem Territorium des Landes, in dem sie ihren Sitz hat, sowie auf dem Territorium anderer Länder Filialen und Vertretungen eröffnen.
   Die Rechtsbeziehungen zwischen der Bank und dem Land, in dem die Bank ihren Sitz, ihre Filialen und

Vertretungen hat, werden in entsprechenden Abkommen vereinbart.

4. Die Bank haftet für ihre Verbindlichkeiten mit ihrem Vermögen.
Die Bank haftet nicht für Verbindlichkeiten der Mitgliedsländer, ebenso wie die Mitgliedsländer nicht für Verbindlichkeiten der Bank haften.

Artikel XIV

Die Tätigkeit der Bank wird durch das vorliegende Abkommen, das diesem Abkommen beiliegende Statut der Bank sowie durch die Richtlinien geregelt, die von der Bank im Rahmen ihrer Befugnisse erlassen werden.

Ausgehend von den Interessen der weiteren Entwicklung und Vervollkommnung der Tätigkeit der Bank und der Vertiefung der sozialistischen ökonomischen Zusammenarbeit kann auf Empfehlung des Bankrates das Statut der Bank mit Zustimmung der Regierungen der Mitgliedsländer der Bank geändert werden.

Artikel XV

1. Das Vermögen der Bank, ihre Aktiva und Dokumente genießen unabhängig von ihrem Lage- bzw. Aufbewahrungsort ebenso wie die Geschäfte der Bank Immunität gegenüber jeglichen administrativen und gerichtlichen Maßnahmen, es sei denn, daß die Bank selbst auf die Immunität verzichtet. Die Gebäude der Bank sowie ihrer Filialen und Vertretungen sind auf dem Territorium jedes Mitgliedslandes der Bank unverletzlich.
2. Auf dem Territorium der Mitgliedsländer der Bank
   a) ist die Bank von allen zentralen und örtlichen direkten Steuern und Abgaben befreit. Diese Bestimmung findet keine Anwendung hinsichtlich der Zahlungen für kommunale und andere Dienstleistungen;

b) ist die Bank bei der Ein- und Ausfuhr von Gegenständen des dienstlichen Bedarfs von Zöllen und Beschränkungen befreit;

c) genießt die Bank alle Vergünstigungen hinsichtlich der Vorrangigkeit der Abfertigung, der Tarife und Gebühren im Post-, Telegraphen- und Telefonverkehr, die in dem betreffenden Land den diplomatischen Vertretungen gewährt werden.

Artikel XVI

1. Die Vertreter der Länder im Bankrat genießen auf dem Territorium jedes Mitgliedslandes der Bank bei der Ausübung ihrer dienstlichen Obliegenheiten folgende Privilegien und Immunitäten:

a) Immunität gegen Inhaftierung oder Festnahme sowie gerichtliche Verfolgung hinsichtlich aller Handlungen, die sie in ihrer Eigenschaft als Vertreter begehen können;

b) Unantastbarkeit aller Unterlagen und Dokumente;

c) hinsichtlich des persönlichen Gepäcks die gleichen Zollvergünstigungen, die den Mitarbeitern gleichen Ranges der diplomatischen Vertretungen in dem betreffenden Land gewährt werden;

d) Befreiung von persönlichen Pflichtleistungen und direkten Steuern und Abgaben hinsichtlich der Beträge, die den Vertretern von dem sie ernennenden Land gezahlt werden.

2. Die in diesem Artikel vorgesehenen Privilegien und Immunitäten werden dem genannten Personenkreis ausschließlich im dienstlichen Interesse gewährt. Jedes Mitgliedsland der Bank hat das Recht und ist verpflichtet, auf die Immunität seines Vertreters in allen Fällen zu verzichten, in denen nach Meinung dieses Landes die Immunität die Rechtsprechung behindert und

der Verzicht auf die Immunität keine Beeinträchtigung der Ziele darstellt, für die sie gewährt wurde.

3. Die Bestimmungen des Punktes 1 dieses Artikels finden keine Anwendung auf die Beziehungen zwischen dem Vertreter und den Organen des Landes, dessen Staatsbürger er ist.

Artikel XVII

1. Nach Vorlage durch den Präsidenten des Direktoriums der Bank legt der Bankrat die Kategorien der Amtspersonen der Bank fest, auf die die Bestimmungen dieses Artikels Anwendung finden. Der Präsident des Direktoriums der Bank teilt den zuständigen Organen der Mitgliedsländer der Bank die Namen dieser Amtspersonen periodisch mit.

2. Bei der Ausübung ihrer Dienstpflichten auf dem Territorium jedes Mitgliedslandes der Bank
   a) werden die Amtspersonen der Bank für alle Handlungen, die sie in ihrer Eigenschaft als Amtspersonen begehen können, nicht gerichtlich oder auf dem Verwaltungswege zur Verantwortung gezogen;
   b) sind sie von persönlichen Pflichtleistungen, direkten Steuern und Abgaben hinsichtlich des ihnen von der Bank gezahlten Gehalts befreit. Diese Bestimmung findet keine Anwendung auf die Amtspersonen der Bank, die Staatsbürger des Landes sind, in dem die Bank, ihre Filialen und Vertretungen ihren Sitz haben;
   c) haben sie hinsichtlich des persönlichen Gepäcks Anspruch auf die gleichen Zollvergünstigungen, die den Mitarbeitern gleichen Ranges der diplomatischen Vertretungen in dem betreffenden Land gewährt werden.

3. Die in diesem Artikel vorgesehenen Privilegien und Immunitäten werden den Amtspersonen der Bank ausschließlich im dienstlichen Interesse gewährt.

Der Präsident des Direktoriums der Bank hat das Recht und ist verpflichtet, auf die Immunität der Amtspersonen der Bank in allen Fällen zu verzichten, in denen seiner Meinung nach die Immunität die Rechtsprechung behindert und der Verzicht auf die Immunität keine Beeinträchtigung der Ziele darstellt, für die sie gewährt wurde. Für den Präsidenten und die Mitglieder des Direktoriums der Bank hat der Bankrat das Recht, auf die Immunität zu verzichten.

Artikel XVIII

Die Amtspersonen der Bank handeln bei Erfüllung ihrer Dienstpflichten als internationale Amtspersonen. Sie unterstehen ausschließlich der Bank und sind von allen Organen und offiziellen Personen ihrer Länder unabhängig. Jedes Mitgliedsland der Bank muß den internationalen Charakter dieser Pflichten achten.

Artikel XIX

Der Bankrat ist das höchste Leitungsorgan der Bank und übt die Gesamtleitung der Tätigkeit der Bank aus.

Der Bankrat besteht aus Vertretern aller Mitgliedsländer der Bank, die von den Regierungen dieser Länder ernannt werden.

Jedes Mitglied der Bank hat im Rat, unabhängig von der Höhe seines Anteils am Kapital der Bank, eine Stimme. Der Bankrat faßt die Beschlüsse zu den im Statut der Bank aufgeführten grundsätzlichen Fragen der Tätigkeit der Bank einstimmig. Zu anderen Fragen erfolgt die Beschlußfassung mit qualifizierter Stimmenmehrheit von mindestens Dreiviertel der Stimmen. Dabei ist der Bankrat beschlußfähig, wenn an der Sitzung des Rates die Vertreter von mindestens Dreiviertel der Mitgliedsländer der Bank teilnehmen.

Artikel XX

Das Direktorium der Bank ist das Exekutivorgan der Bank.

Das Direktorium ist dem Bankrat rechenschaftspflichtig.

Das Direktorium besteht aus dem Präsidenten des Direktoriums und 3 Stellvertretern, die vom Bankrat aus Staatsbürgern der Mitgliedsländer für die Dauer von 5 Jahren ernannt werden.

Hauptaufgabe des Direktoriums ist die Leitung der Tätigkeit der Bank in Übereinstimmung mit dem vorliegenden Abkommen und dem Statut der Bank sowie den Beschlüssen des Bankrates.

Der Präsident des Direktoriums leitet unmittelbar die operative Tätigkeit der Bank und des Direktoriums auf der Grundlage des Prinzips der Einzelleitung im Rahmen seiner Befugnisse und Rechte, die im Statut und in den Beschlüssen des Bankrates festgelegt sind.

Artikel XXI

Zur Revision der Tätigkeit der Bank wird eine Revisionskommission gebildet, die vom Bankrat ernannt wird.

Artikel XXII

Ansprüche an die Bank können innerhalb zweier Jahre, gerechnet vom Zeitpunkt der Entstehung des Rechtsanspruches, geltend gemacht werden.

Artikel XXIII

Jedes Land, das dem vorliegenden Abkommen beizutreten und Mitglied der Bank zu werden wünscht, gibt dem Bankrat eine offizielle Erklärung ab, daß es die Ziele und Grundsätze der Tätigkeit der Bank anerkennt und die Verpflichtungen übernimmt, die sich aus dem vorliegenden Abkommen und dem Statut der Bank ergeben.

Die Aufnahme als Mitglied der Bank erfolgt auf Beschluß des Bankrates.

Die entsprechend beglaubigte Kopie des Beschlusses des Bankrates über die Aufnahme eines neuen Landes als Mitglied der Bank wird diesem Land und dem Depositär dieses Abkommens zugesandt. Mit Eingang des genannten Dokuments beim Depositär — einschließlich des Dokuments (Erklärung) über den Beitritt — gilt das Land als dem Abkommen beigetreten und als Mitglied der Bank, worüber der Depositär die Mitgliedsländer der Bank und die Bank selbst in Kenntnis setzt.

Artikel XXIV

Jedes Land kann die Mitgliedschaft in der Bank und die Teilnahme am vorliegenden Abkommen kündigen, indem es den Bankrat mindestens 6 Monate vorher davon in Kenntnis setzt. Innerhalb der genannten Frist müssen die Beziehungen zwischen der Bank und dem betreffenden Land aus ihren gegenseitigen Verpflichtungen geregelt werden.

Über den Austritt eines Landes aus der Bank benachrichtigt der Rat offiziell den Depositär des vorliegenden Abkommens.

Artikel XXV

Das vorliegende Abkommen bedarf der Ratifizierung und tritt an dem Tage in Kraft, an dem der letzte Abkommenspartner seine Ratifizierungsurkunde beim Depositär dieses Abkommens hinterlegt.

Das Abkommen wird jedoch provisorisch mit Wirkung vom 1. Januar 1971 in Kraft gesetzt, falls es bis zu diesem Zeitpunkt nicht bereits gemäß Absatz 1 dieses Artikels in Kraft getreten ist.

Artikel XXVI

Das vorliegende Abkommen kann nur mit Zustimmung aller Mitgliedsländer der Bank geändert werden.

Das Abkommen verliert seine Gültigkeit, wenn mindestens zwei Drittel der Mitgliedsländer entsprechend Artikel XXIV des vorliegenden Abkommens die Mitgliedschaft in der Bank und die Teilnahme am Abkommen kündigen.

In diesem Fall wird die Tätigkeit der Bank zu dem vom Bankrat festgelegten Termin und Verfahren eingestellt.

Artikel XXVII

Das vorliegende Abkommen wird beim Sekretariat des Rates für Gegenseitige Wirtschaftshilfe hinterlegt, das die Funktion des Depositärs dieses Abkommens ausübt.

Ausgefertigt in Moskau, am 10. Juli 1970 in einem Exemplar in russischer Sprache.

Beglaubigte Abschriften des vorliegenden Abkommens werden durch den Depositär allen Abkommenspartnern zugesandt.

In Vollmacht der Regierung der Volksrepublik
Bulgarien
gez. Bashdarow

In Vollmacht der Regierung der Ungarischen
Volksrepublik
gez. Garamvöldyi

In Vollmacht der Regierung der Deutschen
Demokratischen Republik
gez. Böhm

In Vollmacht der Regierung der Mongolischen
Volksrepublik
gez. Molom

In Vollmacht der Regierung der Volksrepublik
Polen
gez. Trendota

In Vollmacht der Regierung der Union der
Sozialistischen Sowjetrepubliken
gez. Garbusow

In Vollmacht der Regierung der
Tschechoslowakischen Sozialistischen Republik
gez. Rohlicek

Statut der Internationalen Investitionsbank vom 10. Juli 1970*

Die Internationale Investitionsbank wird auf der Grundlage des Abkommens zwischen den Regierungen der Volksrepublik Bulgarien, der Ungarischen Volksrepublik, der Deutschen Demokratischen Republik, der Mongolischen Volksrepublik, der Volksrepublik Polen, der Union der Sozialistischen Sowjetrepubliken und der Tschechoslowakischen Sozialistischen Republik gegründet.

Allgemeine Bestimmungen

Artikel 1

Die Internationale Investitionsbank, im weiteren als „Bank" bezeichnet, organisiert und verwirklicht lang- und mittelfristige Kredit- sowie andere Bankgeschäfte in Übereinstimmung mit dem Abkommen über die Bildung der Internationalen Investitionsbank (nachfolgend als Abkommen bezeichnet) und ihrem Statut.

Artikel 2

Die Bank ist juristische Person mit der Bezeichnung „Internationale Investitionsbank".

Die Ziele und Aufgaben der Bank, ihre Rechtsfähigkeit, einschließlich der Kompetenzen und des Umfang ihrer

* Abdruck nach Gesetzblatt der DDR 1971 I, S. 19 ff.

Haftung, die Bestimmungen über die rechtliche Regelung der Tätigkeit der Bank sowie über die Privilegien und Immunitäten, die die Bank, die Vertreter der Mitgliedsländer im Bankrat und die Amtspersonen der Bank genießen, sind im Abkommen und im Statut der Bank festgelegt.

Die Bank ist befugt,

a) internationale und andere Vereinbarungen abzuschließen sowie Geschäfte aller Art im Rahmen ihrer Zuständigkeit durchzuführen;

b) Eigentum zu erwerben, zu pachten und zu veräußern;

c) vor Gerichts- und Schiedsgerichtsorganen aufzutreten;

d) auf dem Territorium des Landes, in dem die Bank ihren Sitz hat, sowie auf dem Territorium anderer Länder Filialen und Vertretungen zu eröffnen;

e) Instruktionen und Richtlinien zu Angelegenheiten im Rahmen ihrer Zuständigkeit herauszugeben;

f) andere Handlungen zur Erfüllung der der Bank übertragenen Aufgaben durchzuführen.

Artikel 3

Die Bank haftet für ihre Verbindlichkeiten mit ihrem Vermögen.

Die Bank haftet nicht für Verbindlichkeiten der Mitgliedsländer, ebenso wie die Mitgliedsländer nicht für Verbindlichkeiten der Bank haften.

Artikel 4

Die Bank führt ein Siegel mit der Inschrift „Internationale Investitionsbank". Die Filialen und Vertretungen sowie die Verwaltungsabteilungen der Bank führen Siegel mit der gleichen Inschrift unter Zusatz des Namens der Filiale, der Vertretung oder der entsprechenden Abteilung.

Artikel 5

Die Bank garantiert die Geheimhaltung der Geschäfte, Dokumente, Konten und Einlagen ihre Kunden und Korrespondenten.

Die Amtspersonen und andere Mitarbeiter der Bank sind zur Geheimhaltung der Geschäfte, Dokumente, Konten und Einlagen der Bank, ihrer Kunden und Korrespondenten verpflichtet.

Mitgliedschaft

Artikel 6

Gründungsmitglieder der Bank sind die Länder, die das Abkommen unterzeichnet und ratifiziert haben.

Als Mitglieder der Bank können auch andere Länder aufgenommen werden.

Jedes Land, welches Mitglied der Bank zu werden wünscht, gibt dem Bankrat eine offizielle Erklärung ab, daß es die Ziele und Grundsätze der Tätigkeit der Bank anerkennt und die Verpflichtungen übernimmt. die sich aus dem Abkommen und dem Statut der Bank ergeben.

Die Aufnahme als Mitglied der Bank erfolgt auf Beschluß des Bankrates.

Jedes Land kann die Mitgliedschaft in der Bank kündigen, indem es den Bankrat mindestens 6 Monate vorher davon in Kenntnis setzt. Innerhalb der genannten Frist müssen die Beziehungen zwischen der Bank und dem betreffenden Land aus ihren gegenseitigen Verpflichtungen geregelt werden.

Artikel 7

Wenn Institutionen oder Organisationen der Mitgliedsländer die Bestimmungen des Abkommens oder des Statuts der Bank verletzen, insbesondere ihre Verpflichtungen gegenüber der Bank nicht erfüllen, informiert der

Bankrat darüber die zuständigen Organe der Mitgliedsländer und erforderlichenfalls die Regierungen dieser Länder.

Mittel der Bank

Artikel 8

Die Mittel der Bank werden durch Einzahlungen der Mitgliedsländer in das Grundkapital der Bank, durch Einzahlungen interessierter Länder in ihre Sonderfonds, die Mobilisierung von Mitteln der Mitgliedsländer der Bank und auf internationalen Geld- und Kapitalmärkten, durch die Abführung eines Teils des Gewinnes in das Reservekapital und in die eigenen Sonderfonds der Bank gebildet.

Artikel 9

Das Grundkapital der Bank beträgt 1 Milliarde transferable Rubel. Es wird in der kollektiven Währung (transferable Rubel) und in freikonvertierbaren Währungen oder in Gold gebildet.

Das Grundkapital wird für die im Abkommen und im Statut der Bank vorgesehenen Zwecke verwendet und dient als Sicherheit für die Verpflichtungen der Bank.

Das Grundkapital kann in Übereinstimmung mit den Bestimmungen des Abkommens erhöht werden.

Die Einzahlungen in das Grundkapital erfolgen entsprechend den Bestimmungen des Abkommens und den Beschlüssen des Bankrates.

Die Bank übergibt demjenigen Land, das seinen Anteil am Grundkapital eingezahlt hat, eine Urkunde zur Bestätigung und als Beweis für die erfolgte Einzahlung.

Im Falle des Austritts eines Landes aus der Bank wird der von ihm eingezahlte Betrag in das Grundkapital bei der Regelung der gegenseitigen Verpflichtungen zwischen diesem Land und der Bank berücksichtigt.

Artikel 10

Die Bank bildet ein Reservekapital und kann eigene Sonderfonds bilden. Das Reservekapital und die eigenen Sonderfonds der Bank werden aus dem Gewinn der Bank gebildet.

Artikel 11

In der Bank können Sonderfonds aus Mitteln interessierter Länder gebildet werden, darunter ein Fonds für die Kreditierung des gemeinsamen Baues von Objekten in den Mitgliedsländern und ein Fonds für die Kreditierung von Maßnahmen zur ökonomischen und technischen Unterstützung von Entwicklungsländern.

Zweck, Höhe, Bedingungen und Verfahren der Bildung und Verwendung der Sonderfonds werden durch entsprechende Vereinbarungen zwischen den interessierten Ländern und der Bank festgelegt.

Artikel 12

Die Bank kann durch Aufnahme von Finanz- und Bankkrediten sowie Anleihen, durch Annahme mittel- und langfristiger Einlagen und in anderen Formen Mittel in der kollektiven Währung (transferable Rubel), in nationalen Währungen interessierter Länder und in freikonvertierbaren Währungen mobilisieren.

Der Bankrat kann Beschlüsse über die Ausgabe verzinslicher Obligationen durch die Bank fassen, die auf internationalen Kapitalmärkten aufgelegt werden.

Die Bedingungen für die Ausgabe von Obligationen werden vom Bankrat festgelegt.

Kreditoperationen der Bank

Artikel 13

Die Bank gewährt den im Abkommen genannten Kreditnehmern aus eigenen und mobilisierten Mitteln in zwischen der Bank und dem Kreditnehmer vereinbarten Währungen lang- und mittelfristige Kredite für die im Abkommen vorgesehenen Zwecke, beteiligt sich mit anderen Banken an der Gewährung solcher Kredite und übernimmt Garantien für Verpflichtungen der Wirtschaftsorganisationen und Betriebe nach dem vom Bankrat festgelegten Verfahren.

Artikel 14

Die Kreditierung der im Abkommen vorgesehenen Maßnahmen erfolgt auf der Grundlage laufender und perspektivischer Kreditpläne. Das Verfahren der Aufstellung der Kreditpläne wird vom Bankrat festgelegt.

Artikel 15

Die Bank gewährt unter Beteiligung des Kreditnehmers mit eigenen Mitteln an der Finanzierung des Objektes Kredite. In Einzelfällen werden Kredite für den vollen Wert des Objektes ausgereicht.

Die Gewährung von Krediten und die Übernahme von Garantien durch die Bank wird in jedem einzelnen Fall in einem entsprechenden Vertrag vereinbart.

Der Kreditvertrag enthält die auf eine hohe Effektivität des zu kreditierenden Objektes gerichteten ökonomischen Kriterien sowie die Bedingungen der Gewährung, Inanspruchnahme und Tilgung des Kredites.

Die Kredite werden in erster Linie für Objekte mit der höchsten Effektivität gewährt.

Kriterien für die ökonomische Effektivität sind: Sicherung des technischen Höchststandes des Bauvorhabens, Erreichung eines optimalen Produktionsvolumens des zu kreditierenden Objektes, Einhaltung der für den betreffenden Zweig optimalen Rückflußzeiten; Herstellung von Erzeugnissen, die dem Weltniveau in der Qualität und den Weltmarktpreisen entsprechen; das Vorhandensein der erforderlichen Rohstoffbasis für die Produktion und eines Absatzmarktes für die Erzeugnisse; die Bauzeiten der Objekte sowie andere ökonomische, finanzielle und Bankkriterien, die entsprechend dem Charakter und der Zweckbestimmung der Investitionen vom Bankrat festgelegt werden.

Die Bank kann eine Expertise anfertigen oder nach eigenem Ermessen das Projekt, die technische Dokumentation und den Kostenvoranschlag an entsprechende nationale Organisationen oder internationale Spezialistengruppen zur Anfertigung einer Expertise übergeben. Die für die Anfertigung der Expertisen erforderlichen Unterlagen und Angaben werden durch die Kreditnehmer zur Verfügung gestellt.

Bei der Gewährung von Krediten und der Übernahme von Garantien kann die Bank Sicherheiten verlangen.

Das Verfahren der Kreditgewährung und -tilgung, die Sicherheiten sowie die allgemeinen Bedingungen, die in den Kreditvorgängen vorzusehen sind, werden vom Bankrat festgelegt.

Artikel 16

Mittelfristige Kredite werden in der Regel mit einer Laufzeit bis zu 5 Jahren, langfristige Kredite mit einer maximalen Laufzeit bis zu 15 Jahren gewährt.

Artikel 17

Die Tilgung der von der Bank gewährten Kredite wird vom Kreditnehmer auf der Grundlage des im Kreditvertrag festgelegten Tilgungsplanes im Rahmen der Kreditlaufzeit vorgenommen. Die Tilgung beginnt in der Regel spätestens 6 Monate nach dem im Kreditvertrag festgelegten Termin der Inbetriebnahme des zu kreditierenden Objektes.

Die Tilgung des Kredites erfolgt in der Regel in den Währungen, in denen der Kredit ausgereicht wurde, oder nach Vereinbarung zwischen der Bank und dem Kreditnehmer in anderen Währungen.

Artikel 18

1. Die Bank ergreift die erforderlichen Maßnahmen zur Sicherung der zweckbestimmten und effektiven Verwendung der Mittel aus Krediten und Garantien. Zu diesem Zweck ist die Bank befugt,

   a) die Verwendung von Mitteln bei Kredit- und Garantiegeschäften nur für die Ausgaben zuzulassen, die in den von ihr abgeschlossenen Verträgen vorgesehen sind;

   b) eine ständige Kontrolle über die vom Kreditnehmer einzuhaltenden Bedingungen des Kreditvertrages sowohl im Vorbereitungsstadium als auch im Prozeß der Durchführung des Bauvorhabens und im Zeitraum der Kredittilgung durchzuführen;

   c) ihre Spezialisten sowie die durch die Bank eingesetzten Spezialisten internationaler Expertengruppen sowohl im Vorbereitungsstadium als auch im Prozeß der Durchführung des Bauvorhabens und der Tilgung des Kredites zur erforderlichen Kontrolle an Ort und Stelle zu entsenden. In diesen Fällen unterstützen die entsprechenden Länder die genannten Spezialisten bei der Erfüllung ihrer Aufgaben und haben das Recht, eigene Vertreter für die Teilnahme an dieser Kontrolle zu benennen.

2. Bei Verletzung der Bedingungen des Vertrages durch den Kreditnehmer hat die Bank das Recht, folgende Sanktionen anzuwenden:

   a) die Gewährung von Krediten an die Kreditnehmer einzuschränken oder vollständig einzustellen;

b) die Zinssätze für die in Anspruch genommenen Kredite für die Dauer der Verletzung der Vertragsbedingungen durch den Kreditnehmer zu erhöhen;

c) gegenüber solchen Kreditnehmern und denjenigen, die dafür Garantien übernommen haben, die Rückzahlung der entsprechenden Beträge an die Bank zu fordern und diese Beträge aus vorhandenen Guthaben der Kreditnehmer oder ihrer Garanten auf den Konten der Bank vorfristig einzuziehen;

d) andere mögliche Maßnahmen zum Schutze der Interessen der Bank in Übereinstimmung mit den vom Bankrat festzulegenden Prinzipien einzuleiten.

Die Einschränkung oder Einstellung der Kreditgewährung wird nach dem vom Bankrat festgelegten Verfahren durchgeführt.

Die Maßnahmen oder Sanktionen, die von der Bank im Falle der Verletzung des Kreditvertrages oder der zugunsten der Bank gestellten Garantie angewendet werden, werden in dem entsprechenden Kredit- oder Garantievertrag festgelegt.

Im Falle wesentlicher Verstöße gegen die Bedingungen des Kredit- oder Garantievertrages durch den Kreditnehmer bzw. Garanten informiert darüber die Bank die zuständigen Organe des Landes des Kreditnehmers oder des Garanten und bei Notwendigkeit die Regierung des betreffenden Landes.

Sonstige Geschäfte der Bank

Artikel 19

Die Bank kann bei anderen Banken zeitweilig freie Mittel anlegen, Devisen und Sorten, Gold und Wertpapiere kaufen und verkaufen und andere Bankgeschäfte in Übereinstimmung mit den Zielen der Bank durchführen.

Zinsen und Gebühren

Artikel 20

Für die gewährten Kredite erhebt die Bank Zinsen.

Für aufgenommene Mittel zahlt die Bank Zinsen. Für Garantiegeschäfte sowie für die Durchführung von Aufträgen ihrer Kunden und Korrespondenten erhebt die Bank Spesen und andere Gebühren.

Die Grundsätze der Zinspolitik der Bank sowie die Grundsätze der Festlegung von Spesen und anderen Gebühren werden vom Bankrat festgelegt.

Bei der Festlegung der Grundsätze der Zinspolitik geht der Bankrat von der Notwendigkeit der Differenzierung der Zinssätze unter Berücksichtigung der Laufzeiten für die Kredite und der Art der Währung aus.

Leitung der Bank

Bankrat

Artikel 21

1. Der Bankrat ist das höchste Leitungsorgan der Bank und übt die Gesamtleitung der Tätigkeit der Bank aus. Der Bankrat besteht aus Vertretern aller Mitgliedsländer der Bank, die von den Regierungen dieser Länder ernannt werden.
   Jedes Mitgliedsland der Bank hat im Bankrat, unabhängig von der Höhe seines Anteils am Kapital der Bank, eine Stimme.
2. Der Bankrat tritt je nach Notwendigkeit, jedoch mindestens zweimal im Jahr zusammen.
3. Auf den Tagungen des Bankrates führen die Vertreter der Mitgliedsländer der Bank der Reihe nach den Vorsitz.
   Der Bankrat legt die Verfahrensregeln seiner Arbeit fest.

Artikel 22

1. Der Bankrat

a) bestimmt die Hauptrichtung der Tätigkeit der Bank zu Fragen der Kreditgewährung, zur Mobilisierung von Mitteln und zur Zinspolitik der Bank sowie die Grundsätze für die Festlegung von Spesen und anderen Gebühren für die Geschäfte der Bank, die Grundsätze der Zusammenarbeit mit Banken der Mitgliedsländer und anderen Banken, internationalen Finanzorganisationen, Banken und ähnlichen Organisationen;

b) bestätigt auf der Grundlage der Vorschläge des Präsidenten des Direktoriums die Liste der durch die Bank zu kreditierenden Objekte einschließlich des Kreditbetrages für das einzelne Objekt und bestimmt die allgemeinen Bedingungen, die Gegenstand der von der Bank abzuschließenden Kreditverträge werden müssen. Der Bankrat legt in diesem Zusammenhang in der Objektliste einen Gesamtbetrag und die maximale Höhe des Kredites je Objekt fest, in deren Rahmen das Direktorium zur Ausreichung von Krediten berechtigt ist;

c) bestätigt die Kreditpläne, den Geschäftsbericht, die Bilanz und die Gewinnverteilung der Bank, die Struktur, den Stellenplan und den Voranschlag für die Verwaltungskosten der Bank;

d) ernennt den Präsidenten und die Mitglieder des Direktoriums der Bank;

e) ernennt den Vorsitzenden und die Mitglieder der Revisionskommission der Bank, nimmt ihre Berichte entgegen und faßt dazu Beschlüsse;

f) faßt Beschlüsse über die Eröffnung von Filialen und Vertretungen der Bank in Mitgliedsländern und anderen Ländern und über die Einstellung ihrer Tätigkeit;

g) bestätigt die Regeln über die Arbeitsbedingungen der Mitarbeiter der Bank sowie andere Regeln, die die gegenseitigen Beziehungen zwischen der Bank und den Mitarbeitern festlegen;

h) faßt Beschlüsse über den Zweck, die Höhe, die Termine und die Bedingungen der Bildung und Verwendung des Reservekapitals und der eigenen Sonderfonds sowie über das allgemeine Verfahren der Bildung von Sonderfonds interessierter Länder in der Bank;

i) gibt Empfehlungen
   — über die Erhöhung des Grundkapitals der Bank,
   — über die Änderung des Statuts der Bank;

k) faßt Beschlüsse
   — über die Ausgabe von Obligationen,
   — über die Aufnahme neuer Mitglieder der Bank,
   — über das Verfahren und die Termine der Einzahlungen für das Grundkapital der Bank,
   — über den Termin und das Verfahren der Einstellung der Tätigkeit der Bank;

l) übt andere Funktionen aus, die sich aus dem Abkommen und dem Statut der Bank ergeben und für die Erreichung der Ziele und Aufgaben der Bank notwendig sind.

2. Der Bankrat faßt die Beschlüsse zu folgenden Fragen einstimmig:

— Bestätigung des Geschäftsberichtes, der Bilanz und der Verteilung des Gewinns der Bank;
— Empfehlungen zur Erhöhung des Grundkapitals der Bank;
— Verfahren und Termine der Einzahlungen der Länder für das Grundkapital;
— Ausgabe von Obligationen;

— Eröffnung und Schließung von Filialen und Vertretungen der Bank;
— Ernennung des Präsidenten des Direktoriums, der Mitglieder des Direktoriums, des Vorsitzenden und der Mitglieder der Revisionskommission;
— Aufnahme neuer Mitglieder der Bank;
— Empfehlungen zur Veränderung des Status der Bank;
— Verfahren und Termine der Einstellung der Tätigkeit der Bank gemäß Artikel XXVI des Abkommens.

Zu den übrigen Fragen faßt der Bankrat Beschlüsse mit qualifizierter Stimmenmehrheit von mindestens Dreiviertel der Stimmen.

3. Der Bankrat hat das Recht, einzelne Fragen, die gemäß Statut der Bank zur Zuständigkeit des Rates gehören, dem Direktorium zur Entscheidung zu übertragen.

Direktorium der Bank

Artikel 23

Das Direktorium der Bank ist das Exekutivorgan der Bank. Das Direktorium ist dem Bankrat rechenschaftspflichtig.

Das Direktorium besteht aus dem Präsidenten des Direktoriums und seinen 3 Stellvertretern, die vom Bankrat aus Staatsbürgern der Mitgliedsländer der Bank für die Dauer von 5 Jahren ernannt werden.

Hauptaufgabe des Direktoriums ist die Leitung der Tätigkeit der Bank in Übereinstimmung mit dem Abkommen, dem Statut und den Beschlüssen des Bankrates.

Der Präsident des Direktoriums leitet unmittelbar die operative Tätigkeit der Bank und des Direktoriums auf der Grundlage des Prinzips der Einzelleitung im Rahmen seiner Befugnisse und Rechte, die im Statut und in den Beschlüssen des Bankrates festgelegt sind.

Zu den Befugnissen des Präsidenten des Direktoriums gehören:

a) Verfügung über das Vermögen und die Mittel der Bank entsprechend dem Statut der Bank und den Beschlüssen des Bankrates;
b) Durchführung der vom Bankrat bestätigten Kreditpläne;
c) Organisierung der Arbeit zur Mobilisierung und Anlage freier Mittel;
d) Vorlage der Liste der zu kreditierenden Objekte mit entsprechenden Begründungen im Bankrat;
e) Entscheidung über die Gewährung von Krediten für die Finanzierung von Investitionsvorhaben im Rahmen des vom Bankrat festgelegten Kreditlimits;
f) Entscheidung über die Übernahme von Garantien im Rahmen der vom Bankrat übertragenen Befugnisse;
g) Festlegung der Zinssätze und der Kredit- und Garantiebedingungen im Rahmen der vom Bankrat festgelegten Grundsätze und allgemeinen Bedingungen;
h) Vorbereitung erforderlicher Materialien und Vorschläge für die Behandlung durch den Bankrat;
i) Vertretung der Bank sowie Geltendmachung von Ansprüchen und Einreichung von Klagen vor Gericht oder Schiedsgericht im Namen der Bank;
k) Erteilung von Weisungen und Treffen von Entscheidungen zu operativen Fragen der Tätigkeit der Bank;
l) Unterzeichnung von Verträgen, Verpflichtungen und Vollmachten im Namen der Bank;
m) Organisierung und Durchführung von Geschäfts- und Korrespondenzbeziehungen der Bank zu anderen Banken und Organisationen;
n) Bestätigung von Richtlinien und Instruktionen der Bank über das Verfahren der Abwicklung von Kre-

dit- und anderen Bankgeschäften in Übereinstimmung mit den vom Bankrat festzulegenden Grundsätzen;

o) Einstellung und Entlassung der Mitarbeiter der Bank mit Ausnahme der Mitglieder des Direktoriums, Bestätigung interner Richtlinien, Festlegung der Gehälter und Löhne in Übereinstimmung mit dem vom Bankrat bestätigten Stellenplan und dem Voranschlag der Verwaltungskosten sowie Prämiierung verdienstvoller Mitarbeiter;

p) Festlegung der Planstellen und der Lohnhöhe der Mitarbeiter des Verwaltungs- und technischen Personals der Bank im Rahmen des für diese Zwecke vom Rat bestätigten Lohnfonds und Aufteilung dieser Mitarbeiter auf die Verwaltungen und Abteilungen der Bank;

r) Gewährung von Vollmachten an Amtspersonen der Bank, im Namen der Bank aufzutreten sowie Abkommen, Verpflichtungen und Vollmachten zu unterzeichnen;

s) Erfüllung anderer Aufgaben, die sich aus dem Abkommen, dem Statut der Bank und den Beschlüssen des Bankrates ergeben.

Der Präsident des Direktoriums entscheidet die in den Punkten b), c), d), e), f), g), h), m), n), und p) genannten Fragen nach ihrer vorherigen Erörterung im Direktorium der Bank.

Die Ergebnisse der Beratungen des Direktoriums werden protokolliert.

Im Falle des Nichteinverständnisses einzelner Mitglieder des Direktoriums mit der vom Präsidenten getroffenen Entscheidung können sie die Aufnahme ihrer Meinung in das Protokoll verlangen und erforderlichenfalls den Bankrat davon in Kenntnis setzen.

Die Mitglieder des Direktoriums leiten bestimmte Arbeitsbereiche und sind dem Präsidenten des Direktoriums verantwortlich.

Artikel 24

Der Präsident des Direktoriums, die Mitglieder des Direktoriums und die anderen Amtspersonen der Bank handeln bei Ausübung der Dienstpflichten als internationale Amtspersonen. Sie unterstehen der Bank und sind von allen Organen und offiziellen Personen der Länder, deren Staatsbürgerschaft sie besitzen, unabhängig.

Revision der Tätigkeit der Bank

Artikel 25

Die Revision der Tätigkeit der Bank beinhaltet die Überprüfung der Erfüllung der Beschlüsse des Bankrates, des Geschäftsberichts, der Kasse und des Vermögens, der Buchführung, der Rechenschaftslegung und der Geschäftsführung der Bank, ihrer Filialen und Vertretungen und erfolgt durch die Revisionskommission, die vom Bankrat für die Dauer von 5 Jahren in der Zusammensetzung eines Vorsitzenden der Revisionskommission und 3 Mitgliedern ernannt wird.

Der Vorsitzende und die Mitglieder der Revisionskommission dürfen keinerlei Dienststellungen in der Bank bekleiden.

Die Organisation und das Verfahren der Revision werden durch den Bankrat festgelegt.

Der Präsident des Direktoriums der Bank stellt der Revisionskommission alle für die Revision notwendigen Unterlagen zur Verfügung.

Die Berichte der Revisionskommission werden dem Bankrat vorgelegt.

Organisation der Bank

Artikel 26

Die Bank besteht aus Verwaltungen und Abteilungen, und sie kann Filialen und Vertretungen haben.

Die Struktur der Bank wird vom Bankrat bestätigt.

Das Personal der Bank wird aus Staatsbürgern der Mitgliedsländer der Bank in Übereinstimmung mit den Regeln über die Arbeitsbedingungen der Mitarbeiter der Bank gebildet.

Behandlung von Streitfällen

Artikel 27

Ansprüche an die Bank können innerhalb zweier Jahre, gerechnet vom Zeitpunkt der Entstehung des Rechtsanspruches, geltend gemacht werden.

Artikel 28

Streitfälle der Bank mit ihrer Kundschaft werden auf Vereinbarung der Seiten vor einem Schiedsgericht behandelt, das aus den bereits bestehenden auszuwählen oder neu zu bilden ist.

Fehlt eine solche Vereinbarung, wird die Entscheidung des Streitfalles dem Schiedsgericht bei der Handelskammer am Sitz der Bank übertragen.

Rechenschaftslegung

Artikel 29

Das Geschäftsjahr der Bank wird vom 1. Januar bis einschließlich 31. Dezember gerechnet.

Die Jahresbilanzen werden nach dem vom Bankrat festgelegten Verfahren veröffentlicht.

Wirtschaftliche Rechnungsführung und Gewinnverteilung der Bank

Artikel 30

Die Bank führt ihre Geschäftstätigkeit nach dem Prinzip der wirtschaftlichen Rechnungsführung bei Sicherung ihrer Rentabilität durch.

Der Reingewinn der Bank wird nach Bestätigung des Geschäftsberichtes entsprechend dem Beschluß des Bankrates verteilt. Der Gewinn kann für die Bildung des Reservekapitals und eigener Sonderfonds eingesetzt, zwischen den Mitgliedsländern verteilt und für andere Zwecke verwendet werden.

Änderung des Statuts

Artikel 31

In Übereinstimmung mit Artikel XIV des Abkommens können auf Empfehlung des Bankrates Statutenänderungen mit Zustimmung der Regierungen der Mitgliedsländer der Bank vorgenommen werden.

Artikel 32

Vorschläge zur Änderung des Statuts der Bank können von jedem Mitgliedsland der Bank sowie vom Direktorium der Bank dem Bankrat zur Behandlung vorgelegt werden.

Einstellung der Tätigkeit der Bank

Artikel 33

Die Tätigkeit der Bank kann in Übereinstimmung mit den Bestimmungen des Artikels XXVI des Abkommens eingestellt werden. Zeitpunkt und Verfahren der Einstellung der Tätigkeit der Bank und die Abwicklung ihrer Geschäfte werden vom Bankrat festgelegt.

Bei Fragen zur Produktsicherheit wenden Sie sich bitte an:
If you have any questions regarding product safety,
please contact:

Walter de Gruyter GmbH
Genthiner Straße 13
10785 Berlin
productsafety@degruyterbrill.com